MÉTODOS ÁGEIS PARA DESENVOLVIMENTO DE SOFTWARE

M593　Métodos ágeis para desenvolvimento de software /
　　　　Organizadores, Rafael Prikladnicki, Renato Willi, Fabiano Milani. –
　　　　Porto Alegre : Bookman, 2014.
　　　　xxii, 289 p. : il. ; 25 cm.

　　　　ISBN 978-85-8260-207-2

　　　　1. Engenharia de programas de computador. 2. Métodos ágeis.
　　　I. Prikladnicki, Rafael. II. Willi, Renato. III. Milani, Fabiano.

CDU 004.41

Catalogação na publicação: Ana Paula M. Magnus – CRB 10/2052

RAFAEL PRIKLADNICKI   RENATO WILLI   FABIANO MILANI   ORGANIZADORES

MÉTODOS ÁGEIS PARA DESENVOLVIMENTO DE SOFTWARE

2014

©2014, Bookman Companhia Editora Ltda.

Gerente editorial
Arysinha Jacques Affonso

Colaboraram nesta edição:

Editora
Denise Weber Nowaczyk

Capa
Márcio Monticelli

Imagem da capa
©*thinkstockphotos.com/llebbid: Abstract swirl illustration*

Preparação de originais
Amanda Jansson Breitsameter

Editoração
Armazém Digital Editoração Eletrônica – Roberto Carlos Moreira Vieira

Reservados todos os direitos de publicação, em língua portuguesa, à
BOOKMAN EDITORA LTDA., uma empresa do GRUPO A EDUCAÇÃO S.A.
Av. Jerônimo de Ornelas, 670 – Santana
90040-340 – Porto Alegre – RS
Fone: (51) 3027-7000 Fax: (51) 3027-7070

É proibida a duplicação ou reprodução deste volume, no todo ou em parte,
sob quaisquer formas ou por quaisquer meios (eletrônico, mecânico, gravação,
fotocópia, distribuição na Web e outros), sem permissão expressa da Editora.

SÃO PAULO
Av. Embaixador Macedo Soares, 10.735 – Pavilhão 5
Cond. Espace Center – Vila Anastácio
05095-035 – São Paulo – SP
Fone: (11) 3665-1100 Fax: (11) 3667-1333

SAC 0800 703-3444 – www.grupoa.com.br

IMPRESSO NO BRASIL
PRINTED IN BRAZIL

Autores

Adail Muniz Retamal

Engenheiro eletrônico/computação pela Universidade Federal de Uberlândia-MG. Um dos pioneiros no movimento ágil no Brasil, trabalhou na Borland Latin America e é um dos principais promotores da FDD no Brasil, mesmo em contextos fora da Engenharia de Software. Também ajudou a trazer o Método Kanban para o Brasil, promovendo os primeiro cursos com David Anderson. Depois de três anos atuando em grandes projetos em Cingapura e Austrália, atualmente lidera projetos (dentro e fora do Brasil), arquiteta e cria software para web e dispositivos móveis, além de ser gerente de TI. www.heptagon.com.br

Alexandre Gomes

Acredita no software como instrumento de transformação social. Junto com sua equipe, em Brasília, foi pioneiro na prestação de serviços profissionais em Software Livre e Métodos Ágeis para o Governo Federal e compartilha hoje com seus clientes a visão da TI como política pública para a entrega de valor ao cidadão, da promoção da transparência, da participação e do controle social. Atua na área há mais de 20 anos, já trabalhou em grandes multinacionais e hoje administra seu próprio negócio, a SEA Tecnologia.

Alexandre Magno

Foi o primeiro Certified Scrum Trainer do Brasil (2008), tendo sido um dos pioneiros do uso de Scrum no país e formador dos principais nomes que trabalham hoje com Scrum nas organizações brasileiras. Foi o fundador da Adaptworks, uma das principais empresas brasileiras com trabalhos dedicados ao ágil, onde atua como conselheiro estratégico. É palestrante internacional e eterno praticante do Scrum, atualmente lidera as operações da empresa Happy Melly no Brasil.

Alfredo Goldman

Doutor em Informática e Sistemas pelo Institut National Polytechnique, Grenoble. É atualmente Professor Associado de Ciência da Computação no

IME-USP, onde atua desde 1993. Trabalha com computação paralela e distribuída, computação móvel e métodos ágeis de desenvolvimento de software.

Alisson Vale

Desenvolvedor de produtos de software, consultor independente e empreendedor com mais de 15 anos de experiência em desenvolvimento e liderança de projetos de software. Pratica e divulga o paradigma ágil desde 2003 com participação em congressos e fóruns de debate no Brasil e no exterior. Sua atuação com Lean e Kanban o levou a palestrar em conferências nos Estados Unidos e na Europa e a ser agraciado com o Brickell Key Award, prêmio concedido anualmente a quem se destaca no assunto em todo o mundo.
http://alissonvale.com

Bruno Pedroso

É bacharel e mestre em Ciências da Computação pela Universidade de Brasília e atua profissionalmente como programador, arquiteto e líder de equipes desde 1998. Apaixonou-se por XP em 2001 e, desde então, estuda, experimenta e trabalha com afinco para mudar a realidade em cada equipe de que participa. Atualmente considera os grupos de Coding Dojo o principal ponto de alavancagem da comunidade e da cultura ágil.
http://expressocapital.blogspot.com

Claudia Melo

Doutora em Ciência da Computação com foco em métodos ágeis pelo IME-USP, em colaboração com a Norwegian University of Science and Technology, é Diretora de Tecnologia da ThoughtWorks Brasil. Trabalhou nos últimos 15 anos em projetos de desenvolvimento de software na indústria e também foi docente por 10 anos em diversas disciplinas de Ciência da Computação. É participante ativa na comunidade ágil nacional e internacional, com diversas palestras no Brasil, nos Estados Unidos, na Europa e no Oriente Médio. É também pesquisadora associada ao IME-USP em Ecossistemas de Startups de Software.

Dairton Bassi

É bacharel em Ciência da Computação e mestre em Engenharia de Software pelo IME-USP. Especialista em métodos ágeis e envolvido com Programação Extrema desde 2003, conduziu a implantação de métodos ágeis em empresas de diversos perfis, como órgãos públicos, empresas da área financeira, *e-commerces*, *startups*, entre outras. É criador do Encontro Ágil e do Agile Trends e cofundador da AgilCoop, do Agile Brazil e da Agile Alliance Brazil.
www.twitter.com/dbassi

Fabiano Milani

Graduado em Matemática Licenciatura Plena e bacharel em Informática, com MBA em Gestão Estratégica da Tecnologia da Informação pela FGV, é professor de pós-graduação na FIAP, palestrante dos principais eventos nacionais e internacionais de agilidade sobre Scrum, Métodos Ágeis, Coaching e Liderança. Tem atuado como consultor e *coach* em liderança e gerenciamento de projetos com metodologias (PMI e ágeis), levando a agilidade para a gestão e liderança de projetos, expandindo a ideia do ágil em todos os níveis hierárquicos das companhias. É cofundador, Agile Coach e Líder da AdaptIdeas Software Ltda, é Certified ScrumMaster e Certified Scrum Professional pela Scrum Alliance e Certified Personal e Professional Coach e Executive Coach pela Sociedade Brasileira de Coaching.

Fabio Kon

Doutor pela Universidade de Illinois em Urbana-Champaign, é professor titular do IME-USP, onde procura contagiar as pessoas com o vírus ágil que contraiu no Hemisfério Norte. É autor de mais de 120 artigos científicos e editor-chefe do *SpringerOpen Journal of Internet Services and Applications*. Suas principais linhas de pesquisa atualmente são empreendedorismo em *startups* de software com métodos ágeis e software livre e composição de serviços Web de grande escala.

Felipe Rodrigues de Almeida

Empreendedor nato, viciado em inovação e desafios. Com mais de oito anos de experiência, atualmente trabalha com uma ótima equipe, desenvolvendo software na Crafters Software Studio. Nos últimos anos, tem estudado e experimentado muito na área de linguagens de programação e cultura ágil.

Heitor Roriz Filho

Mestre em Tecnologia da Informação pela Universidade de Stuttgart, Alemanha, trabalhou como ScrumMaster e Product Owner para a FPF (Fundação Paulo Feitoza) e Siemens-Mobile, onde atuou também como *coach* em times para implementar e evoluir Scrum em projetos. Implantou Scrum e Agile em empresas no Brasil e exterior, trabalhou como gerente de informações para o governo brasileiro, Instituto de Planejamento Urbano, onde experimentou Scrum em projetos de Engenharia e Arquitetura e participou como assistente de pesquisa em projetos pertencentes à LBA (Large-scale Biosphere-atmosphere Experiment in Amazonia) no INPA, em cooperação com a JICA (Japan International Cooperation Agency) e NASA (National Aeronautics and Space Agency). Envolvido com metodologias ágeis desde 2004, é cofundador e Agile Coach da Massimus, empresa focada em treinamento APM e coaching.

Hugo Corbucci

É mestre em Ciência da Computação com foco em métodos ágeis e software livre pelo IME-USP. Pioneiro na criação de comunidades ágeis no Brasil, está envolvido com a Agilcoop (Cooperativa de Desenvolvimento Ágil de Software) desde 2006 promovendo cursos e conferências em métodos ágeis. Fundador da *startup* ágil AgilBits e desde 2011 trabalha na Thoughtworks US ajudando grandes organizações a serem bem-sucedidas por meio de práticas ágeis.

José Papo

É desenvolvedor de software e mestre em engenharia da computação pelo IPT. Já trabalhou em empresas como Microsoft e Amazon. Também atua como professor de pós-graduação na PUC-SP. Fala sobre desenvolvimento ágil e Novas Tecnologias em seu twitter @josepapo.

Manoel Pimentel Medeiros

É Agile Coach/Trainer na Adaptworks Treinamentos e Presidente da Agile Alliance Brazil. Trabalha há mais de 18 anos na área de TI, onde possui uma profunda experiência em ajudar, como coach ou trainner, a transição/experimentação ágil (Scrum, XP, FDD, Lean, SAFe) em grandes e complexas organizações. É um dos pioneiros no movimento ágil no Brasil e membro ativo da organização do Agile Brazil (foi chairman da edição 2013). Ele também é um dos fundadores da Revisa e Blog Visão Ágil. É o mais ativo licensed trainer de Management 3.0 no Brasil, tendo contribuído para formação e licenciamento de outros grandes facilitadores do cenário nacional.
twitter.com/manoelp

Paulo Caroli

Bacharel em Ciência da Computação e mestre em Engenharia de Software, ambos pela PUC-Rio, é agilista e veterano da ThoughtWorks Brasil, possui mais de 20 anos de experiência em desenvolvimento de software, com passagem em várias corporações no Brasil, na Índia e nos Estados Unidos. Em 2000, conheceu o Extreme Programming e, desde então, tem focado em processos e práticas de Gestão e Desenvolvimento Ágil. Ingressou na ThoughtWorks em 2006 e ocupou os cargos de Agile Coach, Trainer e Gerente de Projetos.
www.caroli.org

Rafael Prikladnicki

Doutor e mestre em Ciência da Computação pela PUCRS, é professor adjunto da Faculdade de Informática e do Programa de Pós-Graduação em Ciência da Computação da PUCRS e bolsista de produtividade CNPq nível 2. É o atual diretor do TECNOPUC (Parque Científico e Tecnológico da PUCRS). Atua em áreas tais como inovação tecnológica, gerenciamento de projetos, gestão de equipes remotas e formação de equipes de alto desempenho em TI. Atua na coordenação do grupo de usuários de metodologias ágeis do Rio Grande do Sul (GUMA-RS), no conselho consultivo da revista IEEE Software, no *council of advisors* da Agile Alliance e no conselho de administração da Agile Alliance Brazil. Foi coordenador geral da Agile Brazil 2010.

Renato Willi

É formado em Ciência da Computação pela UnB, pós-graduado em Implantação de Software Livre pela UNISUL, MBA em Projetos pela FGV e MBA em Gestão Estratégica pela USP. É Diretor de Operações na SEA Tecnologia, empresa que utiliza métodos ágeis no desenvolvimento de seus projetos e tem no governo a maior parte de seus clientes. Organizador e palestrante em diversos eventos sobre agilidade em todo Brasil. Organizou e colaborou na tradução do Manifesto Ágil e dos livros *Scrum and XP from the Trenches* e *Kanban and Scrum – making the best of both*.

Rodrigo de Toledo

Graduado e mestre pela PUC-Rio, PhD pelo INRIA na França, é professor adjunto da UFRJ, com forte atuação no mercado de Agile. Trabalhou por dez anos no Tecgraf, onde atuou por um ano como Scrum Master. De 2008 a 2010, atuou como engenheiro de software na Petrobras, onde se dedicou à divulgação dos métodos ágeis em paralelo ao seu trabalho no Centro de Pesquisa da empresa. Nos últimos anos, quase duas mil pessoas assistiram seus treinamentos em Scrum e Kanban. Organizou diversos eventos na área e ministrou palestra em dezenas deles.

Rodrigo Yoshima

Técnico em processamento de dados pela Escola Técnica Lauro Gomes e bacharel em Administração de Empresas pelo Mackenzie, trabalha com desenvolvimento de software desde 1995. Publicou inúmeros artigos sobre modelagem, arquitetura, gestão de projetos e práticas ágeis, desenvolveu projetos críticos e internacionais para grandes bancos, indústrias e hospitais. É Accredited Lean-Kanban University Trainer & Coach e especialista em Melhoria de Processos em TI. Fundador da Aspercom, trabalha com *coaching* e treinamentos usando métodos Scrum, Extreme Programming e Kanban. blog.aspercom.com.br

Samuel Crescêncio

Criador da Pirâmide Lean, fundador e CEO da OnCast, é um dos líderes das comunidades brasileira e latino americana de métodos ágeis. É engenheiro de software com experiência *hands on* em todos os aspectos de engenharia de software cobertos pela Pirâmide Lean. Foi chairman do Ágiles2009 (segunda conferência Latino América de métodos ágeis), é membro fundador da Agile Brazil e Chairman para a edição de 2014 e é membro do *board of directors* da Agile Alliance desde 2010. É cofundador e Diretor Executivo da Agile Alliance Brazil.

Serge Rehem

É analista do Serpro desde 1997, atualmente lidera a Coordenação Estratégica de Tecnologia da regional Salvador. Tem paixão por aprender e disseminar conhecimento. É palestrante e organizador de eventos nas comunidades Maré de Agilidade, LinguÁgil e JavaBahia. É o criador do Marketing4Nerds.com, onde ensina empreendedorismo e marketing digital.

Viviane Santos

É doutora pelo IME-USP e pós-doutoranda em métodos ágeis com foco em aprendizagem organizacional e gestão do conhecimento. Possui mais de 10 anos de experiência em desenvolvimento de software, tendo atuado nos setores privado e público. É professora adjunta da Universidade Federal do Pará na área de Engenharia de Software.

Prefácio

Em 1999, um estagiário da Objective começou a me mandar links para páginas do c2.com. Design patterns e eXtremeProgramming (ver Capítulo 4) eram os assuntos daquele site, o primeiro wiki do mundo.

Antes de se chamar "UnifiedProcess" (Capítulo 5), eu era certificado pela Rational no "Processo Iterativo Controlado". Confesso que usava a ferramenta CASE "Rational Rose", todos meus projetos eram waterfall (Capítulo 12) e ainda por cima buscava CMM. Era impossível estar mais longe do ágil.

Via aquelas coisas estranhas no wiki do Ward, no início, como apologia ao "cowboy coding", a programar de qualquer jeito. Por sorte, alguma coisa ali me cativou. Estudei mais e logo estava na Sardenha, no primeiro evento ágil internacional: XP 2000.

Lá eu "vi a luz".

Voltei ao Brasil, comecei a evangelizar XP por todo o país e apliquei ao máximo as práticas ágeis que podia em todos meus projetos. Realizei com a Objective e com a ImproveIT os primeiros eventos ágeis nacionais: Extreme Programming Brasil 2002 (Prepare-se para Rever Seus Conceitos) e 2004 (Supere o Medo). Conheci o Vinícius Teles, com quem passei a dar treinamentos de XP em par.

Vieram para esses eventos o Kent Beck, um pessoal da Object Mentor (Uncle Bob - "Clean Code") os Poppendieck e Scott Ambler, falando de Agile Modeling (Capítulo 9).

Lá também conheci o Juan Bernabó, perigoso traficante de Scrum (Capítulo 3) que, sentado num barzinho na Lapa, no Rio, em vez de falar de mulher, me ensinou que é possível modelar qualquer sistema usando somente quatro arquétipos (capítulo 4).

Fiquei seis anos congelado em carbonita.

Afastado da comunidade ágil, tocando o Prevayler, o db4o e o Sneer, eu estava numa espécie de Galápagos, isolado, evoluindo uma metodologia chamada Learning and Coolness, minha própria mutação de XP.

Foram me buscar no exílio para participar do Agile Brasil 2010, em Porto Alegre. Lá conheci os "New Kids on the Block" do ágil brasileiro. Muitos se tornaram grandes amigos meus. Viajamos juntos várias vezes, literal e figurativamente (Capítulo 13): Toledo com seus MVPs, Caroli com suas cascas de banana na parede (Capítulo 14), Yoshima com seus QRCodes.

Aprendi, numa viagem de carro com Alisson Vale, sobre Kanban (Capítulo 8), a coisa mais importante em desenvolvimento de software que aprendi, desde XP, e finalmente consegui entender o que a Mary Poppendieck já falava seis anos antes, sobre Lean (Capítulo 7).

No Agile Brasil vi que ágil não era mais um movimento subversivo da resistência. As sementes que ajudamos a espalhar tinham florescido: Agile Day, Agile Trends, Agiles, Agile Tour, Caipira Ágil, Ágil Vale... Estávamos no "mainstream". Tínhamos "crossado o chasm". Não era nem mais "ágil". Agora era "Agile", bem mais sexy.

Tínhamos novos inimigos. Até facções internas já tínhamos. A guerra das certificações também já tinha cavado suas trincheiras e continuava fazendo vítimas.

E não era mais só sobre desenvolvimento de software. Esse movimento de gente questionadora, irrequieta, vibrante, transbordou da caixinha em todas as direções: empreendedorismo, startups, coaching (Capítulo 15), psicologia, gestão, 2.0, 3.0, 4.0, etc...

Agora tenho este livro nas mãos, como um caleidoscópio de memórias, como um panorama da cultura que vi nascer, pintado magistralmente por pessoas com quem trabalhei e que aprendi a respeitar.

Eu não sabia, mas aquilo que o estagiário desconhecido descobriu em 1999, era o início não só da maior enciclopédia do mundo mas também deste movimento que está lavando a indústria de software como um tsunami.

Klaus Wuestefeld
Co-organizador do primeiro evento de XP no Brasil,
Extreme Programming Brasil 2002

Prefácio

Sal, quando usado na medida certa, é ótimo. Mas, se colocamos demais ou de menos, incomoda. O mesmo acontece com metodologia de desenvolvimento de software. Atrapalha se a dosagem for errada.

Desenvolver software é uma atividade recente na história da humanidade. Ainda somos aprendizes. No início, não se usava nenhuma metodologia definida. Com o tempo, criaram-se metodologias cada vez mais abrangentes e sofisticadas até ficarem excessivas. E como um prato de comida salgado demais, tornou-se intragável e prejudicial à saúde.

Cada prato pede uma quantidade de sal. Não existe uma quantidade mágica que possa servir para todo tipo de comida. Da mesma forma, cada tipo de projeto de software é único e, como tal, pede mais ou menos metodologia. O desafio, assim como no caso do sal, é dosar corretamente.

Metodologias ágeis buscam uma dosagem mais balanceada. Foram criadas com base em uma melhor compreensão da natureza do trabalho de desenvolvimento de software. No passado, muitas metodologias herdaram conceitos e premissas válidas para outras atividades humanas, mas que não produziam bons resultados quando aplicadas ao desenvolvimento.

As diversas metodologias ágeis representam visões distintas de cada um de seus criadores. Divergem na forma de alcançar os objetivos, mas convergem na essência. Todas colocam as pessoas no centro da questão. Refletem um melhor entendimento das virtudes e fraquezas da natureza humana. E daí propõem mecanismos para potencializar o desempenho individual de quem escreve software, enquanto, ao mesmo tempo, procuram detectar e corrigir falhas rapidamente. Além disso, buscam assegurar que as pessoas se comuniquem de um modo mais eficaz.

Se, por um lado, essas metodologias encaram pessoas e suas interações como a principal fonte de soluções, por outro, propõem que software funcionando seja o objetivo fundamental de um projeto de software. Embora isso pareça óbvio, a história demonstra que muitos projetos trabalhavam sobretudo para alimentar o processo de desenvolvimento, entregando todo tipo de artefato, menos software funcionando. Aliás, essa continua sendo a realidade de muitos projetos.

Finalmente, as metodologias ágeis de desenvolvimento aceitam o inevitável: a única constante no desenvolvimento de software é a mudança. Portanto, criar mecanismos para adaptar-se a ela é mais eficaz do que tentar combatê-la.

Desenvolvimento ágil é uma realidade no Brasil há mais de uma década. Ao longo do tempo, deixou de ser um conceito adotado apenas por alguns "malucos" que defendiam formas pouco ortodoxas de criar software e transformou-se no dia a dia de inúmeros projetos espalhados por todo o país. Muita gente boa já teve a oportunidade de aprender e praticar agilidade.

Felizmente algumas das pessoas mais habilidosas do cenário nacional de desenvolvimento ágil juntaram-se para escrever este livro. Através dele você terá a oportunidade de conhecer as metodologias ágeis assim como poderá vê-las sob a ótica de outros brasileiros que puderam usá-las dentro da realidade nacional, com suas particularidades e sutilezas.

Ao ler este livro, perceba que de pouco adiantará tentar usar todas as técnicas citadas em seus futuros projetos. Lembre-se de que o desafio é dosá-las na medida certa. Assim como no dia a dia é comum pecarmos por excesso de sal, nos projetos de software a tendência natural é incorporar mais metodologia do que o necessário. Portanto, talvez seja prudente começar seus projetos com pouca metodologia e ir adicionando uma pitada aqui e outra ali se a necessidade surgir.

Em seus primeiros projetos ágeis, talvez a dosagem não saia perfeita. Se esse for o caso, aprenda e faça melhor no próximo. Mas, definitivamente, estude esses conceitos e busque permanentemente melhores formas de desenvolver software. Porque software transformou-se na base sobre a qual todo o mundo se apoia. Ele está em toda parte e afeta todas as pessoas. Nós todos dependemos de software no mundo em que vivemos e essa dependência aumenta rapidamente a cada dia.

Nós, que criamos software, temos uma imensa responsabilidade. Portanto, aprenda sobre desenvolvimento ágil e utilize-o. Seus conceitos talvez sejam o que há de mais eficaz na atualidade. Mas, é possível e provável que outros ainda melhores sejam propostos futuramente. Quando isso ocorrer, aprenda de novo, adote e siga em frente. Desenvolvimento ágil não é um objetivo em si. O que realmente importa é aprimorar suas habilidades e criar software de forma cada vez melhor.

Vinícius Teles
Mestre em Informática pela UFRJ
Autor do primeiro livro sobre Extreme Programming em português, 2004

Sumário

Introdução xix
Rafael Prikladnicki

PARTE I
Métodos Ágeis

1   O Manifesto Ágil..3
Alexandre Gomes, Renato Willi e Serge Rehem

   1.1 HISTÓRICO.. 3

   1.2 O MANIFESTO ÁGIL.. 5

   1.3 OS 12 PRINCÍPIOS.. 7

2   A História dos Métodos Ágeis no Brasil 16
Alfredo Goldman, Claudia Melo, Fabio Kon, Hugo Corbucci e Viviane Santos

   2.1 GÊNESIS DE MÉTODOS ÁGEIS NO BRASIL 16

   2.2 EDUCAÇÃO DE MÉTODOS ÁGEIS NO BRASIL 18

   2.3 CONCLUSÃO 20

3   O Framework do Scrum 22
Rafael Prikladnicki e Alexandre Magno

   3.1 A ORIGEM 24

   3.2 UM FRAMEWORK 25

   3.3 PAPÉIS NO SCRUM 26

   3.4 ARTEFATOS DO SCRUM 28

   3.5 AS CERIMÔNIAS DO SCRUM 31

   3.6 O USO DO SCRUM E RESULTADOS 34

   3.7 DESAFIOS COMUNS DURANTE A APLICAÇÃO DO FRAMEWORK DO SCRUM 34

4 Programação Extrema (XP) 37
Dairton Bassi

4.1 AS ORIGENS DE XP 38
4.2 O QUE É XP? 38
4.3 VALORES 39
4.4 A EQUIPE 40
4.5 DOCUMENTAÇÃO E MATERIAL DE APOIO 43
4.6 PRINCÍPIOS 45
4.7 COMEÇANDO UM PROJETO 46
4.8 PRÁTICAS PARA CÓDIGO 49
4.9 O AMBIENTE 53
4.10 UM DIA DE UM PROGRAMADOR XP 55
4.11 ADAPTE XP QUANDO NECESSÁRIO 56

5 OpenUP 58
José Papo

5.1 MICROINCREMENTOS 59
5.2 CICLO DE VIDA DA ITERAÇÃO 60
5.3 CICLO DE VIDA DO PROJETO 61
5.4 OS PAPÉIS 62
5.5 AS DISCIPLINAS 63
5.6 AS PRÁTICAS 64
5.7 DETALHAMENTO DA GESTÃO DE PROJETOS 64
5.8 OPENUP – FUTURO 65

6 FDD – Feature-Driven Development 66
Adail Muniz Retamal

6.1 A HISTÓRIA DA FDD 66
6.2 O QUE É UMA FUNCIONALIDADE (*FEATURE*)? 67
6.3 A EQUIPE 71
6.4 OS CINCO PROCESSOS 74
6.5 REPORTANDO O PROGRESSO 86
6.6 PRÁTICAS FUNDAMENTAIS 89
6.7 A FDD NO MUNDO ATUAL 93
6.8 COM A PALAVRA, OS CRIADORES DA FDD 96

7 Lean 102
Samuel Crescêncio

7.1 FUNDAMENTOS 104
7.2 O SISTEMA TOYOTA DE PRODUÇÃO 109
7.3 O SISTEMA TOYOTA DE DESENVOLVIMENTO DE PRODUTO 110
7.4 ELEMENTOS CULTURAIS 111
7.5 INTEGRANDO LEAN AOS MÉTODOS ÁGEIS 116

8 Kanban 119
Alisson Vale

8.1 A EMERGÊNCIA DO MÉTODO KANBAN EM PROJETOS DE SOFTWARE 120

8.2 PRESSUPOSTOS PARA ADOÇÃO 122

8.3 IMPLEMENTAÇÃO DO KANBAN 123

8.4 EXPANDINDO KANBAN 137

8.5 MEDINDO O SISTEMA 140

8.6 EM BUSCA DE UMA CULTURA DE MELHORIA CONTÍNUA 144

PARTE II
Práticas Técnicas

9 Modelagem Ágil 149
Rodrigo Yoshima

9.1 MOTIVAÇÕES PARA MODELAR E DOCUMENTAR 150

9.2 A COMUNICAÇÃO RICA DO "PAPEL SOBRE A MESA" 152

9.3 RASCUNHOS: UMA FORMA DE MODELAGEM EFICAZ 154

9.4 DESIGN E CONSTRUÇÃO 154

9.5 PRÁTICAS DA MODELAGEM ÁGIL – ESCAPANDO DO BDUF 156

9.6 CONCLUSÃO 163

10 Domain-Driven Design 165
Felipe Rodrigues de Almeida

10.1 TERMINOLOGIAS DO DOMAIN-DRIVEN 165

10.2 OBTENDO CONHECIMENTO 167

10.3 LINGUAGEM E COMUNICAÇÃO 172

10.4 IMPLEMENTAÇÃO 174

10.5 BUSCANDO UM INSIGHT MAIS PROFUNDO 185

10.6 DESIGN ESTRATÉGICO 188

10.7 CONCLUSÃO 198

11 Test-Driven Development 199
Bruno Pedroso

11.1 REVISÃO HISTÓRICA 199

11.2 CONCEITOS FUNDAMENTAIS 200

11.3 SENDO GUIADO POR TESTES 207

11.4 EFEITOS E BENEFÍCIOS 215

11.5 DICAS PARA EQUIPES INICIANTES 219

11.6 DICAS PARA EQUIPES EXPERIENTES 220

11.7 CONCLUSÃO 221

PARTE III
Práticas Gerenciais

12 Planejamento 225
Fabiano Milani, Heitor Roriz

12.1 POR QUE OS PLANEJAMENTOS FALHAM? 229
12.2 QUAL É O PROPÓSITO DO PLANEJAMENTO? 231
12.3 O VERDADEIRO PLANEJAMENTO POR ITERAÇÕES 232
12.4 PLANEJAR POR VALOR DE NEGÓCIO 233
12.5 OS NÍVEIS DE PLANEJAMENTO 236

13 Estimativas 241
Rafael Prikladnicki, Renato Willi, Rodrigo de Toledo

13.1 O QUE É ESTIMATIVA 241
13.2 POR QUE ESTIMAR? 241
13.3 ESTIMANDO O PROJETO COMO UM TODO 242
13.4 PLANNING POKER 243
13.5 THE POMODORO TECHNIQUE 248
13.6 DICAS PARA ESTIMATIVAS 249

14 Gestão Visual 252
Paulo Caroli

14.1 A PAREDE DE CARTÕES 252
14.2 FERRAMENTAS, EQUIPE, PROCESSO 253
14.3 DESENVOLVEDORES GOSTAM DE CARTÕES 254
14.4 CONCEITOS FUNDAMENTAIS 256
14.5 DICAS PARA EQUIPES INICIANTES 262
14.6 DICAS PARA EQUIPES EXPERIENTES 264

15 Coaching e Facilitação de Times Ágeis 270
Manoel Pimentel Medeiros

15.1 ENTENDENDO O COACHING 270
15.2 FACILITAÇÃO 272
15.3 CONSCIÊNCIA E RESPONSABILIDADE 275
15.4 PENSAMENTO SISTÊMICO PARA PERGUNTAS EFICAZES 275
15.5 METAS 276
15.6 COACHING PARA TIMES ÁGEIS 281
15.7 RESUMINDO O COACHING EM ALGUNS PASSOS 285
15.8 CONCLUSÃO 288

Introdução

RAFAEL PRIKLADNICKI

A indústria de software tem evoluído para se tornar uma das mais importantes indústrias da era moderna. O software está presente em inúmeras atividades, desde as mais simples, como processar informações básicas de compra e venda, até atividades mais complexas, como controlar o carro que dirigimos ou o avião que voa por dez horas sem escala.

O ambiente no qual as empresas de software estão inseridas é altamente competitivo e, por isso, elas se esforçam para serem as primeiras a lançar novidades, produtos e serviços diferenciados. Muitas vezes, a qualidade não acompanha essa velocidade, fazendo com que funcionalidades, requisitos de desempenho e confiabilidade sejam sacrificados ao longo do caminho. Sendo assim, o que separa as empresas de sucesso das empresas que fracassam? Ou ainda, o que diferencia o melhor do segundo colocado? Na maioria das vezes, isso está relacionado com a habilidade de criar e entregar soluções de forma rápida e que agreguem valor ao negócio do cliente. Software é resultado de um processo criativo e de inovação.

A velha máxima de entregar software funcionando com a maior qualidade possível, no menor tempo e no menor custo continua presente. A organização que "entrar por último" terá dificuldades para conquistar uma fatia de mercado. Recentemente, o time-to-market tornou-se um fator dominante para o sucesso industrial, criando uma grande pressão sobre fabricantes e desenvolvedores para investir menos esforços em qualidade e desempenho ou para encontrar maneiras mais eficientes de produzir software de alta qualidade para esses produtos e serviços.

É neste contexto que, a partir dos anos 90, surgiram os chamados Métodos Ágeis, introduzindo uma nova visão sobre como desenvolver software. Ser ágil está associado a uma mudança cultural, a uma nova forma de pensar. O que diferencia os Métodos Ágeis dos outros métodos (também conhecidos como tradicionais ou prescritivas) é o enfoque maior nas pessoas e não em processo, e o seu conjunto de valores, princípios e práticas. Isso possibilita a adaptação a novos fatores decorrentes do desenvolvimento do projeto (em vez de procurar prever tudo o que pode acontecer) e a rápida resposta às constantes mudanças do mercado.

INTRODUÇÃO

O termo "Métodos Ágeis" (também referenciado como Metodologias Ágeis) tornou-se popular em 2001 quando 17 especialistas em desenvolvimento de software[1] representando diversas metodologias já existentes (XP, Scrum, DSDM, Crystal e outras) estabeleceram princípios comuns a todas elas. O resultado foi a criação da Aliança Ágil e o estabelecimento do Manifesto Ágil (Manifesto..., 2001). Os conceitos-chave são:

▶ indivíduos e interações mais que processos e ferramentas;
▶ software funcionando mais que documentação abrangente;
▶ colaboração com o cliente mais que negociação de contratos;
▶ responder a mudanças mais que seguir um plano.

O Manifesto Ágil não rejeita os processos nem as ferramentas, a documentação abrangente, a negociação de contratos ou o plano preestabelecido, mas indica que eles têm importância secundária quando comparados com indivíduos e interações, com software funcionando, com colaboração com o cliente e com respostas rápidas a mudanças. A questão não é a mudança em si, mesmo porque ela ocorre de forma frequente nos projetos. A questão é como receber, avaliar e responder a elas.

Além disso, os autores do Manifesto Ágil definiram 12 princípios:

▶ Nossa maior prioridade é satisfazer ao cliente com entrega contínua e adiantada de software com valor agregado.
▶ Mudanças de requisitos são bem-vindas, mesmo tardiamente no desenvolvimento. Os processos ágeis tiram vantagem das mudanças, visando à vantagem competitiva para o cliente.
▶ Entregar software funcionando frequentemente, de poucas semanas a poucos meses, com preferência para a escala menor de tempo.
▶ Pessoa de negócios e desenvolvedores devem trabalhar diariamente em conjunto por todo o projeto.
▶ Construa projetos em torno de indivíduos motivados. Dê a eles o ambiente e o suporte necessário e confie neles para realizar o trabalho.
▶ O método mais eficiente e eficaz de transmitir informações para a equipe e entre a equipe de desenvolvimento é a conversa frente a frente.
▶ Software funcional é a medida primária de progresso.
▶ Processos ágeis promovem um desenvolvimento sustentável. Os patrocinadores, desenvolvedores e usuários devem ser capazes de manter um ritmo constante sempre.
▶ Contínua atenção à excelência técnica e bom projeto aumenta a agilidade.
▶ Simplicidade – a arte de maximizar a quantidade de trabalho não realizado – é essencial.

---

[1] Os 17 autores signatários do Manifesto Ágil são: Kent Beck, Mike Beedle, Arie van Bennekum, Alistair Cockburn, Ward Cunningham, Martin Fowler, James Grenning, Jim Highsmith, Andrew Hunt, Ron Jeffries, Jon Kern, Brian Marick, Robert C. Martin, Steve Mellor, Ken Schwaber, Jeff Sutherland, Dave Thomas.

As melhores arquiteturas, os melhores requisitos e projetos emergem de times auto-organizáveis.

Em intervalos regulares, o time reflete sobre como pode ser mais eficaz, então refina e ajusta seu comportamento de acordo.

▶ CONCEITO DE SUCESSO

O conceito de sucesso para os Métodos Ágeis é um pouco diferente do que é tradicionalmente utilizado. O conhecido relatório do caso (Chaos Report, The Standish Group, 2013) define projetos bem sucedidos como aqueles finalizados dentro do prazo, dentro do orçamento e que contemplam todas as funcionalidades originalmente especificadas; projetos desafiadores são os que utilizaram um orçamento maior do que o previsto, finalizados fora do prazo e que não contemplam todas as funcionalidades originalmente especificadas; projetos que não tiveram sucesso são os que foram cancelados em algum ponto do ciclo de vida desenvolvimento.

Essas definições são sem dúvida as mais utilizadas para sucesso e fracasso dos projetos. Mas nos últimos anos elas têm sido questionadas, pois um projeto pode ser bem sucedido e nunca agregar valor ao cliente ou pode ser considerado desafiador e trazer milhões de reais em lucro. Em 2006, um artigo publicado na revista CIO Magazine (Nelson, 2006) alertava para o fato de que projetos que contemplam todos os critérios tradicionais de sucesso – tempo, orçamento e escopo – ainda podem ser falhos se não atenderem à intenção dos usuários ou porque simplesmente não agregam valor ao negócio. Ou ainda, projetos considerados falhos de acordo com as métricas tradicionais podem ser considerados bem sucedidos se, mesmo com atrasos, mais custo e menos funcionalidades, são bem recebidos pelo público-alvo.

Por este motivo, os Métodos Ágeis têm desempenhado um papel fundamental para o desenvolvimento de software moderno ao priorizar o valor que o projeto agrega e as interações entre as pessoas do que o cumprimento de prazos, custo ou atendimento ao escopo inicialmente definido. Em pouco mais de uma década, empresas modificaram a forma como conduzem seus projetos, negociam seus contratos, gerenciam seus times e capacitam seus profissionais. É visível a mudança de postura de gerentes, de membros de times, de executivos de empresas. Profissionais têm se tornado mais completos. Produtos têm sido desenvolvidos com mais qualidade. Clientes têm ficado mais satisfeitos.

A tabela a seguir ilustra um comparativo entre o desenvolvimento tradicional de software e o desenvolvimento utilizando Métodos Ágeis.

O assunto é extenso e surgem muitas questões ao primeiro contato com esta nova proposta de desenvolvimento de software. A agilidade questiona modelos consolidados por meio de uma revisão de valores da indústria de TI. Aos poucos, empresários e gestores estão cedendo à tradição industrial em prol de novos paradigmas de trabalho. No Brasil, empresas de todos os portes, públicas e privadas, estão aderindo ao movimento. No entanto, ainda há muito preconceito e receio nos altos escalões gerenciais.

	TRADICIONAL	METODOLOGIAS ÁGEIS
Pressupostos fundamentais	Sistemas totalmente especificáveis, previsíveis; desenvolvidos a partir de um planejamento extensivo e meticuloso	Software adaptativo e de alta qualidade; pode ser desenvolvido por equipes pequenas utilizando os princípios da melhoria contínua do projeto e testes orientados a rápida resposta a mudanças
Controle	Orientado a processos	Orientado a pessoas
Estilo de gerenciamento	Comandar e controlar	Liderar e colaborar
Gestão do conhecimento	Explícito	Tácito
Atribuição de papéis	Individual – favorece a especialização	Times auto-organizáveis – favorece a troca de papéis
Comunicação	Formal	Informal
Ciclo do projeto	Guiado por tarefas ou atividades	Guiado por funcionalidades do produto
Modelo de desenvolvimento	Modelo de ciclo de vida (Cascata, Espiral, ou alguma variação)	Modelo iterativo e incremental de entregas
Forma/estrutura organizacional desejada	Mecânica (burocrática com muita formalização)	Orgânica (flexível e com incentivos a participação e cooperação social)

Este livro tem por objetivo atender a uma demanda da indústria de software brasileira: trazer informações completas sobre conceitos e práticas da área, a partir da experiência desenvolvida no Brasil desde 2002. Em um formato inovador, reúne a visão de 23 profissionais do Brasil inteiro, agregando em uma única obra conhecimentos e experiências sobre o tema, de projetos pequenos aos grandes, dos simples aos complexos, de empresas públicas às privadas.

▶ REFERÊNCIAS

MANIFESTO para desenvolvimento ágil de software. [S.l: s.n.], 2001. Disponível em: <http://www.agilemanifesto.org/iso/ptbr/>. Acesso em: 02 abr. 2014.

NELSON, R. R. *Applied insight: tracks in the snow*. [S.l.: s.n.], 2006. Disponível em: <http://www.cio.com/article/24423/Applied_Insight_Tracks_in_the_Snow>. Acesso em: 25 abr. 2014.

THE STANDISH GROUP. *Chaos manifesto 2013*. Boston: The Standish Group, 2013. Disponível em: <http://versionone.com/assets/img/files/CHAOSManifesto2013.pdf>. Acesso em: 27 abr. 2013.

Parte I

Métodos Ágeis

1

O Manifesto Ágil

ALEXANDRE GOMES, RENATO WILLI E SERGE REHEM

O Manifesto Ágil é a pedra fundamental do conteúdo deste livro. Apesar de não ser anterior a todas as metodologias e práticas vistas, este documento sintetiza as questões básicas do chamado Movimento Ágil.

▶ 1.1 HISTÓRICO

Durante anos, a Engenharia de Software inspirou-se em processos de manufatura para a consolidação de seus métodos de trabalho. Nascida na segunda metade do século XX, buscou em setores emergentes da indústria da época grande parte das teorias e dos métodos de produção. Em especial, o campo automobilístico, em ampla ascensão industrial, teve importante papel para a constituição da nova indústria de TI. Graças ao modelo de produção em série de Henry Ford, altamente inspirado por Frederick Taylor, todo o pensamento tradicional da ciência do desenvolvimento de software desenrolou-se com intenso foco na padronização de componentes e processos e na mecanização do movimento.

Já em meados dos anos 90, começaram a surgir processos alternativos de desenvolvimento de software, em resposta àqueles tradicionais, considerados excessivamente regrados, lentos, burocráticos e inadequados à natureza da atividade. Esses novos processos foram apelidados de "leves" (*lightweight*), em oposição aos anteriores, "pesados" (*heavyweight*).

Em comum, ambos são baseados em desenvolvimento iterativo, no qual requisitos e soluções evoluem pela colaboração entre equipes auto-organizadas e *cross-funcional* (pessoas com diferentes expertises). Encorajam frequente inspeção e adaptação, uma filosofia de liderança, alinhamento entre o desenvolvimento e os objetivos das empresas ou dos clientes e um conjunto de boas práticas de engenharia que permitia entregas rápidas e de alta qualidade.

Essas metodologias só passaram a ser chamadas de ágeis após 2001, quando um grupo de 17 especialistas (veja o Quadro 1 a seguir) se reuniu na estação de ski *Snowbird*, em Utah, nos Estados Unidos, para discutir maneiras de desenvolver software de uma forma mais leve, rápida e centrada em pessoas. Eles cunharam os termos "Desenvolvimento Ágil de Software" e "Métodos Ágeis" e criaram o Manifesto Ágil – amplamente difundido como a definição canônica do desenvolvimento ágil, composto pelos valores e princípios que veremos a seguir. O Manifesto foi publicado em 2001, e qualquer pessoa pode ser signatária. Mais tarde, algumas dessas pessoas formaram a Agile Alliance (2014), uma organização sem fins lucrativos que promove o desenvolvimento ágil.

Autores do Manifesto Ágil

Kent Beck
Criador da *ExtremeProgramming* – XP (Capítulo 4), *Test-Driven Development* (Desenvolvimento dirigido por testes, Capítulo 11) e JUnit (framework usado no desenvolvimento de testes de unidade). Uma das maiores referências do mundo ágil.

Jeff Sutherland e Ken Schwaber
Inventores do Scrum, que veremos no Capítulo 3.

Martin Fowler
Autor dos livros *Analysis Patterns*, *Planning Extreme Programming* e *Refactoring*, importante referência em design para desenvolvedores.

Dave Thomas e Andrew Hunt
Coautores do livro *O Programador Pragmático*, referência para desenvolvedores. Pregam a simplicidade e leveza no desenvolvimento, além de metodologias centradas em pessoas.

Alistair Cockburn
Criador da família de métodos ágeis chamada de Crystal.

Ward Cunningham
Criador do método de design CRC e contribuidor para outras metodologias, incluindo XP.

Arie van Bennekum
Ativamente envolvido no consórcio DSDM (*Dynamic Systems Development Method*).

Brian Marick
Representante da comunidade de testes e das ideias do que o *Agile Testing* pode ser.

Jim Highsmith
Autor do método *Adaptive Software Development* (ASD) e do livro com mesmo nome.

Robert C. Martin
Experiente em XP, autor do livro *Principles, Patterns, and Practices of Agile Software Development* e, mais recentemente, *Clean Code*.

Ron Jeffries
Primeiro coach em XP, proprietário do XProgramming.com e coautor do livro *Extreme Programming Installed*.

Jon Kern
Programador e arquiteto experiente em diversas linguagens, na época trabalhava na TogetherSoft. Foi representar Peter Coad, o dono da TogetherSoft e um dos criadores da FDD (Capítulo 6).

Mike Beedle
Adotou Scrum e XP como metodologias ágeis com sucesso em diversos projetos, coautor do livro *Scrum, Agile Software Development*, com Ken Schwaber.

Stephen J. Mellor
Também conhecido como Steve Mellor, autor de *Executable UML* e *MDA Distilled*, foi coordenador do *Advisory Board* da revista IEEE Software por dez anos.

James Grenning
Um dos criadores da técnica conhecida como *Planning Poker*. Autor de *Test-Driven Development for Embedded C*.

▶ 1.2 O MANIFESTO ÁGIL

O Manifesto Ágil é composto pela declaração de alguns valores e por 12 princípios, apresentados na próxima seção.

Há, na comunidade, um grande debate sobre o que é ser "ágil". Ao contrário de outras culturas de desenvolvimento, agilidade não está relacionada à obediência de protocolos preestabelecidos de produção, mas a novos padrões de comportamento e atitude. Portanto, uma equipe não pode se dizer "ágil" se não se comportar assim. Livros e artigos são ótimas fontes de conhecimento, mas nenhum time se torna ágil por sua simples leitura. Afinal, a agilidade não é outorgada, mas alcançada a cada pequena transformação diária de comportamento. Cada Método Ágil define suas próprias práticas, mas todos, em um momento ou outro, compartilham dos valores e princípios postulados pelo Manifesto Ágil.

Analisemos o que diz o Manifesto (2001) sobre novos valores do desenvolvimento de software:

> "Estamos descobrindo maneiras melhores de desenvolver software, fazendo-o nós mesmos e ajudando outros a fazerem o mesmo. Através desse trabalho, passamos a valorizar:
>
> Indivíduos e interação mais que processos e ferramentas
> Software funcionando mais que documentação abrangente
> Colaboração com o cliente mais que negociação de contratos
> Responder a mudanças mais que seguir um plano
>
> Ou seja, mesmo havendo valor nos itens à direita, valorizamos mais os itens à esquerda. "

Comecemos analisando a última frase, frequentemente suprimida nas citações, o que pode levar a muitas interpretações falhas e preconceitos relacionados aos Métodos Ágeis. Ela destaca que há, de fato, valor nos itens à direita. Isto é, há valor em processos, ferramentas, documentação, contratos e planos. Por muito tempo, no entanto, as soluções propostas para os desafios da engenharia de software focaram demasiadamente essas questões, deixando em segundo plano outras que também eram importantes – os itens à esquerda. Talvez o Manifesto seja uma tentativa de contrabalançar esses itens, pois aprendeu-se que eles são críticos para o sucesso dos projetos. Enfatizamos que processos, ferramentas, documentação, contratos e planos são muito importantes, mas que, se tivermos de priorizar entre eles e os itens da esquerda, escolheremos os da esquerda.

A primeira frase do Manifesto afirma que ainda "estamos descobrindo melhores maneiras de desenvolver software". Podemos inferir, a partir dessa declaração, que a engenharia de software ainda é muito incipiente, não está tão dominada quanto outras engenharias, como a civil ou mecânica (mesmo que todas evoluam a cada dia). Isso é muito natural, uma vez que a engenharia de software tem apenas cerca de 40 anos. Logo, não se propõe uma solução definitiva, mas bons indícios do que possa ser um melhor caminho rumo ao sucesso nos projetos. Ainda estamos em fase de aprendizado.

Analisemos agora, cada valor do manifesto:

▶ **Indivíduos e interação** mais que processos e ferramentas
Passamos a crer tão cegamente nos processos e nas ferramentas que deixamos de nos comunicar. Esquecemos que são as pessoas que fazem software. Em vez de conversas e discussões, os desenvolvedores passaram a receber especificações escritas. Elas são importantes, sim, mas não comunicam tão bem como uma boa discussão presencial, ou esboços, rabiscos e modelos. Obviamente, ferramentas são importantes. É muito mais difícil fazer as coisas sem elas. Processos, igualmente. Ainda assim, não devemos deixar de valorizar as pessoas e não devemos deixar de nos comunicar. Isso faz parte de trabalho em equipe. Portanto, se essas questões começarem a disputar espaço, valorize mais o lado humano e você terá boas chances de obter melhores resultados.

▶ **Software em funcionamento** mais que documentação abrangente
No início da engenharia de software (e em muitos locais até hoje), muitas organizações ficaram reféns de seus desenvolvedores. Como não havia documentação, todo o conhecimento estava em suas mentes. Perder uma dessas pessoas significava um prejuízo incalculável. A solução encontrada foi documentar os processos para a posteridade. Surgiram, então, as figuras de analistas de sistemas e documentadores, profissionais contratados não para programar, mas para produzir modelos gráficos e textuais. Talvez tenhamos errado na mão, e a proposta agora seja a de encontrar um ponto de equilíbrio. O Manifesto não nega a importância da documentação. No entanto, é preferível a entrega de software funcionando do que uma documentação abrangente, exagerada e cheia de desperdícios. Quando somos contratados, o resultado esperado é software funcionando, com qualidade. Documentação e manutenibilidade fazem parte dessa qualidade. Devemos refletir mais sobre "o que" documentar e "quando" documentar. Devemos refletir sobre o que é útil de fato e o que ficará defasado rapidamente ou sequer será lido algum dia. Isso gera um tremendo desperdício e encarece o que fazemos.

▶ **Colaboração com o cliente** mais que negociação de contratos
Escopo é uma questão complexa e difícil de ser definida precisamente num texto de contrato. Além disso, desenvolver software é um processo de aprendizado: muito do que o sistema vai se tornar será aprendido ao longo do seu desenvolvimento. Vemos muitos fracassos nos projetos devido a essa dificuldade, pois o caminho normalmente seguido para resolver essa questão tem se mostrado oposto ao adequado. São criadas cláusulas e mais cláusulas com o objetivo de proteger tanto o contratante quanto o contratado, na tentativa de fechar o escopo o máximo possível, e são impostos processos complexos, burocráticos e frustrantes para mudanças. O resultado continua ruim.
Esse é um ponto fraco do Manifesto e dos Métodos Ágeis, constantemente criticado devido à sua fragilidade e pessoalidade. É algo que

definitivamente ainda tem muito a evoluir. Sabemos que, quando a relação é bem construída, os resultados são melhores. No entanto, as partes precisam de alguma segurança contra atitudes de má fé. Para minimizar esse risco, normalmente os contratos têm espécies de "pontos de controle", em que a relação é reavaliada para se decidir pela continuidade ou descontinuidade do contrato sem ônus. Naturalmente, estando ambas as partes satisfeitas com a relação, mantém-se o compromisso. Caso contrário, busca-se o realinhamento de interesses e, não havendo acordo, suspende-se a continuidade do projeto. O Manifesto admite que é muito difícil se endereçar todas as complexas questões do desenvolvimento em contratos. Tentar criar muros de proteção não vai resolver nada se não houver colaboração entre a equipe e o cliente. Então, em vez de tentar resolver as coisas incluindo novas cláusulas, redigindo contratos super complexos, é preferível trabalhar em outro nível com o cliente, criando um clima de confiança e colaboração.

▶ **Responder a mudanças** mais que seguir um plano
Como já mencionado, desenvolver software é um processo de aprendizado, tanto da equipe quanto do próprio cliente. Assim, é natural e inevitável que haja mudanças. Acreditamos que as mudanças são ótimas oportunidades para que o sistema desenvolvido seja mais aderente às necessidades do cliente, além de contribuírem muito para os resultados desejados. Por isso, devemos fazer o possível para recebê-las e acolhê-las de braços abertos.

Em projetos, normalmente temos a ideia de que será traçado um plano no início do prazo e de que ele será seguido até o final. É muito difícil tomar tantas decisões acertadas no início do projeto, no momento em que menos se conhece a solução, principalmente em um ambiente instável como o nosso, em termos de tecnologia, pessoal e negócio. Até podemos seguir o plano, mas o resultado final pode não resolver o problema do cliente.

Por isso, para acolhermos realmente as mudanças, precisamos replanejar o tempo todo. Os processos de planejamento ágil normalmente incluem ciclos PDCA em diversos níveis (diário, semanal, mensal, trimestral, etc.), em que há a oportunidade de reflexão e readequação dos rumos tomados pelo projeto.

▶ 1.3 OS 12 PRINCÍPIOS

Princípio é "[...] toda estrutura sobre a qual se constrói alguma coisa. São ensinamentos básicos e gerais que delimitam de onde devemos partir em busca de algo, verdades práticas que visam a treinar nossa mente para melhor discernirmos sobre os caminhos corretos a serem tomados nos objetivos. É através deles que podemos extrair regras e normas de procedimento (Dicionário online de português, 2014)".

Os 12 princípios do Manifesto Ágil complementam os valores, formando os pilares sobre os quais são construídos os chamados Métodos Ágeis.

Enunciados simples, mas de significado abrangente e profundo, são às vezes esquecidos no dia a dia por equipes "supostamente" ágeis, que cometem a falha comum de se ater a práticas específicas, sem buscar suas razões essenciais. Faremos um breve comentário sobre cada princípio. Se em alguns trechos formos repetitivos, tudo bem, assim vamos fixando os conceitos.

1. **Nossa maior prioridade é satisfazer ao cliente com entregas contínua e adiantada de software com valor agregado.**

Não é à toa que esse é o primeiro princípio. A evolução da engenharia de software tem trazido diversos processos, técnicas e ferramentas que, apesar de organizarem e documentarem o ciclo de vida do desenvolvimento de soluções, tornaram-se mais importante que o próprio software a ser entregue. Por outro lado, temos também, e não podemos deixar de ressaltar, os cérebros engenhosos dos analistas e programadores, ávidos por aplicar o "estado da arte" das mais recentes tecnologias, linguagens e ferramentas, colocando em risco a qualidade do produto e deixando em segundo plano as necessidades do cliente. O primeiro princípio do Manifesto Ágil resgata o maior objetivo que devemos ter em mente: entregar software funcionando com qualidade, com iterações rápidas e contínuas, sempre agregando valor de negócio ao cliente.

2. **Mudanças nos requisitos são bem-vindas, mesmo tardiamente no desenvolvimento. Os processos ágeis tiram vantagem das mudanças, visando à vantagem competitiva para o cliente.**

Tradicionalmente, grande parte das metodologias de desenvolvimento de software buscou técnicas e ferramentas para desestimular a possibilidade de mudanças. Afinal, sabemos que, quanto mais tarde elas ocorrerem, maior será o custo de manutenção. Por que favorecê-las, então? São práticas comuns o levantamento inicial do máximo de requisitos possíveis, o estabelecimento de termos de compromisso de longo prazo para seu desenvolvimento (p. ex., assinaturas do cliente em todos os documentos de um modelo de casos de uso) e a criação de processos burocráticos para a solicitação de mudanças do compromisso preestabelecido. Acreditou-se por muito tempo que, com todos esses cuidados, o trabalho inicial de identificação de requisitos não seria prejudicado ao longo da construção do software, controlando, assim, prejuízos exponenciais da modificação tardia de funcionalidades.

Percebendo a ineficiência das práticas adotadas contra mudanças no decorrer do desenvolvimento, a filosofia ágil optou por discordar da premissa secular de que mudanças tardias são maléficas e adotou uma postura favorável à sua ocorrência. Agilistas, portanto, aceitam com naturalidade o fato de que transformações no escopo original de qualquer projeto são esperadas e muito bem-vindas. Com isso, mudanças de qualquer natureza passam a ser encaradas como algo normal.

A diferença agora é que, em vez de lamentar pela necessidade de modificação do plano original de trabalho, os Métodos Ágeis preparam-se com técnicas e ferramentas para responder o mais rápido possível a todo tipo de mudanças, que certamente é reflexo do aprendizado de alguma circunstância até então não percebida pelos envolvidos. Dessa forma, o cliente livra-se das amarras de decisões precipitadas, refletidas em termos de compromisso prematuramente firmados e cuja rescisão lhe trará ônus, e beneficia-se do imenso potencial competitivo da adaptabilidade a novos cenários de mercado.

3. **Entregar frequentemente software funcionando, de poucas semanas a poucos meses, com preferência à menor escala de tempo.**

Você já deve estar percebendo o quanto os princípios estão interligados. Entregar com frequência software funcionando ao cliente, agregando valor e sendo capaz de responder rapidamente a mudanças só é possível com ciclos curtos. Os time-boxes (períodos de tempo pré-fixados e predeterminados) dão ritmo ao trabalho, e a equipe passa a ter consciência da sua velocidade, ou seja, passa a prever cada vez melhor o quanto é capaz de produzir em cada ciclo. O projeto passa por diversas iterações de melhoria contínua, potencializando aspectos positivos e atuando nos pontos de melhoria identificados. Como consequência, a relação de confiança com o cliente (e entre os próprios membros do time!) só tende a aumentar ao longo do projeto.

4. **Pessoas de negócio e desenvolvedores devem trabalhar diariamente em conjunto por todo o projeto.**

Esse é um ponto difícil de implementar, mas nem por isso deve deixar de ser buscado. Clientes "tradicionais" gostariam de participar de poucas reuniões, falar sobre o que eles querem em seu sistema e aparecer um tempo depois para ver se o que pediram foi apresentado a contento. Quem trabalha com TIC já dever ter ouvido várias vezes a frase: "isto não foi exatamente o que pedi". Mesmo que os requisitos tenham sido bem elicitados e documentados, as necessidades de negócio mudam, porque a realidade do ambiente em que o sistema está inserido também muda (p. ex., cenário econômico, mudanças políticas, ações da concorrência).

Uma das maneiras de se evitar isso é adotando um processo constante de colaboração entre clientes e equipes de desenvolvimento, prioritariamente trabalhando juntos no mesmo ambiente. Esse princípio pode ser um pouco "impactante", pois muitos profissionais foram educados a não interagir diretamente com o cliente. "Isso só quem faz é o gerente ou os analistas de requisitos". A ação conjunta de times ágeis representantes diretos do cliente contratante possibilita um fluxo contínuo de apresentação, discussão e feedback, que é fundamental para a garantia de sucesso do projeto. Se você não consegue que estejam diariamente no mesmo ambiente, procure estratégias para maximizar os momentos de contato. É desnecessário mencionar o quão dependente esse princípio é dos anteriores.

5. **Construa projetos em torno de indivíduos motivados. Dê a eles o ambiente e o suporte necessários e confie neles para realizar o trabalho.**

Equipes ágeis são auto-gerenciadas. Não existe alguém dando ordens ou cobrando resultados. Em um primeiro momento, tais premissas podem soar como anarquia, como se cada um pudesse fazer o quisesse na hora que bem entendesse.

Em um time verdadeiramente ágil, o ambiente é de comunicação direta e constante, os feedbacks são frequentes e o comprometimento é de todos. A prioridade continua sendo a entrega constante de software funcionando, com valor agregado ao cliente. Metodologias como Scrum e XP apresentam alternativas para montagem do ambiente adequado (mobiliário, equipamentos, ferramentas de apoio, quadros de sinalização, etc.) e para o uso de práticas que favoreçam a criação de um clima motivador e de confiança mútua.

Um alerta: profissionais sem iniciativa rapidamente são desmascarados em um ambiente dessa natureza. A figura do gerente estilo "comando e controle", que vive cobrando resultados, cede espaço para o líder facilitador, que confia em seu time e está ali para servi-lo em prol de um objetivo maior.

6. **O método mais eficiente e eficaz de transmitir informação para a equipe e entre a equipe de desenvolvimento é a conversa frente a frente.**

Os problemas de comunicação parecem aumentar quanto mais a tecnologia se desenvolve. As relações humanas diretas vêm sendo gradativamente substituídas por instrumentos catalizadores do processo de comunicação. É inquestionável o papel que telefone, email e chat tiveram na dinamização do mundo moderno. Mensagens que antes demoravam dias para alcançar seus destinos são hoje entregues instantaneamente em qualquer canto do globo. Hoje, comunica-se muito mais que anos atrás.

Mesmo assim, apesar de tanta facilidade e conveniência, persistem na sociedade os mesmos problemas de comunicação há muito identificados e criticados pelos maiores experts em gestão de pessoas. Valendo-se apenas de objetivos quantitativos, a troca de mensagens em tempos de Internet ainda carece de qualidade.

Todo o aparato tecnológico disponível ainda não substitui a clareza e objetividade de uma boa conversa presencial, na qual está presente a importantíssima comunicação não verbal. Sutilezas, como gestos, entonação de voz e expressões faciais, não podem ser eficientemente transmitidas por meio eletrônico (o uso de letras maiúsculas e emoticons tenta minimizar o problema), o que dificulta a compreensão da mensagem. São apenas um conjunto de palavras e sentenças frias e, supostamente, objetivas.

O autor de um texto escrito geralmente o faz sob a premissa de que ali reside uma informação clara e de conclusões determinísticas. Talvez seja essa a matriz de todos os problemas associados à comunicação eletrônica. É importante que entusiastas da comunicação escrita atentem para a natureza humana e inexata de seus textos. Ao contrário de uma fórmula matemática, textos escritos não têm conclusões absolutas. A compreensão das intenções do autor dependem, em grande parte, da capacidade de interpretação do receptor da mensagem. Essa capacidade, por sua vez, depende da bagagem de conhecimento, da atenção dispensada, do estresse e mesmo do humor de quem está lendo a mensagem. Ademais, na comunicação remota, o autor não dispõe de qualquer oportunidade para esclarecimentos acerca de suas reais intenções postas em palavras. Disso, emergem as mais diversas situações, com potenciais extremos de destruição de relações, gerando desgastes, atrasos e imenso desperdício de energia para a recomposição do ambiente agradável.

O Manifesto Ágil coloca que, dentre todos os tipos de troca de informação entre equipes de desenvolvimento de software, a mais eficaz é a da comunicação frente a frente. Quanto menos comunicação indireta, menores serão os riscos de má interpretação. Quanto mais frequentes forem as conversas presenciais, menos conflitos surgirão, menos energia será gasta para sua reversão e mais eficazes e sustentáveis serão os trabalhos.

7. Software funcional é a medida primária de progresso.

A engenharia de software se espelhou em outras indústrias do século XX, tradicionalmente manufatureiras, e nasceu baseada em processos teoricamente determinísticos e controláveis. Pelo acompanhamento dos artefatos gerados em cada etapa de trabalho, seria possível mapear o andamento de qualquer projeto, avaliar seus riscos e estimar seus prazos e custos. Em síntese, a Gerência de Projetos tradicional funciona desta forma:

- ▶ Busca-se identificar, no início do projeto, em alto nível de detalhamento, todas as atividades a serem executadas para entrega do produto final.
- ▶ Distribuem-se todas as atividades identificadas em um cronograma, atribuindo-lhes prazos e responsáveis.
- ▶ Acompanha-se o desenrolar dos trabalhos até a conclusão de todas as tarefas previstas.

Esse modelo, apesar de altamente aceito nas mais diferentes indústrias (TI, construção civil, promoção de eventos, etc.) demonstrou-se ineficiente e de pouco valor na engenharia de software. Por sua causa, criou-se uma cultura de supervalorização de documentos descritores do projeto. A entrega de artefatos tornou-se mais lucrativa que a entrega de software, sendo prática recorrente do mercado o faturamento de mais da metade do valor de um contrato de software estar vinculado apenas à entrega de modelos e diagramas abstratos.

O Manifesto Ágil, em sua segunda cláusula, e também o livro de Fried, Hansson e Linderman (2006), *Getting Real*, propõem que código funcionando seja mais importante que uma documentação extensa. Conforme já mencionados, documentos e especificações têm validade, mas priorizá-los em detrimento de um software bem feito e funcional é um erro. O 7º princípio do Manifesto ratifica esse discurso, esclarecendo que o bom andamento de um projeto de desenvolvimento de software deve ser mensurado, primordialmente, por meio da quantidade de software entregue e funcionando, que é o que, de fato, importa ao cliente final, e não pelo volume de documentos gerados.

8. **Os processos ágeis promovem desenvolvimento sustentável. Os patrocinadores, desenvolvedores e usuários devem ser capazes de manter um ritmo constante sempre.**

Conceito proveniente da indústria manufatureira, a produtividade de uma equipe ainda é diretamente proporcional ao número de horas trabalhadas na linha de produção. Seguindo o mesmo raciocínio, empresas de TI tradicionais popularizaram o estereótipo do profissional de informática *workaholic*, constantemente estressado e com jornadas de trabalho sobre-humanas. Parte-se da premissa de que quanto mais tempo o profissional estiver em frente ao computador digitando código, maior será sua produção. Esse raciocínio não vale para um segmento produtivo pautado pela atividade intelectual, cujos resultados práticos são diretamente proporcionais à capacidade criativa de seus executores.

O desenvolvimento de software, há muito entendido como tarefa mecânica e repetitiva, finalmente está sendo compreendido como a arte de transformação de ideias em código. A criatividade de um desenvolvedor trabalhando em seu limite dificilmente estará fértil; por consequência, cada novo problema a ser transposto pode gerar complexidades desnecessárias e a introdução desmedida de defeitos, desconstruindo o que já está pronto. Prática comum na maioria das empresas de TI, esse processo cria um ambiente improdutivo, de alta rotatividade de pessoal e baixa difusão de uma cultura corporativa.

Para reverter tal cenário, o Manifesto Ágil revisa essa tradição industrial e sugere modelos de maior sustentabilidade para todos os envolvidos no processo de construção de software. O ponto-chave da proposta é a manutenção de ambientes que funcionem não em seus limites operacionais, mas em níveis nos quais sua sustentação seja viável por ilimitados períodos de tempo.

9. **Contínua atenção à excelência técnica e bom design aumenta a agilidade.**

Neste ponto, você pode estar se perguntando como é possível manter um ambiente sustentável de alta produtividade, priorizando a entrega contínua de código e a agregação constante de valor, estar sempre atento às necessidades de mudança e sem o poder de uma extensa e esclarecedora documentação. A resposta é óbvia, mas nem sempre é seguida: fazendo um bom código. Um código bem feito aliado a um projeto de qualidade elimina a necessidade de documentação exaustiva, reduz o retrabalho e facilita a tomada rápida de decisões. Dessa forma, viabiliza-se a entrega constante de versões funcionais e a resposta rápida a feedbacks do cliente. Uma teia de confiança é estabelecida entre todos os envolvidos, o que, naturalmente, possibilita a implantação de rotinas sustentáveis de trabalho, realimentando a cadeia e potencializando a consolidação de um círculo virtuoso de produção.

10. **Simplicidade – a arte de maximizar a quantidade de trabalho não realizado – é essencial.**

Essa é uma frase muito poderosa, que merece nossa atenção e reflexão. A arte de maximizar o trabalho não realizado pode parecer "coisa de preguiçoso", como se quiséssemos arranjar desculpas para não fazer algum trabalho (o que ocorre – e muito – em todas as profissões). Na verdade, o que queremos dizer é: procure focar o que é realmente importante e que trará valor de negócio e vantagem competitiva ao seu cliente. Elimine o que não é importante. Esse princípio nos leva constantemente aos questionamentos do tipo: isso é realmente essencial? Há alguma forma de tornar isso mais simples?

O pós-guerra consolidou o modelo capitalista de produção, a indústria do consumismo e os valores do exagero. Todos os meios de comunicação vendem a ideia de que temos sempre de ter mais: mais roupas, mais carros, mais imóveis... E não foi diferente no mundo do software. Vimos, nos últimos anos, uma geração de aplicativos transbordando de funcionalidades. Não raro, ouvimos comentários de usuários do tipo "não utilizo 20% dos recursos do software X" ou "não sei para que serve metade desses botões". Esse excesso, entretanto, não agrega diferencial ao produto em questão e geralmente tem o efeito oposto. Afinal, mais funcionalidades representam mais complexidade de uso, e mais código potencializa mais defeitos.

Muitos confundem Métodos Ágeis com o desenvolvimento rápido de software. Na verdade, o ágil diz muito mais sobre eficiência, eficácia e efetividade do desenvolvimento do que sobre velocidade de programação. Ou seja, a energia gasta nas atividades do projeto deve ser aplicada para o desenvolvimento da coisa certa, que mais agregue valor ao cliente, e não apenas para geração incontida de código com pouco potencial de retorno do investimento aplicado.

A manutenção de um projeto simples, com poucas funcionalidades, além de reduzir a complexidade do projeto, facilitando sua manutenção, garante ao time tempo e energia para aprimoramento (simplificando ainda mais toda a arquitetura) ou para implementação de outra funcionalidade de valor extremo. Isso é nada mais que a aplicação prática do Princípio de Paretto (significado..., 2014) para o desenvolvimento de software: implementar apenas os 20% de funcionalidades que representarão os 80% de resultado (Koch, 2001).

O Manifesto Ágil, entretanto, não é o autor dessa filosofia pró-simplicidade. O Desenho Industrial há muito a defende, e a própria comunidade desenvolvedora de software também já a conhece (Instituto Nacional da Propriedade Industrial, 2014). Leander Kahney (2008), no livro em que descreve "A cabeça de Steve Jobs", dedica todo seu primeiro capítulo à "arte de dizer não" do fundador da Apple e o consequente mérito ao sucesso de seus produtos. Na gíria geek, geralmente em fóruns de discussões, propostas de complexidade absurda são comumente rechaçadas com KISS (*Keep It Simple Stupid*) (What..., 2000).

11. **As melhores arquiteturas, requisitos e design emergem de times auto-organizáveis.**

Esse tópico está estritamente relacionado ao princípio da emergência (Dicionário online de Português, 2014), que define o processo de formação de sistemas dinâmicos complexos a partir de regras simples.

Durante anos, acreditou-se na existência de mecanismos invisíveis de comunicação e liderança que justificassem toda a harmonia por trás da dinâmica de movimentação em um bando de pássaros ou em um cardume. Ultimamente, entretanto, a teoria da emergência tem sido a mais bem aceita para explicar todo sincronismo. Ela defende que existe um conjunto restrito e muito simples de regras que deve ser obedecido (por questões de sobrevivência) por todos os membros do grupo. Por exemplo, cada membro não pode se aproximar demais de outro, sob o risco de colisão, mas também não pode se afastar demais, para não ficar vulnerável aos predadores. Com isso, ao menor desvio de rota do vizinho, cada componente do grupo deve se reorganizar para manter válidas as regras básicas (de sobrevivência) do jogo. Assim, com essas duas simples regras, todo o grupo se sincroniza a ponto de parecer um único corpo aos olhos de um espectador, e a vida se perpetua.

No desenvolvimento de software, durante anos, acreditamos ser capazes de controlar todos os possíveis eventos que pudessem influenciar o bom andamento de qualquer projeto. Sob a batuta dos gerentes, o planejamento prévio e detalhado de cada passo do processo tornou-se o pilar fundamental dessa cultura de intenso controle. Por meio de cronogramas, planilhas e pilhas de documentos devidamente firmados, estabelecia-se a crença comum do domínio de todos os potenciais fatores de impacto aos trabalhos em curso. E, a qualquer imprevisto, incrementava-se ainda mais o hall de pontos de controle para ocasiões futuras, transformando a dinâmica de trabalho em um processo fechado, complexo, cada vez mais custoso e com necessidade de profissionais mais e mais experientes em todas as práticas de controle existentes.

O fato, entretanto, é que, mesmo com toda essa política de prevenção adotada e o aparente determinismo do plano preestabelecido, elementos surpresa continuam a surpreender os mais experientes gerentes de projetos, comprometendo suas estimativas de custo e prazo. Apesar de todos os documentos de controle e todas as assinaturas de comprometimento lavradas a ferro e fogo, desvios do plano original nunca deixaram de existir. Assim como a natureza ou o cérebro humano, o desenvolvimento de software é um processo de tamanha complexidade que qualquer tentativa de sistematização tende a ser falha. Ora, sabendo que há uma grande probabilidade de mudança do plano original, por que investir tanto tempo em seu detalhamento?

12. **Em intervalos regulares, o time reflete sobre como se tornar mais eficaz e então refina e ajusta seu comportamento de acordo.**

Chegamos ao último princípio do Manifesto Ágil e, até o momento, nada se falou sobre uma sequência de fases e/ou atividades que devem ser seguidas para a construção de um projeto de software de sucesso.

A engenharia de software tradicional vem insistindo na definição de uma "receita de bolo" ideal para o desenvolvimento de sistemas. Nenhum processo de desenvolvimento de software que conhecemos, entretanto, chegou a esse nível, o que nos sugere duas possíveis conclusões: devemos acreditar na existência do processo perfeito e insistir em sua busca, como defende a maioria dos profissionais da área, ou devemos crer que processos perfeitos

capítulo 1 ▶ O MANIFESTO ÁGIL

não existem e partir para outra abordagem, conforme a estratégia adotada pela comunidade ágil?

Inexistindo a definição perfeita de um processo de desenvolvimento, o princípio ágil defende que cada equipe, em cada projeto, deve encontrar, por méritos próprios, sua dinâmica de trabalho. Não existem, portanto, regras preestabelecidas. Ou melhor, quase não existem. Uma regra básica é a da melhoria contínua. A cada ciclo de trabalho, deve-se refletir sobre o que foi feito, aprender com o que não funcionou (descartando-o, se for o caso) e potencializar o que estiver dando certo. Naturalmente, as primeiras iterações do projeto serão de grande aprendizado. Passados os primeiros ajustes, a tendência é de convergência do ritmo, das expectativas e das prioridades dos envolvidos, reforçando o potencial de sustentabilidade dos trabalhos.

▶ REFERÊNCIAS

AGILE ALLIANCE . Orlando: Agile Alliance, 2014. Disponível em:<http://www.agilealliance.org/>. Acesso em: 13 abr. 2014.

EMERGÊNCIA. In: DICIONÁRIO online de português. [S.l.]: 7Graus, 2014. Disponível em:< http://www.dicio.com.br/emergencia/>. Acesso em: 13 abr. 2014.

FRIED, J.; HANSSON, H.; LINDERMAN, M. Getting real: the smarter, faster, easier way to build a successful web application. [S.l.]: 37signal, 2006. Disponível em:<https://basecamp.com/books/Getting%20Real.pdf>. Acesso em: 13 abr. 2014.

INSTITUTO NACIONAL DA PROPRIEDADE INDUSTRIAL. Desenho industrial. Brasília: CGCOM, 2014.

KAHNEY, L. A cabeça de Steve Jobs. Rio de Janeiro: Agir, 2008.

KOCH, R. O princípio 80/20: o segredo de se realizar mais com menos. Rio de Janeiro: Rocco, 2001.

MANIFESTO para desenvolvimento ágil de software. [S.l: s.n.], 2001. Disponível em: <http://www.agilemanifesto.org/iso/ptbr/>. Acesso em: 02 abr. 2014.

PRINCÍPIO. In: DICIONÁRIO online de português. [S.l.]: 7Graus, 2014. Disponível em:<http://www.dicio.com.br/principio/>. Acesso em: 13 abr. 2014.

SIGNIFICADO de diagrama de Pareto. [S.l.]: 7Graus, 2014. Disponível em: <http://www.significados.com.br/diagrama-de-pareto/>. Acesso em: 13 abr. 2014.

WHAT does KISS stand for? [S.l.: s.n., 2000]. Disponível em: <http://people.apache.org/~fhanik/kiss.html>. Acesso em: 13 abr. 2014.

2

A História dos Métodos Ágeis no Brasil

ALFREDO GOLDMAN, CLAUDIA MELO, FABIO KON, HUGO CORBUCCI E VIVIANE SANTOS

As ideias ágeis vêm sendo adotadas desde os anos 70 em vários países do mundo. Neste capítulo, vamos abordar parte da história dos Métodos Ágeis no Brasil e apresentar um pouco da jornada dos pioneiros na indústria e em educação.

▶ 2.1 GÊNESIS DE MÉTODOS ÁGEIS NO BRASIL

Diversos profissionais reportam que o "pensamento ágil" já era adotado no desenvolvimento de software no Brasil bem antes da formalização do Manifesto Ágil. Por volta de 1999, Klaus Wuestefeld e Vinícius Teles, profissionais de desenvolvimento de software atualmente considerados precursores da agilidade no país, estavam em busca de uma abordagem alternativa que proporcionasse aumento das chances de sucesso no desenvolvimento de software. Para ambos, estava claro que abordagens orientadas a pessoas seriam mais bem-sucedidas, pois projetos melhores eram aqueles que lidavam bem com aspectos humanos e sociais do desenvolvimento de software, como habilidades sociais, criatividade e comunicação.

Com a formalização do Manifesto, o movimento pela agilidade no Brasil teve início, em 2001, desencadeado por professores universitários e profissionais da indústria que tiveram contato com o movimento internacional, iniciado em 2000. Palestras sobre Programação Extrema (XP) foram ministradas em universidades e departamentos de Tecnologia da Informação de instituições públicas e empresas privadas. Naquele ano, a disciplina de Laboratório XP foi implementada como optativa para os alunos do bacharelado em ciência da computação na Universidade de São Paulo e, desde então, vem sendo ministrada ininterruptamente. Os alunos aprendem, durante o semestre, a desenvolver software em projetos reais adotando rigorosamente todas as práticas de XP. Em avaliações feitas com os alunos da primeira turma, a maioria considerou essa disciplina uma das mais importantes do curso. Até a edição deste livro, cerca de 500 alunos haviam sido aprovados na disciplina e a maioria entrou no mercado de trabalho, atuando como consultores, líderes de projetos e desenvolvedores de empresas de desenvolvimento de software e tornando-se propagadores dos Métodos Ágeis.

Em 2002, o primeiro evento ágil no Brasil (Programação Extrema'2002) contou com a participação de Kent Beck, Scott Ambler e Rob Mee como convidados internacionais, com palestras para cerca de 200 participantes. Professores brasileiros apresentaram sua experiência de ensino XP nas universidades, e profissionais descreveram suas primeiras experiências com os novos métodos na indústria nacional de software. A partir daquele ano, foram organizados outros eventos (palestras e minicursos) nas cidades de São Paulo, Rio de Janeiro, Recife, Florianópolis, Belém do Pará, São Carlos e Brasília com o intuito de disseminar a adoção dos Métodos Ágeis em projetos reais.

Dois anos depois, a nova edição desse evento contou com a presença de 300 pessoas, com a participação de Mary e Tom Poppendieck e com o apoio de várias empresas. Nos anos seguintes, diversos eventos na Universidade de São Paulo tiveram a participação de palestrantes reconhecidos, como Frederick Brooks, Linda Rising, Richard Gabriel, Jutta Eckstein, Joe Yoder e Brian Foote. Os Métodos Ágeis estavam começando a ganhar força, tanto na academia, quanto na indústria.

Alunos de pós-graduação e profissionais da indústria organizaram a primeira edição do AgileBrazil em 2010. Desde então, a cada ano, a conferência tem atraído mais de 800 participantes de todo o país. AgileBrazil tornou-se a conferência brasileira mais importante sobre a abordagem ágil de desenvolvimento de software, promovendo não somente uma série de palestras e workshops para a indústria, mas também um workshop acadêmico, o WBMA, extensões com temas específicos e uma maratona com cursos de formação para disseminar o conhecimento sobre Métodos Ágeis.

▶ Fotografia tirada durante o primeiro evento ágil do Brasil; da esquerda para à direita, Alfredo Goldman, Kent Beck e Fabio Kon.

► 2.2 EDUCAÇÃO DE MÉTODOS ÁGEIS NO BRASIL

Desde 2001, houve diversas iniciativas educacionais no Brasil sobre a promoção de Métodos Ágeis na academia, como as desenvolvidas pelo IME-USP, UFRJ, UFPE, PUC-RS, UTFPR e UnB Gama. Da mesma forma, algumas empresas como a Caelum e a Scrum Alliance realizaram cursos para que profissionais do mercado conhecessem valores, princípios e práticas Ágeis. A Tabela 2.1 lista algumas das iniciativas pioneiras de educação de Métodos Ágeis no Brasil.

Dentre os cursos mais antigos que ainda estão em execução no desenvolvimento ágil de software no Brasil, o curso Laboratório de Programação Extrema, no IME-USP, tornou-se um espaço para o desenvolvimento de vários projetos reais. Sua primeira edição foi em 2001, com quatro professores trabalhando com uma dúzia de alunos. Desde então, o curso tem evoluído, já tendo contado com turmas com mais de cinquenta alunos. Ele ocorre uma vez por ano para estudantes de graduação e de pós-graduação da Ciência da Computação, durante um semestre.

► TABELA 2.1

Iniciativas de educação em Métodos Ágeis no Brasil			
ANO	TIPO	INICIATIVA	INSTITUIÇÃO
2001	Acadêmico	Laboratório XP	IME-USP
2002	Acadêmico	Curso de XP	UFRJ
2003	Acadêmico	Pesquisa	UFPR
2003	Acadêmico	Tutorial de Métodos Ágeis	SBES
2006	Industrial	Curso de verão	Agilcoop
2007	Industrial	Processo de certificação Scrum	Scrum Alliance I Scrum.org
2007	Industrial	Cursos de Scrum e XP	Caelum
2008	Acadêmico	Encontro Ágil[1]	IME-USP e Agilcoop
2009	Acadêmico	Programa de cursos em Métodos Ágeis	PUC-RS
2010	Acadêmico	Mini-curso sobre Métodos Ágeis[2]	CBSOFT SBES
2011	Acadêmico	Laboratório XP	UTFPR
2011	Acadêmico	Mini-curso sobre 10 anos de Métodos Ágeis[3]	CBSOFT SBES
2012	Acadêmico	Laboratório ágil	UnB Gama

[1] Encontro..., 2010.
[2] Brazilian Conference on Software, 2010.
[3] Congresso Brasileiro de Software, 2011.

O curso Laboratório XP do IME-USP procura replicar um sistema semelhante ao da indústria: os alunos mais experientes assumem o papel de coaches ágeis, os clientes do curso são escolhidos a partir de várias necessidades da universidade ou projetos open source, as práticas adotadas no início dos projetos são as 12 práticas da primeira edição do livro XP, são realizadas reuniões stand-up a cada aula. Todas as equipes têm de realizar retrospectivas no fim de cada iteração, uma vez por semana há uma reunião para acompanhamento dos projetos, compartilhamento de problemas e soluções e solicitação de apoio. A avaliação dos alunos consiste em uma média de notas de frequência, pró-atividade, participação, acompanhamento e satisfação do cliente, em conjunto com uma avaliação pessoal e do coach e dos meta-coaches. O ambiente de ensino atual é composto por dois laboratórios como áreas de trabalho para as equipes. Duas salas adicionais ficam disponíveis para planejamento, reuniões técnicas e com o cliente, e retrospectivas.

Esse curso serviu como laboratório para diversas publicações acadêmicas, tanto ligadas a softwares desenvolvidos (p. ex., Archimedes, Mezuro e Mico) como experimentos ligados ao ensino de Métodos Ágeis.

No segundo semestre de 2002, foi desenvolvido, na UFRJ, um curso semelhante ao do IME-USP, porém com uma abordagem diferente. Cada aula era dividida em duas partes. A primeira era teórica, na qual os estudantes respondiam oralmente a perguntas baseadas em material fornecido previamente. Na parte prática, os estudantes resolviam exercícios curtos relacionados à cada prática proposta. A motivação era reforçar o aprendizado de cada prática, sempre praticando programação pareada. A cada aula, os pares eram escolhidos de forma aleatória.

Outro centro de destaque em pesquisa em Métodos Ágeis, a UFPE, adotou outra abordagem. O foco inicial não foi ensino, e sim pesquisa. Em 2003, duas dissertações de mestrado e um trabalho de conclusão de curso foram defendidos. Desde essa época, houve um número crescente de trabalhos, de graduação e de pós-graduação, incluindo outras universidades de Pernambuco, como a UFRPE.

Além das citadas, encontramos outras iniciativas de ensino nos últimos 4 anos em diversas universidades do Brasil. Na PUC-RS, por exemplo, há um curso com três disciplinas sobre Métodos Ágeis oferecido anualmente. Ele começa com uma introdução, aborda o gerenciamento de projetos com Scrum e, em seguida, apresenta uma análise de negócio ágil. Mais recentemente, a universidade criou um laboratório, financiado pelo CNPq, para fomentar times de alto desempenho em desenvolvimento de software, baseado em Métodos Ágeis. Outras universidades, como UTFPR e UnB Gama, também estruturaram curso e laboratório de Métodos Ágeis, respectivamente.

Outra forma de iniciativa educacional organizada pelas universidades são os cursos de verão e minicursos em conferências, como o Simpósio Brasileiro de Engenharia de Software (SBES). Esses cursos ajudam a transferir rapidamente o conteúdo recém gerado nas universidades para a comunidade acadêmica.

Por parte da indústria, algumas empresas fazem treinamento em Métodos Ágeis. É o caso da Caelum, uma empresa brasileira de treinamento e desenvolvimento de software que oferece diversos cursos curtos de Java e de desenvolvimento orientado a objetos. A empresa começou a oferecer cursos de XP e Scrum em 2007, mas o curso de XP foi logo interrompido por falta de demanda. Mais tarde, em 2010, o curso de Scrum foi reformulado para abordar Métodos Ágeis em geral, mas com ênfase gerencial. No final de 2010, um curso mais técnico foi criado.

O Scrum também colaborou para o crescimento de Métodos Ágeis. Mesmo tendo uma origem anterior a XP, começou a ser mais conhecido por volta de 2006, com a promoção da Scrum Alliance, uma organização sem fins lucrativos que oferece uma série de cursos preparatórios para exames de certificação, ministrados por instrutores certificados. Inicialmente, todas essas certificações eram oferecidas em inglês por instrutores estrangeiros. Após o primeiro brasileiro obter o certificado *Certified ScrumTrainer*, os cursos começaram a ser ministrados em português (agosto de 2008). Depois disso, outros brasileiros obtiveram o certificado CST e a demanda por cursos de Scrum só cresceu. Recentemente, uma discussão sobre certificação criou uma ruptura na comunidade Scrum ao separar a Scrum Alliance, representada por Jeff Sutherland, da recém fundada Scrum.org, representada por Ken Schwaber.

▶ 2.3 CONCLUSÃO

Nos primeiros anos de Métodos Ágeis no Brasil, conversas sobre o tema eram recebidas com grande ceticismo e resistência por profissionais e pesquisadores. O cenário vem mudando gradualmente nos últimos anos, com as diversas iniciativas de disseminação e uso. Hoje Métodos Ágeis são considerados *mainstream*, ou seja, o método de preferência por muitos para desenvolvimento de software. No entanto, muitos profissionais ainda têm dificuldades de incorporar os valores, os princípios e as práticas ágeis em suas organizações. Uma questão importante sobre a adoção de Métodos Ágeis é a evidente carência de "pensamento ágil" nos projetos brasileiros. Há muito a melhorar na negociação de contratos, de forma a promover mais confiança e reduzir receios. Isso está relacionado à exploração de boas oportunidades de parceria tanto para o cliente, quanto para a empresa de software.

Métodos Ágeis já são uma realidade em diversos contextos no País. Um dos principais desafios atuais é buscar formas realmente ágeis de desenvolvimento de software, implantando efetivamente todos os valores e princípios ágeis, produzindo software de alta qualidade.

Para os que desejam obter mais detalhes sobre a gênese, evolução, pesquisa e aplicação dos Métodos Ágeis no Brasil, sugerimos duas fontes. A primeira é o artigo de Melo e colaboradores (2013) e a segunda é o Relatório Técnico do IME-USP sobre o estado da prática de Métodos Ágeis no Brasil (Melo et al., 2012).

▶ REFERÊNCIAS

BRAZILIAN CONFERENCE ON SOFTWARE. *Introduction to agile methods for development*. Salvador: CBSoft, 2010. Disponível em: <http://wiki.dcc.ufba.br/CBSOFT/ShortCourseMC06>. Acesso em: 9 abr. 2014.

CONGRESSO BRASILEIRO DE SOFTWARE, 2., 2011, São Paulo. *Teoria e prática*. São Paulo: CBSoft, 2011. Disponível em: <http://www.each.usp.br/cbsoft2011/portugues/cbsoft/minicursos_cbsoft_pt.html>. Acesso em: 9 abr. 2014.

ENCONTRO Ágil 2010. São Paulo: [s.n.], 2010. Disponível em: <http://www.encontroagil.com.br/2010/principal/home.html>. Acesso em: 9 abr. 2014.

MELO, C. O. et al. *Métodos ágeis no Brasil*: estado da prática em times e organizações. [S.l]: IMS, 2012. Disponível em: <http://www.agilcoop.org.br/files/metodos_ageis_brasil_estado_da_pratica_em_times_e_organizacoes.pdf>. Acesso em: 9 abr. 2014.

MELO, C. O. et al. The evolution of agile software development in Brazil: education, research, and the states-of-the-practice. *Journal of the Brazilian Computer Society*, Porto Alegre, v. 19, n. 4, p. 523-552, 2013. Disponível em: <http://www.ime.usp.br/~kon/papers/jbcs_evolution_agile_br.pdf>. Acesso em: 9 abr. 2014.

3

O Framework do Scrum

RAFAEL PRIKLADNICKI E ALEXANDRE MAGNO

O Scrum é um framework ágil que auxilia no gerenciamento de projetos complexos e no desenvolvimento de produtos. É conhecido como um framework que prescreve um conjunto de práticas leves e objetivas, muito utilizadas na área de desenvolvimento de software. As práticas do Scrum também podem ser utilizadas para projetos de outra natureza, desde que possuam certo grau de complexidade, pois só assim suas práticas de inspeção e adaptação fazem sentido. Já foram publicados casos de sucesso da aplicação do Scrum em projetos de áreas variadas, como marketing, produção, implantações estruturais, escrita de artigos e livros, e até mesmo para o trabalho estratégico da gestão organizacional.

O Scrum tem como premissa a existência de um processo iterativo e incremental para o desenvolvimento, trazendo uma nova dimensão na capacidade de resposta e adaptabilidade da gestão dos processos (Schwaber, 2004). O nome foi inspirado em uma jogada de *rugby*, na qual as equipes disputam a posse de bola a partir de uma formação "Scrum". Partindo do princípio de que desafios fundamentalmente empíricos não podem ser resolvidos com sucesso utilizando uma abordagem tradicional de controle, na qual para um mesmo conjunto de variáveis de entrada pode-se esperar o mesmo resultado sempre, foram buscadas alternativas, como o Scrum. Ele trata problemas bem conhecidos no desenvolvimento de software, como a alta variação dos requisitos e o alto grau de imprevisibilidade, não como deficiências ou como problemas gerados por algum processo, mas como características da natureza de um projeto de desenvolvimento de software.

O Scrum maximiza a entrega de software de modo eficaz, adaptando-se à realidade das mudanças. As funcionalidades de maior valor são desenvolvidas antecipadamente, enquanto se reflete sobre a necessidade ou não das menos prioritárias. Se mudanças forem necessárias, a equipe ágil poderá facilmente mudar as prioridades. Sua principal motivação é o fato de que o desenvolvimento de software envolve muitas variáveis técnicas e de ambiente, como requisitos, recursos e tecnologia, que podem mudar durante o processo, tornando-o imprevisível e requerendo flexibilidade para acompanhar as mudanças. A Figura 3.1 apresenta uma visão geral do framework do Scrum.

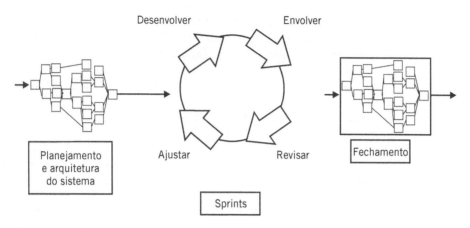

▶ **Figura 3.1** O framework do Scrum.
Fonte: Schwaber (2004).

Ela não representa de forma fiel o que o Scrum é hoje, algo que veremos mais à frente, porém é importante para entendermos a origem do framework e o que está por trás do seu fluxo.

A primeira e a última fase (*Planning* e *Closure*) são constituídas de processos com entradas e saídas bem definidas. O fluxo é linear, com algumas iterações na fase de planejamento (*Planning*). A fase de Sprints é um processo empírico que segue o ciclo PDCA (*Plan, Do, Check, Act*) e será detalhada mais adiante. O trabalho é considerado em andamento até a fase de fechamento (*Closure*). As entregas podem ser alteradas a qualquer momento, garantindo assim que o produto desenvolvido esteja absorvendo os acontecimentos externos e sendo fiel às reais necessidades do negócio. Para isso, o trabalho acaba sendo estruturado em ciclos (as sprints). Em cada sprint, o trabalho é priorizado a partir de uma lista de requisitos, chamada de *Backlog do Produto*. O desenvolvimento a partir da priorização dos requisitos garante que se trabalhe no que tem mais prioridade e valor para o cliente. Ao final de cada sprint, um conjunto de funcionalidades prontas é entregue.

O Scrum adota uma abordagem empírica, aceitando que o problema pode não ser totalmente entendido ou definido na análise e que provavelmente os requisitos mudarão com o passar do tempo, e mantém o foco na maximização da habilidade da equipe em responder de forma ágil aos desafios emergentes.

Entre as suas principais características, podem-se citar:

- ▶ as equipes pequenas e multidisciplinares que trabalham de forma integrada em um ambiente aberto para produzir versões incrementais de um produto de software em iterações curtas;
- ▶ as equipes se auto-organizam para planejar e desenvolver o trabalho das sprints, ou seja, a liderança para fazer esse trabalho é diluída em cada integrante da equipe;

- o trabalho em equipe é facilitado pelo *ScrumMaster*, que não trabalha diretamente com atividades técnicas, mas remove impedimentos e reforça os pontos centrais do Scrum ao longo do desenvolvimento do produto;
- o trabalho é organizado a partir do *Backlog do Produto*, constantemente revisado e priorizado;
- a comunicação e cooperação entre as equipes se intensificam ao longo do desenvolvimento das funcionalidades do produto.

Em projetos que executam o framework do Scrum, existem três papéis, três artefatos e quatro cerimônias:

Três papéis: o Dono do Produto, responsável pelo valor de negócio do produto, o ScrumMaster, que serve aos outros papéis com processos e iniciativas para melhorar o trabalho, e a Equipe de Desenvolvimento, que se auto-organiza para entregar valor por meio do desenvolvimento de software com qualidade.

Três artefatos: o Backlog do Produto, que lista a visão atualizada dos requisitos desejados para o produto, o Incremento do Produto, representado pelas funcionalidades de software pronto, e o Backlog da Sprint, que representa o planejamento estratégico e tático da próxima sprint em um nível mais micro.

Quatro cerimônias: a reunião de planejamento da sprint, na qual será conhecida e planejada a meta de uma Sprint; as Scrum Diárias (Reuniões Diárias), que elevam o nível de auto-organização da Equipe de Desenvolvimento; a Revisão da Sprint, em que produto e projeto serão inspecionados e adaptados; e a Retrospectiva da Sprint, momento para inspeção e adaptação dos processos empíricos.

Antes de detalharmos cada um deles, vamos conhecer um pouco mais sobre a origem do Scrum.

▶ 3.1 A ORIGEM

Em 1986, Takeuchi e Nonaka publicaram um estudo na *Harvard Business Review* (*The New Product Development Game*, HBR, Janeiro-Fevereiro, 1986) no qual comparavam equipes de alto desempenho e multidisciplinares com a formação Scrum existente nas equipes de *rugby*. Eles descobriram que equipes pequenas e multidisciplinares produziam os melhores resultados.

Jeff Sutherland, John Scumniotales e Jeff McKenna conceberam, documentaram e implementaram o Scrum na empresa Easel Corporation em 1993, incorporando os estilos de gerenciamento observados por Takeuchi e Nonaka (1986). Nascia o Scrum. Dois anos mais tarde, em 1995, Jeff Sutherland trabalhou com Ken Schwaber para formalizar o processo para a indústria mundial de software no primeiro artigo sobre Scrum, publicado na conferência OOPSLA (1995). Desde então, o Scrum vem se tornando uma das metodologias mais empregadas no mundo ágil, sendo utilizado por diversas empresas listadas na *Fortune 500*.

O Scrum integra conceitos de Lean, desenvolvimento iterativo e incremental, teoria das restrições, teoria de sistemas adaptativos complexos e do estudo de Takeuchi e Nonaka (1986). Além disso, parte de sua estrutura vem de experiências positivas vividas por profissionais de desenvolvimento de software nos seus melhores projetos.

▶ 3.2 UM FRAMEWORK

O Scrum foi elaborado tendo como foco a resolução de problemas complexos em ambientes de alta imprevisibilidade. Essas são características bem comuns no universo de desenvolvimento de software, já que há pouca estabilidade nas tecnologias utilizadas e o trabalho a ser feito está sempre respondendo à dinâmica intensa do mercado. Ele foi estruturado como um framework, e não como uma extensa metodologia ou como "o" processo a ser utilizado, pois seria uma contradição. O Scrum é a base sobre a qual você empiricamente construirá os seus processos ágeis.

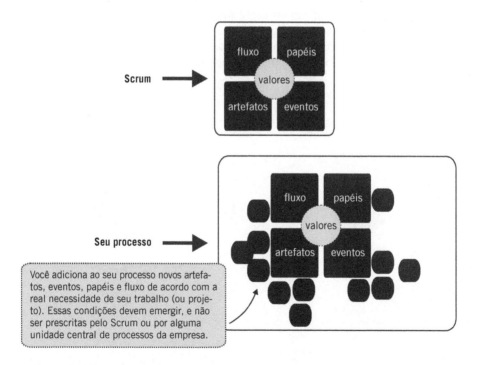

▶ **Figura 3.2** O Scrum é a base sobre a qual os processos ágeis são construídos.

No início, essa estrutura do Scrum foi pouco entendida pelo mercado, gerando uma série de mitos relacionados ao framework, como os que dizem que o Scrum é fraco em documentação, é apenas para projetos pequenos, cobre apenas a "fase" de execução de um projeto, etc. No entanto, a leveza do Scrum, pela inexistência de diversos desses pontos, permite que você julgue as reais necessidades do seu ambiente e adicione o que é mais necessário para garantir a entrega de resultados dentro de uma boa gestão.

Assim, Scrum não é o seu processo, mas o framework sobre o qual você construirá os seus processos, já que você é bem mais habilitado para fazer isso do que outros profissionais que não conhecem a realidade de seu projeto e a cultura da sua empresa.

▶ 3.3 PAPÉIS NO SCRUM

Diferentemente de outros processos, em que há um responsável pelo projeto, o Scrum distribui a gestão de projetos (ou produto) entre três papéis: o Dono do Produto (DP), o ScrumMaster (SM) e a Equipe de Desenvolvimento (ED), formando assim uma equipe de gestão, batizada como Equipe Scrum.

Os papéis que compõem uma Equipe Scrum são poucos, mas muito bem definidos. Entretanto, é importante entender que são papéis, e não cargos. Isso pode causar alguma confusão em empresas que tentam fazer o mapeamento de cargos existentes aos papéis de Scrum.

Equipes Scrum são auto-organizadas e, por isso, decidem a melhor forma de realizar seu trabalho, em vez de serem direcionadas por pessoas de fora. Equipes Scrum são multifuncionais e possuem capacidades que as tornam autossuficientes, não dependendo de pessoas de fora para completar seu

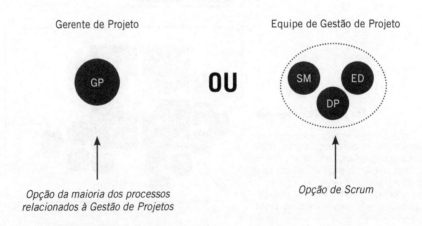

▶ **Figura 3.3** Responsabilidade da gestão de projeto.

3.3.1 Dono do Produto

O Dono do Produto é o responsável por gerenciar o Backlog do Produto, garantir o retorno sobre o investimento, definir a visão do produto, gerenciar a entrada de novos requisitos e definir sua ordem, gerenciar o plano de releases, gerenciar o orçamento e riscos do produto ou projeto e aceitar ou rejeitar o que será entregue ao final de cada iteração. Ou seja, ele é o responsável por gerenciar o produto de forma a assegurar o valor do trabalho executado pela Equipe de Desenvolvimento. O sucesso do produto está relacionado à sua capacidade de compreender as necessidades do negócio e do mercado, de forma que o Backlog do Produto reflita a importância de seus itens, e de transmitir essas informações ao restante da Equipe Scrum.

Somente ele tem autoridade para cancelar uma Sprint. Isso não deve acontecer com frequência, pois pode afetar negativamente o restante da Equipe Scrum, mas pode ser feito caso a equipe chegue à conclusão de que a meta da Sprint não faça mais sentido, devido a alguma mudança nas condições do mercado.

3.3.2 Equipe de Desenvolvimento

Uma Equipe de Desenvolvimento é responsável por desenvolver incrementos do produto, segundo a Definição de Pronto, entregando-os ao final de cada iteração. Também é responsável pela estimativa quanto ao tamanho dos itens do Backlog do Produto a serem desenvolvidos e por acordarem com a meta da Sprint. Para tal, é importante que seja composta por uma soma de especialidades necessárias ao processo de desenvolvimento de software, pois as diferentes opiniões e os variados pontos de vista, além da experiência diversificada, promovem uma maior criatividade na transformação de um item de negócio em um incremento do produto.

Essa equipe deve ser auto-organizada dentro do contexto técnico e de uma Sprint. Ninguém a orienta sobre como transformar o Backlog do Produto em incrementos de funcionalidades de software pronto. Ela tem autoridade sobre o trabalho que faz e é responsável por ele. Por trabalhar diariamente com as tarefas da iteração, a equipe também é responsável pelo seu microgerenciamento – andamento e distribuição das tarefas, qualidade, prazo, etc.

Uma Equipe de Desenvolvimento deve ser pequena o suficiente para se manter ágil e produtiva, e grande o suficiente para que a coordenação dos membros não seja um problema. Em uma equipe composta de menos de três pessoas, a interação fica prejudicada, e podem ocorrer problemas em relação ao conhecimento necessário durante a execução da Sprint. O gerenciamento de uma equipe com mais de nove pessoas, neste contexto, pode ser muito complexo.

3.3.3 ScrumMaster

O ScrumMaster é a pessoa que mais conhece Scrum dentre todos os papéis. Ele é o responsável por orientar o Dono do Produto na criação e ordenação do Backlog do Produto, garantir que as regras de Scrum estejam sendo cumpridas e que seus valores estejam sendo seguidos. Ele é o facilitador nos eventos de Scrum e também ajuda a remover impedimentos que a Equipe de Desenvolvimento enfrente. E isso sem fazer uso de qualquer autoridade.

A relação entre o ScrumMaster e os outros membros da Equipe Scrum é a de um líder na questão do processo – embora seja fundamental para as práticas de Scrum da equipe, ele não exerce papel ativo no desenvolvimento do processo de engenharia da equipe. Em vez disso, utiliza técnicas de facilitação para que todos consigam visualizar os problemas e encontrar a melhor solução. Ele atua de forma a fazer com que toda a Equipe Scrum se desafie constantemente. Além disso, trabalha com os membros da Equipe de Desenvolvimento para que cada um seja o mais eficiente possível, sempre de acordo com os valores e princípios de ágil e de Scrum.

Durante os eventos, o ScrumMaster tem a responsabilidade de fazer com que a reunião flua de forma adequada, utilizando técnicas de facilitação, embora não seja o responsável por conduzi-las. Como os eventos têm duração fixa, é de extrema importância que situações em que haja divergências sejam rapidamente resolvidas.

Para o restante da organização, o ScrumMaster servirá como interface e especialista em Scrum. No início da adoção de Scrum, o ScrumMaster se comportará como agente de mudanças para que o restante da organização ajude a suportar Scrum. Ele servirá como referência de Scrum para o planejamento de uma eventual adoção em outras equipes. Assim, o papel de ScrumMaster é fundamental na adoção de Scrum. Quem assumi-lo deve estar ciente de que, embora seja importante, poderá não receber o mesmo destaque de outros papéis – uma típica relação de líder/servidor.

▶ 3.4 ARTEFATOS DO SCRUM

Scrum possui alguns artefatos que dão uma visão do andamento do projeto e das Sprints. São eles: Backlog do Produto, Backlog da Sprint e Incremento do Produto. Embora utilizados ao longo de um projeto, esses artefatos possuem momentos de criação diferentes.

3.4.1 Backlog do Produto

O Backlog do Produto é uma lista ordenada criada pela Equipe Scrum; somente o Dono do Produto pode inserir, remover ou reordenar os itens.

O formato mais utilizado para a descrição desses itens é o de Histórias de Usuário, que deverão ser ordenadas de acordo com o critério do Dono do

Produto – itens mais importantes ficam no topo e serão implementados primeiro. Em geral, são os itens de que se têm maior conhecimento e, por isso, possuem um detalhamento maior. Itens que precisem de maior refinamento geralmente têm uma importância menor e ficam mais abaixo no Backlog do Produto. Não existe, no entanto, uma forma única para materializar esse artefato e descrever seus itens. Além das Histórias de Usuário, podem ser utilizadas descrições textuais de funcionalidades, cenários de casos de uso ou mesmo a técnica que emergir para aquele projeto.

Além dos itens de negócios (ou funcionais), o Backlog do Produto também contém itens não funcionais (tempo de resposta), arquiteturais (ser desenvolvido com determinada tecnologia) e de infraestrutura (estar disponível somente em uma intranet). Também pode conter itens que representem riscos a serem removidos.

Durante o andamento do projeto, algumas funcionalidades podem acabar perdendo a importância – não importando sob quais circunstâncias. Isso é normal na maioria dos projetos, uma vez que é impossível saber, desde o início, os detalhes de tudo o que queremos no produto. Assim, algumas funcionalidades podem acabar até mesmo desaparecendo. Da mesma forma, novas funcionalidades também podem ser adicionadas, de acordo com a necessidade. A Tabela 3.1 é um exemplo simplificado de um Backlog do Produto.

3.4.2 Backlog da Sprint

O Backlog da Sprint é o conjunto de itens selecionados para serem implementados durante a Sprint mais o plano para transformá-los em um Incremento.

▶ TABELA 3.1

Backlog do Produto: Twitter
Login de usuários já cadastrados
Cadastrar novo usuário
Tuitar
Visualizar tuítes de quem sigo
Visualizar número de seguidores que possuo
Visualizar histórico de um tuíte
Mostrar banner promocional
Remover tuíte
Ver sugestões de usuários a seguir
Listar trends
Compor e alterar meu perfil de usuário
(...)

MÉTODOS ÁGEIS

Assim, ao final de cada Reunião de Planejamento de Sprint, um novo Backlog da Sprint é criado. Normalmente, o plano é composto por uma meta, os itens selecionados e as tarefas técnicas necessárias para transformar o item em um incremento do produto.

O objetivo do Backlog da Sprint é tornar visível o trabalho necessário para que a Equipe de Desenvolvimento atinja a meta da Sprint. Para isso, os membros dessa equipe (e somente eles) podem adicionar novas tarefas, caso descubram, no decorrer da Sprint, que mais trabalho será necessário. Da mesma forma, também podem remover tarefas, caso se mostrem desnecessárias. No entanto, é importante que ele seja atualizado pelo menos uma vez por dia. A Tabela 3.2 mostra como ficaria o Backlog da Sprint que foi planejada com os dois primeiros itens do Backlog do Produto.

▶ TABELA 3.2

Backlog da Sprint #2		
META DA SPRINT: USUÁRIOS PODERÃO ESTAR NO TWITTER		
Login de usuários já cadastrados	Ativar login com usuário GMail	Montar layout do box de login
	Montar plano de segurança	Testar integrado
	Estruturar log	Revisar código
	Criar comportamento de login	Inserir hint explicativo de funcionamento
	Atualizar documentação técnica	(...)
Cadastrar novo usuário	Criar tabelas no banco de dados	Estruturar persistência
	Definição sobre uso de templates	Quando validado, ativar usuário
	Escrever testes	Definir padrões para cadastros
	Atualizar documentação técnica	Validar e-mail cadastrado
	Testar integrado	(...)

3.4.3 Incremento do produto

Ao final de cada Sprint, a Equipe de Desenvolvimento entrega um incremento do produto, resultado do que foi produzido durante a Sprint. Esse é um dos conceitos principais do Scrum e vai ao encontro da sua natureza empírica, já que permite ao Dono do Produto perceber o valor do investimento e também vislumbrar outras possibilidades.

Para a Equipe de Desenvolvimento, é importante entender que o Incremento deve ser algo *potencialmente entregável* – o cliente pode optar por colocar imediatamente em produção. A equipe, portanto, deve produzir código que tenha qualidade, e chega-se à definição de funcionalidade "pronta". Toda a Equipe Scrum deve entender o que significa "pronto". Uma funcionalidade somente é considerada "pronta" se tiver passado por todas as etapas definidas pela Equipe de Desenvolvimento. Uma funcionalidade que não esteja pronta ao final da Sprint deve retornar ao Backlog do Produto para que seja incluída em uma próxima Sprint.

Conforme a Equipe Scrum amadurece, é esperado que esta Definição de Pronto (Definition of Done) se expanda para acomodar mais critérios visando à melhoria na qualidade.

▶ 3.5 AS CERIMÔNIAS DO SCRUM

Scrum possui alguns eventos de duração fixa (time-boxed) realizados em intervalos regulares. Cada um desses eventos é uma oportunidade para inspeção e adaptação.

3.5.1 Sprint

Todo o desenvolvimento em Scrum é feito de forma iterativa e incremental – ciclos completos de desenvolvimento de duração fixa que, ao final, resultem em incrementos potencialmente entregáveis do produto. Essas iterações são chamadas de Sprints.

Cada Sprint tem duração de até um mês, o que permite feedbacks constantes do Dono do Produto quanto ao produto sendo desenvolvido. Da mesma forma, ele tem a possibilidade de analisar o que foi produzido e reorganizar o Backlog do Produto caso seja necessário.

Uma Sprint consiste na Reunião de Planejamento da Sprint, Scrum Diária, o trabalho de desenvolvimento, a Revisão da Sprint e a Retrospectiva da Sprint.

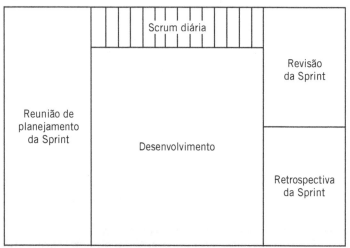

▶ **Figura 3.4** Uma representação esquemática de uma Sprint.

Durante a execução da Sprint, o escopo pode ser renegociado entre a Equipe de Desenvolvimento e o Dono do Produto, tanto em composição quanto a contexto, conforme o conhecimento de negócio e produto evolua durante o desenvolvimento, novas tecnologias sejam criadas, etc. No entanto, não deve ser feita qualquer alteração que afete a Meta da Sprint.

3.5.2 Reunião de Planejamento da Sprint

No início de cada sprint, a Equipe Scrum se reúne para planejar o que será feito naquela sprint. Essa reunião chama-se Reunião de Planejamento da Sprint e tem duração fixa de até oito horas para uma Sprint de um mês. Para Sprints menores, o tempo é reduzido de forma proporcional.

A reunião é dividida em duas partes, cada uma com duração fixa correspondente à metade da duração total. Cada parte responde às seguintes perguntas:

- ▶ O que será entregue no Incremento resultante nesta sprint?
- ▶ Como faremos para entregar o Incremento nesta sprint?

Na primeira parte da Reunião de Planejamento da Sprint, a Equipe de Desenvolvimento faz uma previsão das funcionalidades que serão desenvolvidas durante a Sprint. O Dono do Produto apresenta os itens do topo do Backlog do Produto à Equipe de Desenvolvimento, e a Equipe Scrum inteira colabora na definição dos itens. A quantidade de itens selecionados para a sprint, entretanto, é prerrogativa da Equipe de Desenvolvimento – somente ela é capaz de avaliar o que consegue realizar durante a sprint.

Uma vez selecionados os itens, a Equipe Scrum define uma Meta da Sprint. Essa meta serve como um guia sobre o que será desenvolvido durante a Sprint e representa o compromisso firmado entre Equipe de Desenvolvimento e Dono do Produto.

Na segunda parte da Reunião de Planejamento da Sprint, a Equipe de Desenvolvimento decide como transformará os itens selecionados em um Incremento durante a Sprint. Eles se coordenam para decompor os itens em unidades de um dia ou menos, o suficiente para, pelo menos, os primeiros dias da Sprint.

Os itens selecionados mais o plano para o desenvolvimento do Incremento dão origem ao Backlog da Sprint.

3.5.3 Scrum Diária

Diariamente, a Equipe de Desenvolvimento se reúne por no máximo 15 minutos, período em que cada membro responde aos outros membros:

- ▶ O que fiz desde a última Scrum Diária?
- ▶ O que pretendo fazer até a próxima Scrum Diária?
- ▶ Existe algo me impedindo de concluir alguma tarefa?

Esse é o formato geral de uma Scrum Diária, também conhecida como Reunião Diária. Como a Equipe de Desenvolvimento trabalha de forma colaborativa, essa reunião permite que os membros se comuniquem e sincronizem seu trabalho. Como os grupos auto-organizados, a reunião não tem como objetivo qualquer tipo de relatório, nem para o ScrumMaster, nem para o Dono do Produto, nem para ninguém – somente para eles mesmos.

Caso haja algum problema, a Equipe de Desenvolvimento se auto-organiza para resolvê-lo. Os problemas que a equipe não se considera apta a resolver são classificados como Impedimentos e passados ao ScrumMaster para que ele resolva.

Scrums Diárias fazem parte do ciclo de inspeção e adaptação de Scrum. Por meio da análise diária do andamento da Sprint, a Equipe de Desenvolvimento pode corrigir imediatamente algum problema no processo.

3.5.4 Revisão da Sprint

Ao final da Sprint, temos outra cerimônia chamada de Revisão da Sprint. Pode participar dela quem quer que esteja interessado no produto, além da Equipe Scrum.

Embora essa cerimônia também seja utilizada para demonstrar as novas funcionalidades feitas durante a Sprint, seu principal objetivo é o de inspecionar o que a Equipe de Desenvolvimento produziu e colher opiniões e impressões dos presentes para, caso seja necessário, adaptar o plano para a Sprint seguinte. Então, seu foco é o aprimoramento do produto.

Na Revisão da Sprint, o Dono do Produto valida ou não as entregas da sprint, de acordo com a meta acordada com a Equipe de Desenvolvimento durante a Reunião de Planejamento da Sprint. A Equipe de Desenvolvimento discute sobre a Sprint, o que correu bem, os problemas enfrentados e as soluções encontradas e, após a demonstração, responde às perguntas dos presentes. Também é nesse momento, quando necessário, que será atualizado qualquer artefato utilizado para determinar o progresso atual do projeto.

3.5.5 Retrospectiva da Sprint

O último evento de uma Sprint é a Retrospectiva e ocorre imediatamente após a Revisão da Sprint. Participam dessa reunião todos os membros da Equipe Scrum, e seu foco é o aprimoramento do processo – a interação entre os membros da Equipe de Desenvolvimento, as práticas e ferramentas utilizadas, o que funcionou e o que precisa ser melhorado na próxima sprint. Além de identificar problemas, é importante também identificar medidas a serem tomadas para a melhoria do processo para as próximas sprint.

Como o objetivo é a melhoria do processo, os membros da Equipe de Desenvolvimento não devem encarar a crítica como algo pessoal, mas aceitar que há problemas na equipe e que eles precisam se auto-organizar, com a ajuda do ScrumMaster, na busca por uma solução.

3.6 O USO DO SCRUM E RESULTADOS

Diversos times no Brasil e no mundo têm utilizado o framework do Scrum para desenvolvimento de seus projetos e produtos. Segundo dados publicados por Cohn (2008) em seu website, 15 meses após adotar Scrum 86% dos funcionários da Salesforce.com estão tendo uma ótima experiência ou a melhor experiência. Antes da adoção do Scrum, apenas 40% haviam dito isto. Na ePlan Services, após 9 meses utilizando o Scrum, a taxa de defeito por 1.000 linhas de código não comentadas caiu 70%. Na Yahoo!, 68% reportaram que o Scrum é melhor ou muito melhor do que a abordagem utilizada anteriormente. Além disso, a produtividade do time aumentou em média 36%, e 85% dos colaboradores disseram que eles continuariam a utilizar o Scrum se a decisão fosse apenas deles.

3.7 DESAFIOS COMUNS DURANTE A APLICAÇÃO DO FRAMEWORK DO SCRUM

Scrum não é apenas um conjunto de práticas, mas um framework que fornece visibilidade para a equipe e um mecanismo que permite realizar inspeções e adaptações constantes. Scrum tem como pilar de sustentação a transparência. Dessa forma, ele funciona deixando visíveis os problemas e impedimentos que impactam no Dono do Produto e na eficiência da equipe. Se não houver transparência para identificar os problemas e melhorar continuamente, provavelmente a equipe terá problemas no futuro.

Por exemplo, o Dono do Produto pode não estar completamente informado sobre mercado, características e como estimar o valor de negócio daquilo que está pedindo. Ou ainda, a equipe pode não ter os conhecimentos e as habilidades necessárias para estimar e desenvolver o trabalho. Se isso realmente ocorrer, Scrum permite que tais desafios e fraquezas das equipes sejam rapidamente identificados. Scrum não resolve os problemas do desenvolvimento, apenas os deixa visíveis muito rapidamente, sugerindo que sejam resolvidos em ciclos curtos de melhoria (PDCA), por meio de inspeção e adaptação.

Um erro comum no uso de Scrum é que a equipe, quando encontra uma prática do framework difícil de aplicar, tenta mudar o próprio Scrum, ao invés de mudar a forma como a equipe trabalha. Por exemplo, equipes com dificuldades de entregar o que foi planejado durante uma Sprint tendem a estender seu prazo de duração, evitando assim que uma iteração seja finalizada de forma incompleta. Nesse caso, a equipe acaba negando a possibilidade de aprender a melhor estimar e gerenciar seu tempo. Por isso, é importante ter o acompanhamento de um ScrumMaster experiente e de uma equipe madura e disciplinada; caso contrário, as equipes vão falhar e a culpa será colocada no framework e não na forma como o Scrum foi utilizado.

Outro erro comum é assumir que uma determinada prática é proibida ou não recomendada apenas por não estar prevista no Scrum. Por exemplo, o Scrum não determina que o Dono do Produto defina uma estratégia de longo prazo para o seu produto, nem determina que profissionais peçam conselhos para profissionais mais experientes sobre problemas complicados que precisam ser resolvidos durante uma interação. O Scrum deixa isso a critério da equipe envolvida no projeto. Ou seja, cada equipe deve tomar a melhor decisão em função das características da própria equipe, do projeto e do cliente, trazendo práticas alternativas que aumentem a qualidade do desenvolvimento.

Um desafio importante e que merece destaque é que, em muitos casos, o Scrum acaba sendo utilizado por imposição de gerentes e profissionais em níveis hierárquicos superiores. É importante lembrar que o Scrum funciona a partir da premissa da gestão flexibilizada, na qual, ao contrário da gestão autocrática (comando-controle), os profissionais têm espaço e ferramentas para se auto-gerenciar, não sendo recomendável ditar as regras de cima para baixo. Uma abordagem mais flexível, na qual a equipe aprende as práticas do Scrum a partir de treinamentos e projetos pilotos e toma a decisão a partir do uso do framework, certamente terá impactos mais positivos no longo prazo.

Finalmente, é importante destacar que as primeiras Sprints de qualquer projeto são sempre as mais desafiadoras e geralmente é nelas que a equipe acaba tendo o pior desempenho. Se a equipe souber avaliar e ultrapassar esses desafios, os resultados no médio prazo acabam compensando. Scrum é difícil de implementar, requer mais disciplina, mais maturidade e conhecimento da equipe. Ainda assim, seus resultados são certamente bem melhores do que é possível alcançar adotando-se uma abordagem estruturada de desenvolvimento de software.

▶ REFERÊNCIAS

COHN, M. *Succeeding with agile*. Broomfield: Mountain Goat Software, 2008. Disponível em: <http://blog.mountaingoatsoftware.com>. Acesso em: 31 mar. 2014.

CONFERENCE ON OBJECT ORIENTED PROGRAMMING, SYSTEMS, LANGUAGES AND APPLICATIONS, 1995., Austin. *Proceedings...*Austin: OOPSLA, 1995.

TAKEUCHI, H.; NONAKA, I. The new new product development game. *Harvard Business Review*, p. 137-146, 1986. Disponível em: <http://files.meetup.com/1671339/The%20New%20New%20Product%20Development%20Game.pdf>. Acesso em: 04 abr. 2014.

SCHWABER, K. *Agile project management with Scrum*. Redmond: Microsoft, 2004.

▶ LEITURAS SUGERIDAS

COHN, M. *Succeeding with agile*: software development using Scrum. Upper Saddle River: Informit, 2010.

LARMAN, C. *Agile and iterative development*: a manager's guide. Boston: Pearson, 2003.

MANIFESTO for Agile Software Development. [S.l.: s.n.]: c2011. Disponível em:<agilemanifesto.org>. Acesso em: 31 mar. 2014.

SCHWABER, K.; SUTHERLAND, J. *The Scrum Guide*. [S.l.: s.n.], 2013. Disponível em: <https://www.scrum.org/Portals/0/Documents/Scrum%20Guides/2013/Scrum-Guide.pdf>. Acesso em: 02 abr. 2014.

VISÃO Ágil (Blog). [S.l.: s.n, 2014]. Disponível em: <http://visaoagil.wordpress.com>. Acesso em: 31 mar. 2014.

4

Programação Extrema (XP)

DAIRTON BASSI

Como seria o comportamento de um cliente se ele pudesse mudar e até decidir mais tarde os detalhes do software que ele deseja e, ainda, recebesse rapidamente partes desse software à medida que elas ficassem prontas?

Como seria o comportamento de um desenvolvedor se ele estivesse preparado para mudanças e pudesse investir a maior parte de seu tempo na programação do software em vez de se preocupar com artefatos intermediários?

Em um cenário como esse, o cliente não inflaria a lista de requisitos com todas as funcionalidades que ele pode imaginar apenas porque pode desejar alguma delas no futuro. Ele pediria somente aquilo que é mais importante e adicionaria novas funcionalidades à medida que o projeto evolui e as necessidades se confirmem. O cliente avaliaria as partes do software desde o início e periodicamente ao longo do projeto e poderia optar por usá-las antes de o projeto inteiro estar concluído, obtendo rapidamente algum retorno sobre o investimento feito no desenvolvimento do software. O cliente poderia, também, aprimorar o software a partir da experimentação.

Nesse cenário, os desenvolvedores não precisariam tomar todas as decisões no início do projeto e nem ter de lidar com soluções complexas que tornam o desenvolvimento do software mais lento desde o início. A modelagem do software evoluiria ao longo do projeto, e eles não teriam uma postura defensiva com relação às mudanças que o cliente solicita, pois o esforço para adotá-las seria menor. Muitas decisões sobre a modelagem do sistema e até mesmo arquiteturais poderiam ser tomadas ao longo do projeto, com os desenvolvedores já conhecedores das características e dos desafios do projeto.

Um cenário como esse não é ficção. Ele pode existir se clientes e desenvolvedores deixarem seus medos e desconfianças de lado e assumirem uma postura orientada à colaboração e à confiança no trabalho uns dos outros, partindo do princípio de que há um objetivo em comum: a produção de um software de alta qualidade e que atenda às necessidades do negócio.

A Programação Extrema (XP) assume que a volatilidade dos requisitos existe e, em vez de tentar eliminá-la, trata o desenvolvimento do software a partir de uma abordagem flexível e colaborativa, na qual desenvolvedores e clientes fazem parte de uma única equipe que tem o propósito de produzir software de alto valor agregado.

▶ 4.1 AS ORIGENS DE XP

Kent Beck criou XP após um projeto crítico na Chrysler. Ele foi convidado para conduzir o desenvolvimento de um sistema problemático para folha de pagamento, cujos custos e prazos já haviam estourados algumas vezes sem alcançar resultados significativos. Beck conduziu o projeto usando uma proposta radical que tornou a equipe capaz de entregar um sistema com ótima qualidade e que transformou um projeto fadado ao fracasso em um case da indústria de software. As práticas de engenharia de software usadas nesse projeto formaram a base para a criação da Programação Extrema.

▶ 4.2 O QUE É XP?

A Programação Extrema é a combinação de uma abordagem colaborativa, livre de desconfianças, com um conjunto de boas práticas de engenharia de software que são eficientes por si só, individual e independentemente do contexto. Cada uma dessas práticas contribui para o aumento da qualidade do software e ajuda a garantir que o produto final agregue valor e atenda às necessidades do negócio. Alguns exemplos dessas práticas são: revisão de código, integração rápida, testes automatizados, feedback do cliente e design simples.

A Programação Extrema usa boas práticas de engenharia de software de forma intensiva, o tempo todo! Se imaginarmos que essas práticas podem ser controladas por botões que regulam as suas intensidades, XP os posiciona na potência máxima. Por exemplo, se revisar o código é bom, então a revisão do código é feita constantemente através de programação em pares. Se testar aumenta a qualidade, então testes automatizados aumentarão mais ainda a qualidade e também facilitarão a tarefa de validação. Se testar antes de entregar evita erros, então fazer Desenvolvimento Orientado a Testes (TDD) será melhor ainda. Se a opinião do cliente fornece feedback e direcionamento para o desenvolvimento, então ter o acompanhamento constante do cliente validará cada funcionalidade. Todas essas são boas práticas de engenharia de software que, em XP, são realizadas ao extremo.

A proposta de XP não é ser uma metodologia radicalmente técnica e imediatista. O extremismo vem da proposta de usar ao máximo as boas práticas de engenharia de software já reconhecidas pela indústria. Sobretudo, o poder de XP está no conjunto das práticas. XP é um conjunto de práticas que se apoiam, criando sinergia.

4.3 VALORES

A alma da Programação Extrema são os seus cinco valores. Eles são menos palpáveis do que as práticas, porém definem e sintetizam a proposta da metodologia.

4.3.1 Comunicação

A comunicação é importante para qualquer equipe. Em um time multifuncional, ela se torna fundamental. Desenvolver software é muito mais do que saber programar: é entender as pessoas.

A criação de um produto de qualidade requer muito entendimento e transparência entre desenvolvedores, clientes e usuários. Falar a verdade sobre estimativas e processos geralmente não é agradável, mas evita frustrações. Estimativas realistas e a exposição de dificuldades faz parte de uma comunicação eficiente.

A comunicação também é importante para difundir o conhecimento e catalisar a identificação de soluções. Com mais comunicação, habilidades particulares logo farão parte da cultura da equipe.

4.3.2 Simplicidade

Simplicidade é o melhor negócio. Uma arquitetura simples é mais fácil de ser implementada do que uma complexa. O mesmo vale para a modelagem e para o estilo de codificação. Para manter a simplicidade, faça só o necessário e quando precisar ser feito. Não adicione requisitos ou flexibilidade até que sejam realmente necessários. Faça a coisa mais simples que possa funcionar. Assim, o preço pela sofisticação é pago à medida que ela é necessária, com evoluções, e não desde o início. Funcionalidades extras também aumentam a complexidade do código, tornando a implementação das próximas funcionalidades mais lenta e aumentando a propensão a erros, uma vez que há mais código para administrar.

A busca pela simplicidade não significa entregar soluções de baixa qualidade. Encontrar uma solução simples é mais difícil do que encontrar uma solução. O software dever ser mantido o mais simples possível pelo maior tempo possível, pois sofisticação precoce dificulta o crescimento e a manutenção da arquitetura, atrasando a entrega de funcionalidades básicas.

4.3.3 Coragem

É necessário coragem para mudar, inovar, aceitar que não se sabe tudo e que desenvolvimento de software é uma atividade complexa demais para ser tratada de forma determinística. Balas de prata não existem! XP nada mais é do que uma abordagem realista e objetiva que requer coragem para assumir comprometimentos em vez de esconder-se atrás de processos.

Desenvolvimento de software depende muito das pessoas, e o sucesso de um projeto depende dos envolvidos saberem disso. XP combina com equipes comprometidas, que planejem para vencer e que estejam dispostas a fazer o máximo para isso.

4.3.4 Feedback

Antecipe o feedback. Se o cliente emitir suas opiniões sobre um software seis meses após o início do desenvolvimento, há o risco da equipe ter desperdiçado um semestre de trabalho. Quanto mais rápido o feedback acontecer, mais cedo saberemos se o projeto caminha na direção certa; e se não estiver, o esforço para a corrigi-lo será pequeno.

Feedback constante é a chave para a criação de software que atende às necessidades dos usuários. Com ciclos curtos de desenvolvimento e feedback, implementações erradas e defeitos podem ser corrigidos e postos à prova rapidamente. Queremos feedback diário desde o primeiro dia!

4.3.5 Respeito

Reconhecemos que os indivíduos são o principal elemento para o sucesso do projeto. Portanto, sem respeito, a comunicação e o feedback serão pouco eficientes.

O ambiente colaborativo tem foco nos resultados da equipe. O desempenho de cada membro está relacionado com a contribuição para o time, e as dificuldades individuais são percebidas como pontos de melhoria da equipe. A equipe considera que cada membro fará o máximo em cada tarefa que realizar, respeitando as limitações individuais e criando oportunidades para que elas sejam superadas.

Encontrar culpados é uma forma eficiente de minar a sinergia da equipe. Criar oportunidades de aprendizado e colaboração valoriza os indivíduos e fortalece o comprometimento.

▶ 4.4 A EQUIPE

Uma equipe de XP deve reunir todas as habilidades técnicas e de negócios para produzir o software em questão. Estão previstas funções para programadores, analistas de negócios, analistas de testes, designers de interação, arquitetos, gerentes de projeto, gerentes de produto, redatores técnicos, executivos e usuários.

A hierarquia entre os programadores deve ser a mais tênue possível e sem uma divisão preestabelecida de tarefas. Cada membro assume responsabilidades de acordo com suas especialidades e com seu interesse em aprender. A metodologia oferece meios para a disseminação de conhecimento e estimula o crescimento profissional de todos os participantes.

Em XP, os desenvolvedores e os clientes fazem parte da mesma equipe e trabalham juntos para construir software de alta qualidade que atenda às necessidades no negócio.

Alguns papéis dentro da equipe devem ser assumidos para garantir que aspectos importantes da metodologia estejam presentes. São eles o coach, o tracker e o cliente.

4.4.1 Coach

O coach age como a "consciência" do time em relação ao uso da metodologia. Ele conhece bem as práticas e os valores e sinaliza para a equipe quando algo não estiver de acordo. Ainda assim, ele não cobra ou pressiona a equipe com relação a entregas. O coach também não é o responsável por arquitetura ou modelagem, ele contribui nessas definições na mesma medida que os demais membros da equipe.

O papel de coach é desempenhado por um dos programadores com experiência em XP. Ele deve garantir que a metodologia seja seguida. Isso implica lembrar a equipe sobre práticas abandonadas ou que estão sendo realizadas de forma distorcida, como ausência de testes, falta de refatorações, complexidade desnecessária ou falta de comunicação. Quando vários membros da equipe têm experiência em XP, eles podem se revezar nessa função a cada porção de iterações.

4.4.2 Tracker

O papel do tracker é coletar e divulgar informações sobre o progresso do projeto para que a equipe possa identificar problemas ou oportunidades de melhoria. Assume o papel de tracker um dos desenvolvedores ao longo do projeto.

O tracker coleta informações no código, ou com os membros da equipe, e as exibe no ambiente de desenvolvimento no formato de gráficos ou pôsteres espalhados pelas paredes. Essas informações devem ser atualizadas diariamente, de forma que se tornem uma métrica do projeto, ou seja, um conjunto de medições de uma mesma variável que permite o acompanhamento de sua evolução. Essa tarefa deve ser de fácil execução, de forma que não exija do tracker mais do que alguns minutos diários. Ele escolhe quais tipos de métricas são mais interessantes para a equipe em cada momento do projeto. Alguns exemplos de métricas relevantes são: total de histórias entregues, número de commits diários, total de builds, total de builds quebrados, número de testes, porcentagem de cobertura do código, número de pontos restantes na iteração (Gráfico Burn-Down), total de horas pareadas, etc. O tracker pode usar a sua criatividade e propor outras métricas, porém é importante que elas sejam relevantes para a equipe e ajudem-na a evidenciar ou identificar comportamentos indesejados no andamento do projeto.

Em geral, é desejável que o tracker não acompanhe um grande número de métricas. Três métricas em paralelo é uma boa quantidade; acima disso, sua atualização pode ser mais custosa do que deveria. Para manter as métricas sempre relevantes, elas devem ser reavaliadas constantemente e substituídas caso tenham perdido a sua importância para o projeto. Métricas com medidas que praticamente não oscilam provavelmente não estão trazendo informações relevantes à equipe e podem ser substituídas por uma que forneça outro tipo de informação.

4.4.3 Cliente

O papel de cliente é assumido por aqueles que possuem conhecimento das regras de negócio e que têm condições de definir as prioridades sobre as funcionalidades do software. Apesar de não participar da codificação, o cliente é um membro da equipe e deve estar disposto a colaborar para a construção do software.

É importante que os clientes estejam junto aos programadores no ambiente de desenvolvimento para esclarecer dúvidas, fornecer feedback sobre o que já foi desenvolvido e ajudar na construção de testes de aceitação e na definição de cenários de uso. A participação ativa do cliente durante o desenvolvimento é um fator decisivo para o sucesso do projeto. Desenvolvedores precisam tomar decisões sobre as características do software a cada 15 minutos. Se o cliente estiver disponível, a dúvida poderá ser resolvida instantaneamente a partir de algumas perguntas. Quando não há um cliente por perto, o desenvolvedor terá de escolher entre:

▶ solicitar a informação ao cliente e aguardar a resposta;
▶ pesquisar sobre o assunto; ou
▶ assumir uma verdade e seguir em frente.

Nos dois primeiros casos, há um evidente desperdício de tempo e diminuição de produtividade; no terceiro, existe uma chance considerável de o cliente ter uma opinião diferente, o que causará retrabalho ou adicionará um defeito no sistema.

Caso o cliente não possa estar presente o tempo todo, alternativas podem ser encontradas para suprir esse tipo de limitação, a fim de garantir um ciclo rápido de feedback para os desenvolvedores. Dependendo do tipo do projeto e do conhecimento da equipe de desenvolvimento sobre as regras de negócio, as interações com o cliente podem acontecer remotamente, por meio de ferramentas de instant messaging, por telefone ou e-mail. Se o cliente não

capítulo 4 ▶ PROGRAMAÇÃO EXTREMA (XP)

tiver disponibilidade para interagir com equipe, ainda assim, é possível que alguém o represente, desde que seja capaz de definir as prioridades e as necessidades do projeto.

▶ 4.5 DOCUMENTAÇÃO E MATERIAL DE APOIO

A documentação enxuta prevista por XP é um tema polêmico na indústria de software. Modelos tradicionais de engenharia de software documentam cada etapa do desenvolvimento para estabelecer uma forma de comunicação entre as fases e para garantir a continuidade do processo independentemente das pessoas envolvidas. Na Programação Extrema, os indivíduos são o foco do desenvolvimento de software; por isso, as interações entre eles são favorecidas em detrimento de documentações extensas e detalhadas.

Modelos apoiados em documentos tornam-se onerosos quando os requisitos mudam e, ainda, ficam expostos à falta de informações por falhas na confecção ou atualização desses documentos e por problemas de interpretação por parte do leitor. XP reconhece a instabilidade dos requisitos e a dificuldade em manter o código sincronizado com a documentação; por isso, concentra seus esforços em produzir software objetivamente com código de alta qualidade e de fácil leitura para que outros materiais não sejam necessários para a sua compreensão.

No cenário ideal, a documentação em um projeto que usa XP é o próprio código acompanhado por seus testes automatizados. Código simples, claro, bem estruturado e com comentários relevantes poderá ser facilmente compreendido por outros programadores, enquanto os testes registram os requisitos a que o software deve atender. Entretanto, em alguns casos, documentos intermediários são necessários para atender a necessidades legislativas difíceis de serem adaptadas. A melhor abordagem, nesse caso, é identificar maneiras de atender às demandas burocráticas sem comprometer o andamento do projeto.

Além de código e testes, pouco material extra é produzido. Apenas os cartões de história e alguns diagramas e gráficos de acompanhamento são necessários. Os cartões de história são pequenas fichas de papel e servem para os clientes e usuários descreverem ou desenharem as funcionalidades que desejam no sistema. Os programadores os utilizam como referência e completam o detalhamento da funcionalidade no dia a dia, tirando suas dúvidas com o cliente que está constantemente no ambiente de desenvolvimento.

Esse modelo de documentação é viável graças a outras práticas da metodologia que intensificam a comunicação entre os envolvidos e dão foco na qualidade do código desenvolvido. A ausência de documentação tradicional é possível porque clientes e desenvolvedores trabalham juntos, de modo que dúvidas sobre o código e sobre os requisitos são esclarecidas a partir de conversas, explicações, demonstrações e trabalho em equipe. Tão logo o entendimento seja alcançado, ele será registrado com casos de teste e códigos bem organizados e documentados que permitirão que outros programadores os entendam com facilidade.

4.5.1 Cartões de história

Os cartões de história (user stories) contêm breves descrições dos desejos do cliente que orientam o trabalho da equipe. As user stories não contêm todos os detalhes sobre a funcionalidade, mas devem ser capazes de transmitir um pouco sobre a necessidade de negócio. Para isso, é importante indicar que tipo de usuário do sistema usará aquela funcionalidade e qual benefício ele terá. O formato a seguir pode ser usado como modelo para a escrita de user stories:

"Como um <**tipo_de_usuário**>, eu gostaria de <**funcionalidade**> para <**benefício**>."

A Figura 4.1 apresenta um exemplo desse modelo, com outras informações relevantes, como um número identificador para o cartão, a prioridade dentro do projeto e a estimativa de esforço para a implementação.

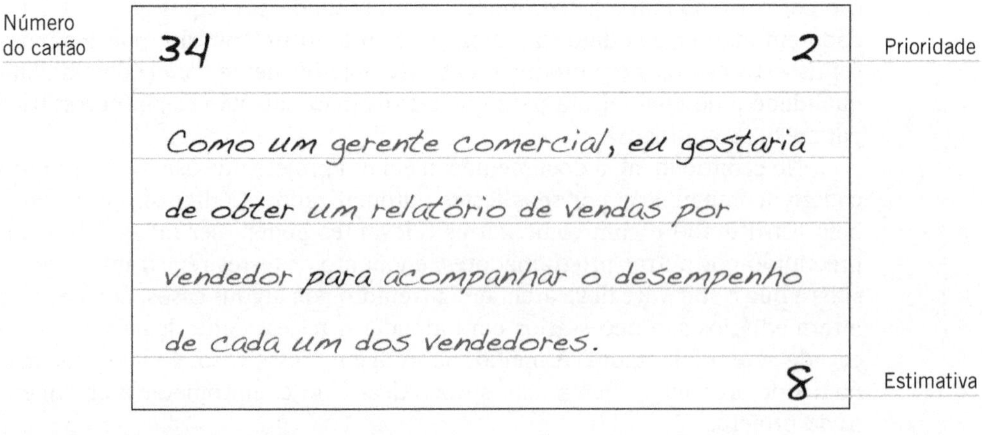

▶ **Figura 4.1** Exemplo de cartão de história.

4.5.2 Metáfora

Uma documentação completa e detalhada não garante que um software tenha sido bem construído e nem que seus conceitos possam ser aprendidos com facilidade. Em vez de documentos, nosso foco é a comunicação. O software precisa de uma boa metáfora para que toda a equipe tenha o mesmo entendimento e possa visualizar com clareza a solução que está construindo. O resultado será uma comunicação mais eficiente e menos necessidade de documentos.

Possuir uma metáfora poderosa implica ser capaz de explicar o funcionamento do software a um novo membro da equipe sem precisar recorrer a uma pilha de documentos. Se isso for possível, a equipe encontrou um vocabulário apropriado que torna o sistema intuitivo para quem não participou da sua concepção.

A metáfora está associada a manter o design simples e a pensar em uma modelagem que faça sentido, com nomes consistentes para classes, métodos, variáveis e outros elementos do sistema.

▶ 4.6 PRINCÍPIOS

A Programação Extrema baseia-se em 14 princípios, que funcionam como canais mentais para transformar os valores, que são abstratos, em práticas de fácil implementação no dia a dia do desenvolvimento. Os princípios são importantes porque ajudam a validar se novas práticas ou adaptações nas práticas originais estão alinhadas com o propósito da metodologia.

Humanidade: A produção do software depende dos desenvolvedores. É importante levar em conta que suas necessidades individuais devem ser respeitadas e balanceadas com os interesses de negócio e as necessidades da equipe.

Economia: A equipe deve conhecer as necessidades de negócio e definir prioridades que agreguem o máximo de valor no menor intervalo de tempo. Flexibilidade para reagir a mudanças com rapidez é importante para acompanhar revisões nas prioridades de negócio.

Melhoria: Melhorias devem ser implementadas constantemente. Primeiro, busque uma solução simples: isso satisfará o princípio da economia e ajudará a equipe a melhorar seu entendimento do problema. Depois, busque uma solução elegante e, por último, se isso ainda for prioritário, busque a solução ótima. Começar tentando a solução ótima vai custar mais tempo, e nem sempre ela será necessária.

Benefício mútuo: As atividades devem sempre trazer benefícios para os envolvidos. Testes, refatorações e metáforas são exemplos de atividades que trazem ganhos imediatos, pois aumentam a compreensão e a confiabilidade do software. Por outro lado, documentos extensos e planejamentos detalhados de longo prazo não trazem benefício imediato e estão altamente sujeitos a mudanças no futuro.

Semelhança: Boas soluções devem poder ser aplicadas novamente, inclusive em outros contextos e escalas. Devemos estar atentos para identificar estruturas equivalentes a padrões de projeto dentro do processo de desenvolvimento.

Diversidade: A equipe deve reunir muitas habilidades, opiniões e pontos de vista para aumentar sua flexibilidade e conseguir várias perspectivas que ajudarão a encontrar a melhor abordagem para cada situação. É importante que a equipe possua o valor do respeito para garantir que as diferenças criem um ambiente colaborativo que favoreça o crescimento de todos.

Passos pequenos: A integração do código, o desenvolvimento dirigido por testes e a entrega de novas versões devem manter um tamanho pequeno o suficiente para que a qualidade seja mantida.

Reflexão: Periodicamente, a equipe deve refletir sobre seu próprio trabalho; assim poderá avaliar suas decisões e aprender com o passado, identificando pontos a melhorar e experiências de sucesso que podem ser repetidas.

Fluxo: O ritmo de trabalho deve ser sustentável ao longo do tempo, e a quantidade de software entregue também deve se manter estável. Para criar esse fluxo de entrega, a equipe deve ser capaz de integrar o código em períodos os mais curtos possíveis para minimizar o risco e o tamanho de prováveis defeitos.

Oportunidade: A equipe deve estar sempre disposta a melhorar e atenta às oportunidades que surgem. Mudanças e problemas são vistos como meios para aprendizado e melhoria.

Redundância: Devemos acrescentar maneiras de assegurar a qualidade do software e reduzir os riscos do projeto como um todo. Aumentar as oportunidades de aprendizado diminui a concentração de conhecimento. Testar frequentemente reduz a chance de que defeitos sejam entregues ao cliente.

Falha: A equipe deve ter coragem para experimentar alternativas quando o seu caminho não estiver claro, mesmo sabendo que algumas dessas opções falharão. O mais importante é aproveitar essas oportunidades para adquirir aprendizado e estar disposto a abandoná-las para investir seus esforços na melhor opção.

Qualidade: A qualidade não é um fator negociável. O escopo e o tempo devem ser ajustados para entregar software de alta qualidade. O investimento na qualidade do código é importante para estabelecer o fluxo contínuo de entregas.

Aceitação da responsabilidade: As responsabilidades são aceitas, e não impostas. Cada membro deve estar comprometido e disposto a colaborar da melhor forma possível com a equipe.

▶ 4.7 COMEÇANDO UM PROJETO

Um projeto com XP começa com um período de descoberta, quando a equipe trabalha para entender as principais características do software que será desenvolvido, para identificar as tecnologias e ferramentas relevantes e para obter uma visão de alto nível, incluindo estimativas e um planejamento superficial, com baixa certeza sobre duração e esforço, mas suficiente para trazer os primeiros números para o projeto a partir da perspectiva da equipe de desenvolvimento.

4.7.1 Fase de exploração

O projeto começa com o cliente expondo suas necessidades aos desenvolvedores para que eles entendam qual tipo de software precisa ser feito e quais alternativas podem resolver o problema. À medida que a equipe adquire conhecimento sobre o produto e os seus requisitos, ela pesquisa e discute as tecnologias, os frameworks e as ferramentas capazes de prover uma solução adequada às expectativas do cliente, considerando as funcionalidades e os critérios de desempenho, confiabilidade, segurança, portabilidade, escalabilidade, manutenção, custo e tempo de desenvolvimento. Esse período de descoberta e entendimento é chamado de Fase de Exploração.

A fase de exploração é marcada por pesquisa e experimentações que irão apoiar as escolhas tecnológicas. A equipe pode produzir pequenas aplicações, os spikes, para avaliar as tecnologias em questão e, assim, comparar seus resultados. Essas aplicações são feitas sem a pretensão de se tornarem o produto final. Elas servem para familiarizar a equipe com tecnologias novas ou desconhecidas, mas são descartadas quando a implementação do software se inicia.

A fase de exploração pode consumir desde alguns dias até poucas semanas, dependendo da complexidade, das restrições e do grau de inovação do projeto. Projetos com muitos desafios tecnológicos tendem a ter uma fase de exploração mais longa, pois a equipe terá de investir mais tempo em experimentos para verificar quais tecnologias oferecem mais vantagens.

4.7.2 Jogo do planejamento

O planejamento acontece de forma interativa e incremental para que a equipe possa refinar as suas estimativas de acordo com mudanças e com requisitos identificados ao longo do projeto. Em XP, o planejamento é um exercício colaborativo, com clientes e desenvolvedores trabalhando juntos para entender e dimensionar o esforço associado a cada funcionalidade. A fase de planejamento inclui todo o processo de escrita de cartões, priorização e estimativas. Por meio desses elementos, eles definem, juntos, um planejamento de versões do produto (releases), dividindo os cartões em grupos de funcionalidades. Em seguida, planejam as iterações, dividindo os cartões da primeira versão em grupos menores.

A dinâmica do planejamento acontece a partir da descrição das necessidades por parte dos clientes. A equipe técnica pode tirar suas dúvidas e questionar os clientes até que se sinta confortável com o entendimento daquela demanda. Os desenvolvedores, com base em suas experiências e o conhecimento tecnológico, também podem sugerir adaptações nos requisitos ou propor diferentes abordagens, apresentando até mesmo novas tecnologias, com o objetivo de simplificar a solução. Assim que a equipe tem clara a real necessidade, o cliente a escreve em um cartão no formato de user story. Apesar de o resultado dessa fase do planejamento ser um conjunto de user stories, a criação delas não é seu maior propósito. O processo de descrição e questionamento é fundamental para que a equipe desenvolva um entendimento mais avançado do software e para que todos tenham a mesma visão do produto que estão construindo; por isso, é importante que todos os envolvidos participem.

Os programadores, então, reúnem-se para estimar o volume de trabalho de cada user story usando a técnica de planning poker ou outra técnica que

MÉTODOS ÁGEIS

considere a opinião de toda a equipe (veja o Capítulos 12, Planejamento e e Capítulo 13, Estimativas). A estimativa é anotada no cartão junto à prioridade de entrega definida pelo cliente, podendo ser entre 1 e 4 ou com nomes "Alta", "Média-alta", "Média-baixa" e "Baixa".

4.7.3 Estimativas

Em XP, mudanças não são traumáticas porque todos estão cientes de que elas podem acontecer. O cliente sabe que estimativas possuem um grau de incerteza e que elas se confirmam ou não à medida que a implementação avança.

Uma implementação sempre pode se desdobrar em novos requisitos. Por isso, as técnicas utilizadas para estimar não pretendem oferecer previsões precisas. Elas têm o objetivo de apenas dimensionar o problema. A precisão virá a partir do início do desenvolvimento; por isso, a melhor técnica para estimar é a programação.

4.7.4 Releases e iterações

Uma release é uma versão do software que entra em produção. Uma iteração é um ciclo de desenvolvimento em que algumas funcionalidades são criadas e entregues ao cliente. O planejamento de releases e iterações faz parte do jogo do planejamento, uma vez que envolve desenvolvedores e clientes com o intuito de entender o problema em níveis diferentes de detalhes para definir planos de curto e médio prazos que sejam interessantes do ponto de vista de negócios e factíveis do ponto de vista técnico. A release pode ter desde algumas semanas até poucos meses; e a iteração, entre poucos dias a algumas semanas, quando a equipe realizará planejamento, implementação e entrega de software apto a entrar em produção. Dessa forma, uma release é composta por um determinado número de iterações, permitindo que o cliente defina a periodicidade do lançamento das novas funcionalidades sem influenciar no ciclo de entregas da equipe.

O planejamento da release consiste em agrupar as user stories em conjuntos com valor de mercado para entrarem em produção juntas. Esse agrupamento ajuda a orientar as decisões de negócio, pois fornece uma previsão de alto nível sobre o que entrará em produção nos próximos meses. O planejamento da iteração, por outro lado, tem como objetivo definir o conjunto de histórias que serão implementadas durante o próximo ciclo de desenvolvimento. Para isso, os programadores analisam cada cartão para identificar as tarefas de implementação associadas a ele. Esse processo resulta em um plano de tarefas e no aumento da compreensão do problema por parte do desenvolvedor. Ao final, as user stories selecionadas devem agregar um alto valor de negócios ao software, e a equipe deve se sentir confortável para responsabilizar-se pela entrega no fim da iteração.

Algumas equipes conseguem ser realmente extremas ao trabalhar com releases do mesmo tamanho da iteração para que toda entrega seja sucedida por uma nova versão em produção. Quando esse formato não é possível, as iterações contidas em uma release ajudam a acompanhar o seu andamento, pois funcionam como pontos de controle da release para programadores e clientes saberem como a execução está em relação ao planejado.

▶ 4.8 PRÁTICAS PARA CÓDIGO

Queremos entregar frequentemente software funcional com valor agregado. Acrescentar novas funcionalidades constantemente requer que a arquitetura e a modelagem evoluam a partir de um código organizado e claro. Esse nível de qualidade só é alcançado a partir da realização de testes automatizados, refatorações e TDD. Para que toda a equipe contribua, é preciso padronização do código, programação pareada, repositório de código, propriedade coletiva e integração contínua. Veremos todos esses conceitos a seguir.

4.8.1 Testes automatizados

Quanto mais cedo os erros forem detectados, menos impacto eles causarão no software e mais barato será corrigi-los. Toda implementação é feita junto a seus testes para que, ao terminar, ela esteja pronta para entrar em produção.

Os programadores e os clientes criam testes automatizados em paralelo ao desenvolvimento. Os desenvolvedores escrevem testes de unidade para cada elemento do sistema e os executam sempre que o código é modificado para garantir que as alterações não introduziram erros nas funcionalidades antigas. Os clientes definem testes de aceitação para assegurar que o sistema tenha o comportamento que eles esperam.

Com a fase de testes integrada à implementação, cada desenvolvedor torna-se responsável por entregar a funcionalidade testada e pronta para ser usada pelo cliente. Portanto, testar faz parte do desenvolvimento. Código sem testes não é considerado concluído e nem apto para ser integrado ao código do resto da equipe.

Quando um erro é encontrado, testes devem ser criados para reproduzi--lo, só então o código é corrigido. Isso garante que, se o erro voltar a acontecer, ele será detectado rapidamente pela equipe.

4.8.2 Refatorações

Cada refatoração é uma melhoria técnica no código com o objetivo de torná--lo mais legível, simples, organizado ou preparado para acomodar novas funcionalidades.

Martin Fowler publicou um catálogo de refatorações que podem ser aplicadas sistematicamente para reorganizar o código, alterando sua estrutura interna sem modificar o comportamento externo (Fowler et al., 1999). As refatorações podem causar desde mudanças simples, como a troca do nome de uma variável para deixar o código mais legível, até melhorias na arquitetura que tornarão o software mais simples e flexível.

As refatorações são uma prática indispensável na abordagem que XP propõe, pois são a base para o design evolutivo. No entanto, só será possível fazer refatorações com segurança se o projeto tiver uma boa cobertura de testes automatizados, pois serão eles que darão segurança à equipe de desenvolvimento para introduzir modificações evolutivas no projeto.

4.8.3 Programação pareada

A programação pareada é muito mais do que programação. Cada par é responsável por analisar, projetar, implementar, testar e integrar a funcionalidade em que estiver trabalhando.

Ao conduzir essas atividades em dupla, cada passo é avaliado por pelo menos dois membros da equipe, diminuindo a chance de soluções inadequadas. A inserção de erros é reduzida, e a resolução de defeitos acontece com mais velocidade. Enquanto um dos programadores digita, o outro revisa o código, sugere melhorias e pensa em novos cenários de teste. Erros de lógica, que se tornariam defeitos, nem chegam a ser produzidos porque são identificados no momento da implementação.

A troca de experiências que acontece durante o trabalho em pares promove aprendizado para ambos os participantes da dupla e cria redundância sobre os detalhes inerentes à implementação de cada funcionalidade. No futuro, se um dos dois deixar a equipe, ela não perde conhecimento histórico do projeto.

De qualquer forma, a tendência é que essas diferenças diminuam para equilibrar o conhecimento, uma vez que o trabalho em duplas ajuda a replicar conhecimentos específicos de cada região do código, eliminando a necessidade de documentos para fomentar a distribuição de conhecimento na equipe.

4.8.4 Padronização do código

Os padrões de código são pequenos acordos feitos dentro da equipe sobre como o código será escrito. Antes de começar o desenvolvimento, os programadores definem os padrões para a escrita do código. Isso o torna mais fácil de ser entendido, mesmo quando escrito por outros membros da equipe. Alguns exemplos são padrões para nomes de variáveis, para uso de chaves e colchetes, para quebra de linha, etc. Essas e outras definições ajudarão na comunicação interna e ainda tornarão as refatorações mais fáceis de serem identificadas.

Desenvolvedores passam boa parte de seu tempo lendo código para entendê-lo e, então, fazerem as suas contribuições. Investir na padronização reduz o tempo gasto na compreensão, pois o código estará no mesmo formato usado pelo programador.

4.8.5 Propriedade coletiva

O código não tem donos dentro da equipe. Não existe exclusividade para modificá-lo. A versão do código que está no repositório é propriedade de toda a equipe e, portanto, qualquer um pode fazer modificações.

Se uma dupla de programadores precisar alterar um trecho do código, implementar novas funcionalidades ou quiser simplesmente refatorá-lo, ela deve fazê-lo e não precisa pedir permissão a quem o escreveu originalmente. A validação da nova implementação é feita a partir dos testes que o código original possui. Qualquer modificação só pode ser integrada ao repositório se ela passar em todos os testes que já existiam. Essa regra assegura que, independentemente das modificações conduzidas, o software continue válido para todos os requisitos verificados nos testes.

O compartilhamento irrestrito do código enxuga o processo de desenvolvimento ao permitir que cada membro da equipe faça seu trabalho sem esperar aprovações. Ao mesmo tempo, essa abordagem tem, nos testes automatizados, um mecanismo que garante a manutenção da qualidade.

4.8.6 Repositório de código

Para viabilizar a propriedade coletiva em seu nível mais alto, a equipe deve trabalhar com um repositório que reúne a última versão estável do código. Há diversas ferramentas disponíveis para esse fim, tanto pagas quanto gratuitas. Duas das mais usadas são o Subversion e o Git.

É recomendável, ainda, que o repositório de código não tenha ramificações (branches), para diminuir os esforços de integração e de sincronização de diversas versões do código. Se o seu repositório possui várias ramificações, vale avaliar se essa necessidade é realmente verdadeira, repensando o seu processo como um todo.

4.8.7 Integração contínua

As mudanças feitas no código fonte e nos testes devem ser enviadas frequentemente a um repositório para serem validadas e disponibilizadas aos demais membros da equipe. Esse repositório executa os testes e fornece feedback sobre a qualidade técnica do projeto. Essa prática garante que erros sejam identificados o mais rápido possível, de forma que as correções tendam a ser simples.

Ferramentas de integração contínua promovem um nível dessa integração fazendo o build a partir do código do repositório e executando os testes automaticamente. Um nível menor de integração é promovido pelos membros da equipe durante a implementação de cada funcionalidade. Ciclos curtos de poucos minutos com a criação de testes, implementação, build e execução dos testes acontecem localmente, no ambiente de desenvolvimento, antes do código ser submetido ao repositório. A submissão ao repositório pode acontecer após a conclusão de cada tarefa de uma funcionalidade, mas antes todos os testes devem ser executados.

Equipes ágeis experientes fazem integração em períodos muito curtos. Os testes são executados a cada poucos minutos, e novas versões do código são submetidas ao repositório várias vezes ao dia. Os programadores recuperam e incluem código no repositório a cada poucas horas para reduzir os esforços de integração, pois todas elas serão pequenas e simples. Quando a implementação de uma funcionalidade termina, nenhum esforço extra é necessário, pois ela já está integrada à versão final do código e pronta para ser entregue ao cliente.

4.8.8 Build ágil

Manter o build ágil significa que a execução automatizada dos testes e as demais tarefas necessárias para verificar a consistência do código e colocar o software em funcionamento devem acontecer rapidamente.

Idealmente, o tempo para concluir o build não deve demorar mais do que 10 minutos, assim a equipe pode obter feedback rapidamente a partir de ciclos curtos de desenvolvimento e testes. Quanto menor for o tempo para o Build, mais vezes ele será executado durante o dia e mais pontual e frequente será o feedback fornecido.

4.8.9 Sinergia entre práticas

O valor das práticas de XP está em seu conjunto. O uso intensivo e combinado de boas práticas de engenharia de software permite que as fases e os artefatos comuns em abordagens tradicionais sejam revistos sem perda de qualidade e com o benefício da flexibilidade.

Um bom exemplo da sinergia entre as práticas de XP é observado a partir da realização de testes automatizados. Eles fornecem feedback instantâneo sobre mudanças no código. Sem testes, outras práticas tornam-se inviáveis: refatorações seriam perigosas, a modelagem não poderia evoluir com facilidade, a propriedade coletiva não poderia acontecer, os ciclos de entrega se tornariam longos, pois a fase de testes estaria separada, e eventuais retornos para a fase de desenvolvimento retardariam a entrega. Por outro lado, graças a todas as práticas que a realização de testes permite, é possível

capítulo 4 ▶ PROGRAMAÇÃO EXTREMA (XP)

ter ciclos curtos com entregas frequentes e dispensar a criação de documentos e outros artefatos.

▶ 4.9 O AMBIENTE

Que tipo de ambiente você considera adequado para o desenvolvimento de um software? Em XP, desenvolvimento de software é tratado como uma atividade intelectual, que depende de inspiração para que soluções inteligentes sejam encontradas a partir do conhecimento técnico. Por isso, ambientes menos formais favorecem a comunicação e a interação entre os participantes do projeto.

As paredes e as mesas são usadas de maneira a reforçar os valores da comunicação e do feedback. O ambiente como um todo inclui elementos funcionais que incentivam a colaboração entre os envolvidos e contribuem para criar uma atmosfera informativa.

4.9.1 Quadros e paredes

As paredes são um ativo valioso para equipes XP. Elas são usadas para publicar informações relevantes sobre o status do projeto por meio de gráficos, pôsteres, quadros de tarefas, diagramas e áreas de rascunho. Todos esses elementos funcionam como "radiadores de informação", termo criado por Alistair Cockburn (um dos autores do Manifesto Ágil, visto no início do livro) para referenciar elementos visuais que destacam pontos importantes do projeto (Cockburn, 2006), tornando o ambiente informativo e permitindo que análises possam ser conduzidas com facilidade e que visitantes tenham uma visão panorâmica da situação do projeto.

O conteúdo dos radiadores de informação pode ser diverso, desde gráficos de acompanhamento produzidos pelo tracker até diagramas de classe que oferecem uma visão geral do software, passando por listas de problemas, avisos gerais, datas importantes e qualquer outro tipo de dado que ajude a equipe a entender mais sobre a evolução do projeto.

O quadro de cartões é um elemento característico de um ambiente XP. As user stories da iteração ficam expostas em um quadro no qual é possível visualizar o progresso do trabalho. A Figura 4.2 mostra um quadro simples com três áreas: TODO (Para Fazer), WIP – *Work in Progress* (Trabalho em Progresso) e DONE (Feito), pelas quais os cartões são movidos à medida que a equipe avança na conclusão na implementação.

O quadro de cartões pode evoluir a partir do formato simples sugerido para versões adaptadas que contenham outros detalhes ou informações relevantes para a equipe. Também é possível usar, dentro de XP, quadros com o formato característico de outras abordagens ágeis, como Scrum ou Kanban.

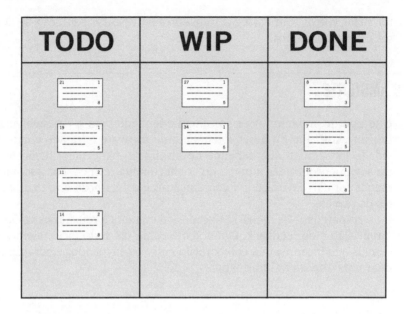

▶ **Figura 4.2** Quadro de histórias da equipe.

Outras alternativas de quadros de tarefas e detalhes sobre como implementá-los podem ser encontrados no Capítulo 14, que trata sobre Gestão Visual.

4.9.2 Mesas e cadeiras

A disposição das mesas deve ser pensada de forma a favorecer a comunicação e a difusão das informações inerentes ao projeto. Reduzir distâncias e eliminar barreiras visuais são algumas formas de potencializar esse efeito.

Quanto mais próximas as mesas de trabalho estiverem, melhor será a comunicação. Contudo, é importante respeitar uma distância que ofereça conforto aos desenvolvedores, afinal, eles passarão várias horas por dia naquele local. Se o espaço tornar-se incômodo, provavelmente não trará o benefício esperado e afetará o desempenho da equipe.

O posicionamento dos desenvolvedores em relação uns aos outros também é determinante para a intensidade da comunicação. A configuração que mais favorece a comunicação é a que os indivíduos sentam-se voltados para o centro, de frente uns para os outros. Assim, todos podem ouvir as conversas que rondam o ambiente sem interromper a execução do seu trabalho. Mesmo sem participar ativamente de todas essas conversas, o grupo inteiro mantêm-se informado sobre os principais assuntos do projeto.

capítulo 4 ▸ PROGRAMAÇÃO EXTREMA (XP)

4.9.3 Comida e bebida

Comida ao lado do teclado faz parte da cultura da Programação Extrema. É comum encontrar guloseimas, frutas, bebidas, lanches e até mesmo pizzas no local de trabalho, porque eles tornam o ambiente mais informal e colaborativo.

As refeições geralmente são momentos de descontração que ocorrem entre familiares ou amigos, pessoas com quem interagimos intensamente. Por isso, com comida à disposição, as pessoas tendem a estar mais dispostas a colaborar, aumentando o senso de equipe e a sinergia do grupo.

▸ 4.10 UM DIA DE UM PROGRAMADOR XP

Um dia típico de um desenvolvedor de uma equipe XP requer o exercício de diversas habilidades técnicas e de relacionamento. Em um único dia de trabalho, é natural realizar análise, coleta de requisitos, pesquisa, implementação, testes, otimização, manutenção, modelagem, revisão de código, validação de funcionalidades e, ainda, atualizar-se sobre o que os outros fizeram para o projeto e, em paralelo, comer algumas guloseimas.

O dia começa com uma reunião em pé. Toda a equipe se reúne, preferencialmente próximo ao seu quadro de tarefas, para uma reunião diária (stand up meeting), em que cada participante conta rapidamente os avanços que teve no último dia de trabalho, o que pretende fazer até a próxima reunião e se encontrou algum problema com o qual precisa de ajuda. Essa conversa dura cerca de 15 minutos e serve para sincronizar a equipe, identificar grandes riscos e garantir que todos tenham uma visão geral do projeto. Se uma dificuldade pessoal é levantada, os que puderem ajudar se prontificam e a reunião segue. Quando ela acabar, o assunto é tratado só pelos interessados.

Após a stand up meeting, os participantes se organizam em pares para executar as suas tarefas. Se a dupla ainda não está trabalhando em um cartão, ela analisa os cartões da iteração e escolhe um de alta prioridade e com grau de dificuldade adequado ao seu nível técnico. A dupla procura um computador disponível, afinal, como todos trabalham em pares, as pessoas se rearranjam constantemente, não havendo necessidade de computadores exclusivos ou lugares demarcados. Idealmente, todas as máquinas são estações de trabalho com a mesma configuração, de modo que o ambiente e as ferramentas de desenvolvimento estejam sempre disponíveis.

Já em frente ao computador, a dupla recupera do repositório a última versão do projeto e executa todos os testes para ter certeza de que tudo está funcionando. Enquanto isso, os parceiros discutem a funcionalidade descrita na user story selecionada para ter certeza de que não há erros de interpretação e que estão considerando o mesmo escopo para a solução. Em seguida, refletem sobre possíveis abordagens para a implementação pensando em algoritmos e em prováveis melhorias na modelagem e na arquitetura atuais.

Se, durante essa conversa, surgirem dúvidas sobre o comportamento esperado no sistema, ou novos requisitos mostrarem-se necessários para a implementação, a dupla conversa diretamente com o cliente para esclarecer as suas dúvidas. Em caso de mudanças consideráveis no escopo, a dupla analisa o impacto da alteração e, de forma transparente, explica ao cliente os efeitos no sistema, no tempo de implementação e no planejamento do projeto, assim ele pode redefinir as prioridades embasado por informações técnicas.

Com a visão geral do problema estabelecida e a tática para resolvê-lo alinhada, a dupla de programadores inicia a implementação usando a técnica de *Test-Driven Development* (TDD), que consiste em conduzir o desenvolvimento a partir de testes. Isso significa começar escrevendo testes automatizados para o software e, em seguida, fazer a implementação mínima necessária para satisfação do teste criado (explicações detalhadas no Capítulo 11). A dupla trabalha revezando a pilotagem do teclado, com trocas em intervalos de 20 a 60 minutos e, graças ao uso de TDD, ciclos de poucos minutos com a escrita de testes automatizados e de código seguidos pela execução dos testes daquela funcionalidade. Quando a implementação for concluída, a dupla executa todos os testes do projeto para ter certeza de que a nova implementação não afetou outras partes do sistema. Se todos os testes passarem, o cliente pode ser convidado a fornecer feedback sobre o comportamento da nova funcionalidade.

Com todos os testes passando e um feedback positivo do cliente, o novo código é incorporado ao repositório. Só que, antes, a dupla recupera modificações que outros membros da equipe possam ter depositado no repositório e roda novamente todos os testes. Quando todos passarem, o código e os novos testes são disponibilizados no repositório através de um push ou commit, dependendo o gerenciador de versões em uso.

Nesse momento, ou em qualquer outro em que 100% dos testes estejam sendo executados com sucesso, os programadores realizam refatorações para tornar o código mais simples e para evoluir a modelagem, para que a sua manutenção e as próximas implementações sejam mais fáceis.

▶ 4.11 ADAPTE XP QUANDO NECESSÁRIO

XP não é um processo amarrado. XP é um método que permite adaptações. Quando não for possível aplicar XP em sua totalidade, modificações podem acontecer de acordo com o ambiente. Afinal, Métodos Ágeis são adaptativos e não prescritivos.

ATENCÃO! Não use o argumento da adaptabilidade como desculpa para continuar com um modelo de desenvolvimento parcialmente ineficiente ou pouco ágil. Geralmente, é mais fácil acomodar o modelo de desenvolvimento às restrições que o ambiente impõe do que realizar mudanças efetivas que permitam a renovação do processo de desenvolvimento.

Ao criar a sua abordagem, o mais importante é que você preserve os valores e mantenha os princípios de XP. Assim, as práticas usadas no dia a dia podem ser adaptadas sem distorcer a finalidade de conduzir a equipe à entrega de produtos de qualidade com alto valor agregado.

▶ REFERÊNCIAS

COCKBURN, A. *Agile software development*. 2nd ed. Boston: Addison-Wesley, 2006.

FOWLER, M. et al. *Refactoring*: improving the design of existing code. Boston: Addison-Wesley, 1999.

▶ LEITURAS SUGERIDAS

AGILCOOP. *Cooperativa de Desenvolvimento Ágil de Software*. [S.l]: AgilCoop, [c2014]. Disponível em: < http://www.agilcoop.org.br/>. Acesso em: 05 maio 2014.

O site da Agilcoop reúne diversos materiais sobre XP e outros métodos ágeis para aprofundar e expandir os estudos no tema.

BECK, K. *Extreme programming explained*: embrace change. Reading: Addison-Wesley, 1999.

Esse foi o livro no qual Kent Beck apresentou a Programação Extrema. Ele é altamente recomendado para entender os detalhes da metodologia e ampliar a argumentação sobre os seus benefícios.

BECK, K. *Extreme programming explained*: embrace change. 2nd ed. Reading: Addison Wesley, 2004.

A segunda edição do livro de Programação Extrema não traz apenas uma revisão em seu texto, descreve uma nova visão sobre a metodologia com práticas reformuladas e a inclusão do conceito dos princípios.

TELES, V. *Extreme programming*. São Paulo: Novatec, 2004.

Esse livro apresenta e explora as ideias de XP. Ele foi escrito em português e possui uma abordagem bastante didática.

5

OpenUP

JOSÉ PAPO

Muitas empresas no Brasil e no mundo adotaram como padrão de desenvolvimento processos baseados no Unified Process e no Rational Unified Process (RUP). Diversas dessas empresas desejam partir para um processo de desenvolvimento ágil,[1] porém, temem perder o conhecimento acumulado e gerado utilizando conceitos e práticas existentes no RUP. A solução para esse dilema já existe: o OpenUP.

O OpenUP é um processo enxuto, baseado no Unified Process, que possui um ciclo de vida iterativo e incremental. Ele foi elaborado como uma filosofia ágil, pragmática e que foca a natureza colaborativa do desenvolvimento de software. É um processo de baixa cerimônia e que não indica nenhum tipo de ferramenta específica. Uma das características visíveis do OpenUP é que a disciplina de gestão de projetos é uma adaptação do Scrum (processo ágil empírico com foco nos aspectos de gestão e liderança de projetos, sem entrar em detalhes da engenharia de software).

A grande diferença do OpenUP para o RUP é que o RUP é um framework gigantesco sobre engenharia de software. Isso significa que não é possível usar o RUP como ele se encontra, é preciso customizá-lo para as características específicas de sua organização e/ou projeto. Já o OpenUP é um processo de engenharia de software mínimo e que pode ser usado sem customização. Essa é uma mudança paradigmática: começar do mínimo e acrescentar o que a organização achar necessário *versus* iniciar com um processo gigante e diminuí-lo para utilizá-lo.

O OpenUP possui princípios (isto é, se você não seguir um deles, não está, na realidade, adotando o processo como deve) semelhantes à versão 7 do RUP e alinhados ao Manifesto Ágil. Eles são:

▶ Balancear prioridades competidoras para maximizar o valor aos envolvidos do projeto.

---

[1] É importante lembrar que o RUP em si sempre foi um processo iterativo e incremental. A partir do RUP versão 7, ocorreu uma atualização importante que o deixou ainda mais ágil e totalmente alinhado com o Manifesto Ágil.

- Colaborar para alinhar interesses e compartilhar entendimento.
- Focar cedo na arquitetura para minimizar riscos e organizar o desenvolvimento.
- Evoluir para continuamente obter feedback e melhorar.

O OpenUP pode ser mais facilmente entendido por meio do seu ciclo de vida, representado na Figura 5.1. Vamos falar sobre cada um deles separadamente, na sequência do ciclo mais curto até o ciclo mais longo, para mostrar de forma clara como é a vida em um projeto OpenUP.

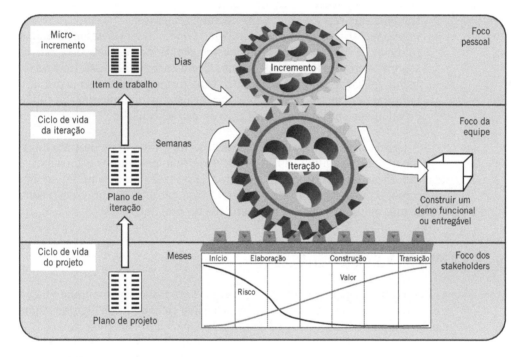

Figura 5.1 Ciclo de vida do OpenUP.

5.1 MICROINCREMENTOS

O esforço de cada membro da equipe é organizado em microincrementos. Eles representam pequenas quantidades de trabalho que produzem uma continuidade mensurável de progresso do projeto. Um microincremento pode representar o resultado de algumas horas ou de alguns poucos dias de trabalho para uma pessoa ou para um grupo de pessoas trabalhando colaborativamente.

Cada microincremento deve ser bem definido para que a equipe possa monitorar e controlar o progresso diário. Cada microincremento é especificado em um item de trabalho (work item). Essa é uma das diferenças de outros processos como o RUP e o Scrum. Todos os requisitos e as atividades do projeto OpenUP serão associados a um item de trabalho. Não existe divisão entre fluxos como caso de uso, cenário, mudança e defeito. Como esses requisitos e atividades podem ser grandes, é possível dividir um item de trabalho em vários itens de trabalho menores, até ficar com um nível de granularidade aceitável (de preferência, sem ultrapassar três dias).

A seguir, estão dois exemplos concretos:

1. Definir a Visão do Produto é uma atividade que pode levar várias semanas. Para assegurar a monitoração do progresso diário, você deve dividir esse item de trabalho em itens de trabalho menores. "Identificar os envolvidos do projeto" e "Identificar as restrições" são dois desses itens de trabalho que representam bons microincrementos.
2. Implementar a solução é uma atividade que pode levar muito tempo se for baseada em casos de uso ou mesmo cenários de caso de uso. Para assegurar o progresso contínuo, é mais interessante dividir esse item de trabalho em vários microincrementos. Uma forma de fazer isso poderia ser criar um item de trabalho menor para projetar e implementar um subfluxo ou apenas um passo de um caso de uso ou cenário.

A aplicação evolui através da execução de vários itens de trabalho simultaneamente. A equipe utiliza técnicas de reuniões diárias e ferramentas de colaboração para conseguir transparência no trabalho de equipe. Ao mesmo tempo, o progresso contínuo é demonstrado através da integração contínua de microincrementos durante cada dia do projeto.

▶ 5.2 CICLO DE VIDA DA ITERAÇÃO

As iterações no OpenUP têm como objetivo primordial focar a equipe na entrega de resultados de valor aos clientes, a cada ciclo curto de algumas semanas (o tempo de iteração é variável, mas o OpenUP recomenda iterações de 2 a 6 semanas). No final de cada iteração, a equipe, obrigatoriamente, deve entregar uma build executável do software, já implementada e testada. Essa build conterá um incremento do produto.

Os processos de planejamento, estimativa e monitoramento do progresso de cada iteração se baseiam nos itens de trabalho. O plano de iteração corrente costuma incluir os itens de trabalho de maior prioridade.

Cada iteração deve iniciar com uma reunião de planejamento de iteração, com a participação de toda a equipe. Esse período deve durar de um a dois dias e deve ser utilizado também para a elaboração de detalhes arquiteturais de alto nível, bem como a ordenação e o detalhamento dos itens de trabalho em microincrementos. Após, a equipe executa a iteração. É importante lembrar que o time deve utilizar a integração contínua e builds diárias.

Para fornecer ainda mais disciplina, uma build estável semanal deve ser produzida. Os analistas de testes devem ter atenção especial nas builds semanais. Nos últimos dias de uma iteração, o foco deve ser a correção de defeitos do incremento executável. A iteração termina com uma avaliação do que foi construído em comparação com o objetivo inicial. A equipe também realiza uma retrospectiva para obter lições aprendidas da iteração e melhorar aquilo que não funcionou tão bem durante a iteração.

O OpenUP, assim como outros processos ágeis, valoriza muito times auto-organizados. Isto significa que a equipe como um todo é responsável por organizar o trabalho e determinar como melhor cumprir seus compromissos. Transparência, comunicação aberta e comprometimento pessoal são fundamentais. O OpenUP assume que o gerente de projetos atue mais como um líder educador, um líder servidor ou um *coach*. Ele, portanto, deve eliminar o estilo "chefe-subordinado" de seu paradigma.

▶ 5.3 CICLO DE VIDA DO PROJETO

O OpenUP organiza um conjunto de iterações em fases. Essas fases possuem o mesmo nome das fases contidas no Unified Process e no Rational Unified Process. Cada fase termina com um marco, que tem como objetivo mitigar um determinado tipo de risco tipicamente importante para os envolvidos do projeto:

- ▶ **Iniciação**: eliminar riscos relativos ao caso de negócio do projeto.
- ▶ **Elaboração**: eliminar riscos arquiteturais e técnicos do projeto.
- ▶ **Construção**: eliminar riscos de não construir as funcionalidades prioritárias do ponto de vista dos envolvidos.
- ▶ **Transição**: eliminar riscos de homologação, testes beta, implantação do sistema em produção e migrações de sistemas legados.

Portanto, as fases do OpenUP nada mais são que marcos para redução de riscos. Conforme mostra a Figura 5.2, o OpenUP busca reduzir o risco logo no início do projeto, ao mesmo tempo que agrega valor.

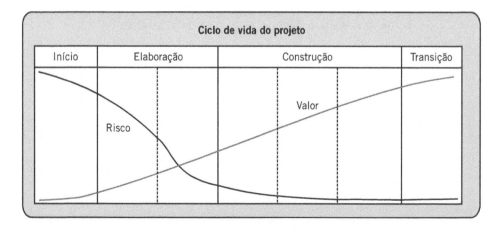

▶ **Figura 5.2** Redução de risco e geração de valor durante o ciclo de vida do projeto OpenUP.

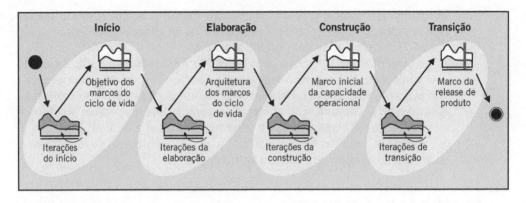

▶ **Figura 5.3** Fases e Objetivos de Fases do OpenUP.

▶ 5.4 OS PAPÉIS

No OpenUP, existem apenas seis papéis, e cada um é responsável por um conjunto de artefatos e deve realizar algumas atividades necessárias para atender aos objetivos do projeto.

Os papéis do OpenUP são os seguintes:

▶ **Stakeholder:** Representa pessoas e grupos interessados no projeto.
▶ **Gerente de Projeto:** Lidera o planejamento do projeto e ajuda a manter a equipe do projeto focada nos objetivos de negócio do projeto.
▶ **Arquiteto:** Responsável por definir a arquitetura de software, tomar as decisões técnicas mais críticas e liderar os desenvolvedores tecnicamente.
▶ **Analista:** Representa os clientes e suas necessidades; responsável pelo entendimento do problema e pela elicitação de requisitos.
▶ **Desenvolvedor:** Responsável por desenvolver requisitos do sistema.
▶ **Tester:** Responsável por todo o esforço de testes.

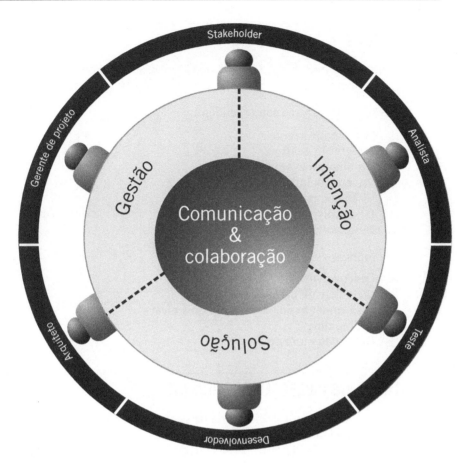

▶ **Figura 5.4** Papéis do OpenUP.

▶ 5.5 AS DISCIPLINAS

O OpenUP possui cinco grandes disciplinas de engenharia de software:

- ▶ **Arquitetura:** Tem como objetivo evoluir uma arquitetura robusta para o software.
- ▶ **Desenvolvimento:** Tem como objetivo projetar e implementar uma solução técnica que suporte os requisitos e a arquitetura.
- ▶ **Gestão de Projetos:** Tem como objetivo liderar, facilitar e suportar a equipe e os stakeholders para dirigir o projeto em busca dos resultados esperados.
- ▶ **Requisitos:** Têm como objetivo entender os problemas, as necessidades e os requisitos.
- ▶ **Testes:** Têm como objetivo fornecer feedback sobre a maturidade e a qualidade do sistema.

▶ 5.6 AS PRÁTICAS

Além das disciplinas, a nova versão do OpenUP incorporou um conjunto de práticas técnicas e gerenciais alinhadas com o desenvolvimento ágil.

As práticas técnicas compreendem:

- ▶ Testes concorrentes
- ▶ Integração contínua
- ▶ Arquitetura evolutiva
- ▶ Projeto evolutivo
- ▶ Visão compartilhada
- ▶ Desenvolvimento dirigido por testes
- ▶ Desenvolvimento dirigido por casos de uso

As práticas gerenciais compreendem:

- ▶ Desenvolvimento iterativo
- ▶ Ciclo de vida baseado em riscos
- ▶ Planejamento de projetos em dois níveis
- ▶ Todo o time
- ▶ Gestão de mudanças

▶ 5.7 DETALHAMENTO DA GESTÃO DE PROJETOS

Conforme mencionamos, a disciplina de gestão de projetos do OpenUP é totalmente baseada no Scrum.

O Gerente de Projetos trabalha com os stakeholders para criar um plano de projeto macro, baseado na Visão do Projeto. Esse plano descreve os tamanhos e objetivos das quatro fases e das iterações de cada fase: Iniciação, Elaboração, Construção e Transição.

No começo de cada iteração, o Gerente de Projetos trabalha com os stakeholders para priorizar requisitos, requisições de mudança e defeitos da Lista de Itens de Trabalho para alocá-los na iteração subsequente.

O Gerente de Projetos desenvolve, junto à equipe de desenvolvimento, um Plano de iteração detalhado com base nos objetivos e nas prioridades definidas. Os membros trabalham nos itens de trabalho, fornecendo continuamente ao gerente de projetos estimativas refinadas para as tarefas necessárias e o status de cada uma delas.

No final de cada iteração, deve ser gerado um produto de software funcionando que possa ser demonstrado aos stakeholders. No final de cada iteração, também, a build deve incluir os resultados de testes e as conclusões e avaliações devem ser capturadas em um documento de Avaliação da Iteração.

O time demonstra o progresso contínuo ao reportar o número de itens de trabalho fechados por meio de um gráfico de burndown do projeto. É possível usar um burndown de iteração para mostrar progresso dentro de cada iteração.

Os riscos são gerenciados continuamente através de um trabalho pró--ativo de análise da Lista de Riscos.

Alguns artefatos-chave podem ser colocados como sub-tarefas de uma atividade ou uma atividade e work item por si só.

▶ 5.8 OPENUP – FUTURO

No futuro, será possível adicionar plug-ins ao OpenUP para endereçar questões como arquitetura orientada a serviços (SOA), arquitetura dirigida a modelos (MDA), desenvolvimento de sistemas embutidos, JEE, .NET, entre outros. A versão futura do RUP será nada mais que um empacotamento do OpenUP e toda uma série de plug-ins adicionais que permitirão ao engenheiro de processos customizar o processo de sua empresa de acordo as necessidade específicas de cada projeto.

Experimente o OpenUP. Faça o download (é gratuito) e aproveite a oportunidade de usar um processo ágil que utiliza os conceitos do processo unificado, já muito difundido no mercado brasileiro.

▶ REFERÊNCIA

OpenUP. *Introduction to OpenUP*. [S.l: s.n., 2010]. Disponível em: <http://epf.eclipse.org/wikis/openup/>. Acesso em: 7 abr. 2014.

▶ LEITURAS SUGERIDAS

ANDERSON, D. J. *Kanban*: successful evolutionary change for your technology business. Seattle: Blue Hole, 2010.

ANDERSON, D. J.; SCHRAGENHEIM, E. *Agile management for software engineering*: applying the theory of constraints for business results. Upper Saddle River: Prentice Hall, 2003.

GOLDRATT, E. M; COX, J. *A meta*. Barueri: Nobel, 2003.

LADAS, C. *Scrumban*: essays on kanban systems for lean software development. Seattle: Modus Cooperandi, 2008.

LIKER, J. K. *O modelo Toyota*: 14 princípios de gestão do maior fabricante do mundo. Porto Alegre: Bookman, 2005.

LIKER, J. K.; MEIER, D. *O modelo Toyota*: manual de aplicação. Porto Alegre: Bookman, 2007.

POPPENDIECK, M.; POPPENDIECK, T. *Implementing lean software development*: from concept to cash. Boston: Addison-Wesley, 2007.

POPPENDIECK, M; POPPENDIECK, T. *Lean software development*: an agile toolkit. Boston: Addison-Wesley, 2003.

REINERSTEIN, D. G. *Managing the design factory*: a product developer's toolkit. New York: Free, 1997.

SEDDON, J. *Freedom from command & control*: rethinking management for lean service. New York: Productivity, 2005.

6

FDD – Feature-Driven Development

ADAIL MUNIZ RETAMAL

Mesclar boas práticas de engenharia de software e de gestão de projetos, de forma harmoniosa, eficaz e eficiente, pode ser uma tarefa árdua quando se tenta amalgamar metodologias diferentes. Entretanto, quando se tem essa intenção desde o princípio, aliada à experiência e ao talento das pessoas envolvidas, o resultado é altamente satisfatório, agradando clientes, gestores e desenvolvedores. A FDD, ou Desenvolvimento Dirigido por Funcionalidades, é um excelente exemplo disso.

▶ 6.1 A HISTÓRIA DA FDD

Cingapura, 1997-1999. Um importante banco internacional, o UOB (United Overseas Bank),[1] precisava de uma completa reengenharia de sua plataforma de empréstimos para corporações, comércio e consumidores, abrangendo os mais diversos instrumentos. Era um projeto complexo e o maior desse tipo na região. Após quase dois anos de consultoria, 3.500 páginas de casos de uso documentados, mas pouquíssimo software em execução, um dos membros da equipe, Jeff De Luca, aceitou o desafio e convenceu a diretoria do banco a tentar mais uma vez, agora sob sua liderança e com uma pequena equipe de talentos de classe mundial para desenhar o sistema, treinar e ser mentores de outros. Ele já adotara um processo leve e altamente iterativo em outros projetos e estava disposto a experimentar novas estratégias.

---

[1] Disponível em: www.uob.com.sg.

Para modelar a arquitetura, Jeff De Luca contratou um exímio projetista de sistemas orientados por objetos, Peter Coad, que há muito tempo desenvolvia estratégias e padrões para análise e modelagem de sistemas. Stephen Palmer era o gerente de desenvolvimento, também contribuindo com várias ideias.

Após 15 meses e cerca de 2.000 funcionalidades entregues, o time de 50 pessoas concluía o projeto com sucesso e com boas sobras no orçamento. Não é demais frisar que o cliente redigiu com muita satisfação uma declaração de sucesso do projeto. O sistema chama-se *Power Lender* e está em operação até hoje. Entretanto, mais de um ano se passou sem que ninguém escrevesse oficialmente sobre esse novo processo. Algumas dicas podiam ser obtidas no site da Nebulon,[2] empresa de Jeff De Luca, ou na série de artigos The Coad Letter, hospedada no site da TogetherSoft (na época, a empresa de Coad), escritos em grande parte por Palmer. Hoje é possível encontrar alguns artigos no site da Embarcadero.[3]

6.1.1 A FDD e o Manifesto Ágil

Peter Coad foi convidado para a famosa reunião dos metodologistas ágeis em 2001, mas não pode comparecer, delegando a responsabilidade para Jon Kern, diretor de serviços da TogetherSoft. Assim a FDD foi desde o início uma das metodologias "oficiais" do movimento ágil.

▶ 6.2 O QUE É UMA FUNCIONALIDADE (*FEATURE*)?

Para a FDD, uma *feature* é uma **funcionalidade pequena**, com valor claro para o cliente no contexto do seu domínio de negócio. Para a equipe de projeto, não deve ocupar mais que uma iteração para ser desenvolvida, ou seja, menos que 2 semanas (80 horas), tipicamente. A maioria das funcionalidades requer, em geral, apenas algumas horas para ser implementada.

Para entendermos bem onde a funcionalidade se encaixa vamos recorrer à Teoria de Processos. Um domínio de negócio pode ser decomposto em macroprocessos ou macroáreas de processos, como Compras, Vendas, Marketing, Operações, entre outras, também conhecidas como Áreas de Negócio.

Dentro de cada Área de Negócio podemos identificar diversos processos ou Atividades de Negócio, que são desempenhadas por essa área, total ou parcialmente. Cada atividade, por sua vez, é composta por tarefas ou Passos,

---

[2] NEBULON. Disponível em: <www.nebulon.com>.
[3] EMBARCADERO Developer Network. Disponível em: <edn.embarcadero.com>.

que podem ser manuais ou automatizados por sistemas (software, hardware etc.). Os passos que precisarem de auxílio do sistema tornam-se as funcionalidades para o projeto FDD.

Jeff De Luca

Jeff é um executivo e estrategista de TI dinâmico e orientado a resultados. Ele possui mais de 25 anos de experiência na Austrália e EUA em gestão de projetos de alto nível, estratégia, modelagem, arquitetura e resolução de problemas, tanto na IBM quanto em sua própria empresa de TI, a Nebulon (www.nebulon.com). Entretanto, ele nunca completou sua educação secundária. Entre outras qualificações podemos citar uma brilhante carreira de 11 anos na IBM, com premiações invejáveis e promoções sem precedentes. Sua filosofia é entregar projetos no prazo, dentro do orçamento e com a funcionalidade combinada. Além de sua perícia em TI, Jeff é um talentoso inventor, autor técnico e palestrante. Seus membros de equipe o apontam como um líder visionário com grandes habilidades em relações humanas e capaz de fortalecer aqueles ao seu redor. É coautor do livro "Java Modeling in Color with UML", onde apresentou a FDD no capítulo 6.

Peter Coad

Um dos melhores modeladores e arquitetos de sistemas da recente história da engenharia de software, autor de vários livros sobre análise, modelagem e programação orientadas por objetos, co-autor dos métodos Coad-Yourdon e UML em Cores para análise e projeto orientados por objetos. Coad foi o fundador da TogetherSoft, fabricante da excelente ferramenta Together, que embutia tecnologias avançadas como a transformação imediata de diagramas UML em código-fonte e vice-versa, em tempo real. Ele vendeu a empresa para a Borland Software em 2003. Hoje dedica-se a alguns projetos pessoais, como sua empresa de táxi aéreo e um web site social para a leitura da Bíblia interligado com o Facebook, tudo utilizando suas ideias "coloridas" e arquiteturas baseadas em componentes, e trabalhando com uma equipe de desenvolvimento na Rússia.

Modelagem em cores com arquétipos

O projeto em Cingapura foi um dos maiores projetos em Java na região na época e foi o berço de várias outras tecnologias. Dentre elas, está a modelagem em cores com arquétipos, praticada pela primeira vez no mundo neste projeto por Peter Coad e a equipe de Jeff, cujo nome é devido à utilização das quatro cores básicas (das notinhas de papel autocolantes) para representar os quatro arquétipos de negócio.

Esses arquétipos costumam se relacionar formando um padrão genérico de objetos de negócio, chamado de "Componentes Neutros de Domínio [de Negócio]" (DNC – *Domain Neutral Components*), posteriormente rebatizado por Jeff De Luca como "Estrutura Arquetípica de Domínio" (ADS – *Arquetypal Domain Shape*).

Essa técnica foi documentada nos cinco primeiros capítulos do livro "*Java Modeling in Color with UML*", de Coad, Lefebvre e De Luca (1999).

A Figura 6.1 mostra um exemplo de decomposição de processos em pelo menos três níveis. No nível das tarefas podemos distinguir claramente passos que podem ser automatizados no sistema e que, portanto, são fortes candidatos a funcionalidades. No nosso exemplo, "Enviar pedido" será "Enviar um pedido para um fornecedor".

Uma funcionalidade deve ser intitulada seguindo um modelo de nomenclatura:

<Ação><Resultado><Objeto>

com as preposições entre os termos principais. No nosso exemplo:

<Enviar><um pedido> para <um fornecedor>

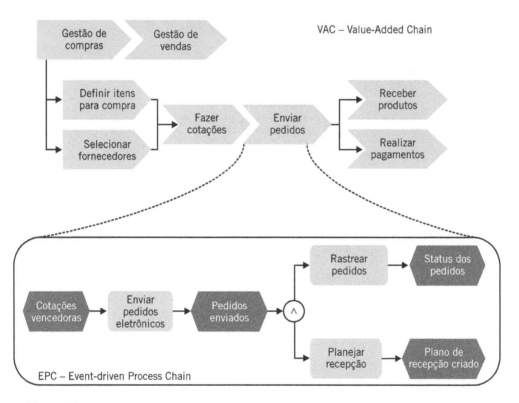

▶ **Figura 6.1** Exemplo de mapeamento de processo de negócio.

Esta construção sintática permite padronização na identificação das funcionalidades, o que também contribui para a otimização da comunicação. Vejamos mais alguns exemplos:

- Calcular o total de uma venda
- Imprimir o cupom fiscal de uma venda
- Enviar e-mail de confirmação de um pedido
- Agendar uma visita para um vendedor

Além de facilitar a escrita e a leitura, essa técnica fornece fortes dicas tanto para a correta alocação da responsabilidade nas classes quanto para os nomes e parâmetros para as operações nessas classes. Ou seja, é uma excelente ponte entre o negócio e a equipe técnica.

As funcionalidades podem ser agregadas em conjuntos e grandes grupos, quase seguindo a decomposição dos processos descrita anteriormente. Boas funcionalidades também podem ser definidas como:

- Coisas pelas quais somos pagos (valorizadas pelo cliente)
- Coisas que podem ter futuras melhorias
- Coisas que podem conter defeitos
- Um acordo para futura conversação
- Você pode escrever um teste de aceitação para cada uma delas

6.2.1 Nível ideal de granularidade ou detalhe

Para saber se atingimos o nível ideal de granularidade para uma funcionalidade, sem incorrer em detalhamento desnecessário, verifique se ela atende a esses dois critérios:

- O desenvolvedor deve ser capaz de fornecer uma estimativa razoavelmente precisa para implementação.
- O testador deve se sentir seguro para escrever um teste que prove que a funcionalidade funciona.

6.2.2 Funcionalidade X caso de uso

É muito comum a comparação de uma funcionalidade com um caso de uso (ou mesmo com uma user story), já que este é mais popularmente conhecido como uma forma de se especificar requisitos.

Vejamos o que Szego (2004), um dos membros da equipe que criou a FDD e gerente de desenvolvimento da Nebulon, disse sobre o assunto:

"Há muitas diferenças entre um caso de uso e uma funcionalidade, mas a fundamental é que eles visam preocupações totalmente diferentes.

Casos de uso são uma tentativa de especificar requisitos e são criados no início, geralmente antes que qualquer análise ou desenho seja tentado. As funcionalidades, por outro lado, são enumeradas depois da atividade de modelagem inicial, ou Processo 1 da FDD, e são uma decomposição do domínio do problema.

Essa é uma diferença fundamental: o próprio domínio, o qual um bom modelo de objetos deve tentar capturar, raramente muda. Os requisitos ad hoc para um sistema de software, que abordam algum aspecto de um negócio naquele domínio, são muito mais voláteis.

Há outras diferenças, tais como a granularidade e o quão abertos à interpretação eles são, mas isso são efeitos colaterais deles visarem preocupações diferentes.

Muitos projetos foram feitos onde os requisitos foram fornecidos como casos de uso – esses são apenas outra forma de requisitos. Note que a FDD não diz como os requisitos devem ser obtidos. Há certa resistência na comunidade FDD em se usar casos de uso, mas se esta é a forma na qual os requisitos estão especificados então use-os como entrada para o Processo 1 (DMA – Desenvolver um Modelo Abrangente).

Apesar de alguns equívocos, não se deve iniciar tentando enumerar as funcionalidades. Na FDD usamos a 'modelagem da estrutura' como a atividade analítica inicial, que nos fornece informação suficiente para então prosseguirmos e construir a lista de funcionalidades."

Mas podemos identificar algumas relações entre os casos de uso e as funcionalidades, como por exemplo, um caso de uso pode conter várias funcionalidades, se ele descrever uma atividade de negócio, como geralmente acontece.

▶ 6.3 A EQUIPE

As pessoas, claro, são o fator primordial, a motivação e o propósito do sistema. São as pessoas que fazem tudo acontecer, seguindo processos apropriados (documentados ou não, padronizados ou não). Para apoiar determinadas etapas do processo, usamos algumas tecnologias (hardware, software, comunicação, ferramentas etc.). Tudo isso inserido numa atmosfera cultural fortemente ditada pelos criadores do sistema (geralmente os donos), mas que também pode ser moldada pela interação diária entre as pessoas, os processos e a tecnologia. Qualquer tentativa de mudança em um dos componentes impactará nos demais, por isso as ações devem ser coordenadas e harmonizadas entre eles. A Figura 6.2 mostra a relação entre os vários componentes de uma organização (ou mesmo de um ambiente de projetos).

MÉTODOS ÁGEIS

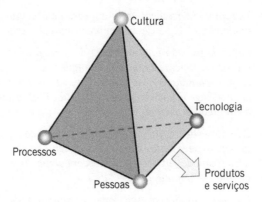

▶ **Figura 6.2** Interdependência dos componentes organizacionais.

Reconhecendo a forte interdependência sistêmica e a alta importância do fator humano, a FDD exibe uma notável característica social, refletida em sua proposta de estrutura da equipe de projeto. Os papéis principais que definem a estrutura fundamental de uma equipe FDD são:

Gerente de projeto – É o responsável pelo gerenciamento geral administrativo do projeto, coordenando e alavancando as ações da equipe e reportando o progresso para a alta gerência, clientes e demais interessados. A possibilidade de ter um assistente administrativo é altamente desejável e pode contribuir significativamente para a maior eficácia e eficiência da sua atuação.

Gerente de desenvolvimento – Possui habilidades técnicas, gerenciais e de liderança necessárias para orquestrar as ações da equipe de desenvolvimento, operacionalizando as orientações fornecidas pelo gerente de projeto. Em equipes pequenas, o gerente de projeto também assume esse papel.

Especialistas no domínio de negócio – Compreendem as regras e a dinâmica do domínio do negócio sendo considerado. São os responsáveis por informar e esclarecer a equipe do projeto sobre o que deve ser feito para que o produto seja adequado às necessidades dos usuários. Pode incluir usuários e consultores externos.

Arquiteto líder – Profissional com experiência em análise e modelagem de sistemas, capaz de liderar a equipe no desenvolvimento do modelo que será construído e refinado para implementar as funcionalidades identificadas. Em equipes pequenas, um dos desenvolvedores mais experientes, que possui a melhor visão sistêmica pode assumir também esse papel. Também pode ser um consultor externo, para fornecer novas ideias e trazer experiência de forma rápida.

Programadores líderes – São os desenvolvedores mais experientes, reconhecidos como líderes pela equipe. Coordenam o desenvolvimento, montam as equipes de funcionalidades e participam das definições técnicas, além de serem

▶ **Figura 6.3** Estrutura de equipe fundamental da FDD.

também proprietários de classes. Cada programador líder costuma cuidar de uma subequipe de 2 a 5 pessoas, número esse adaptável a cada contexto.

Proprietários de classes – São os demais desenvolvedores da equipe, aos quais foram atribuídas certas classes do modelo. Sempre que uma funcionalidade for escolhida para ser implementada e necessitar dos serviços oferecidos por algumas das classes que estão sob sua "custódia", o proprietário de classes será escalado para participar de uma das equipes de funcionalidades naquela iteração.

Além desses papéis, há outros também importantes e que precisam ser desempenhados, seja pelas mesmas pessoas acima ou por outras dedicadas a eles. São os chamados papéis de apoio. O apoio pode não ser parte da estrutura principal, mas sem ele tudo pode desmoronar!

- ▶ **Assistente de projeto:** cuida dos detalhes do dia a dia do projeto, liberando o gerente de projeto para as questões mais estratégicas e táticas. Pode promover os eventos de integração e motivação da equipe, organizar as reuniões e a documentação, tomar conta das finanças, cuidar da comunicação entre a equipe e o restante da organização, entre muitas outras tarefas que precisam ser executadas para a boa condução do projeto.
- ▶ **Testadores:** controlam a qualidade do produto durante sua construção, principalmente nos testes de integração, aceitação e regressão.
- ▶ **Gerente de versão (ou de produto):** define o ciclo de vida do produto, quais funcionalidades serão incluídas em cada versão etc.
- ▶ **Gerente de configuração:** cuida do repositório de artefatos e garante a integridade e segurança deles. Costuma também cuidar da compilação e montagem geral do produto.
- ▶ **Guru da linguagem/plataforma/tecnologia:** permite que o fluxo de programação não pare por falta de conhecimento ou experiência,

MÉTODOS ÁGEIS

através de intervenções e mentorias rápidas para os demais desenvolvedores.

▶ **Produtor de ferramentas, utilitários e bibliotecas:** propicia que os Proprietários de Classes focalizem no seu objetivo principal, ao fornecer produtos de consumo interno que acelerem o desenvolvimento, promovendo a padronização e o reuso.

▶ **Administrador de sistemas:** cuida do ambiente de rede, e-mail, intranet, servidores, instalação e manutenção de aplicativos, anti-virus, ambientes de desenvolvimento/teste/produção etc.

▶ **Implantadores:** instalam o produto no ambiente de produção do cliente e garantem seu funcionamento adequado, às vezes incluindo também o treinamento dos usuários.

▶ **Escritores técnicos:** escrevem a documentação e os manuais do produto, podendo também criar o material de treinamento, talvez com a ajuda de profissionais desse ramo.

▶ 6.4 OS CINCO PROCESSOS

A FDD é uma metodologia bem objetiva e estruturada, composta por cinco processos, conforme ilustra a Figura 6.4. A matéria-prima para o processo de produção são os requisitos, em qualquer forma disponível. Geralmente o conhecimento tácito (que reside nas mentes das pessoas, não documentado) é a maior fonte (e a mais volátil).

Podemos distinguir duas "fases" no ciclo de vida da FDD:

▶ Linear: inicialização
A meta é conceber o produto a ser construído, numa visão inicial de sua estrutura e de suas funcionalidades, e criar um plano inicial de entregas incrementais, que servirá de guia durante a construção.Tipicamente essa fase consome de 2 a 4 semanas, dependendo do porte do projeto. Pode ser útil também para a realização de orçamentos e propostas, antes de se comprometer com o desenvolvimento propriamente dito. Também é conhecida como "Iteração 0" (zero) em outros Métodos Ágeis.

▶ Iterativa: construção
A meta é entregar incrementos do produto de forma frequente, tangível e funcional, com qualidade para serem utilizado pelo cliente, se for preciso.Tipicamente, iterações são de 2 semanas, mas as durações devem ser adaptáveis e não necessariamente fixas durante o projeto. O progresso é reportado de maneira simples, clara e eficiente.

A tradução da descrição completa da FDD, utilizando o mesmo padrão original usado por Jeff De Luca, o ETVX (*Entry-Task-Verify-eXit*), outra

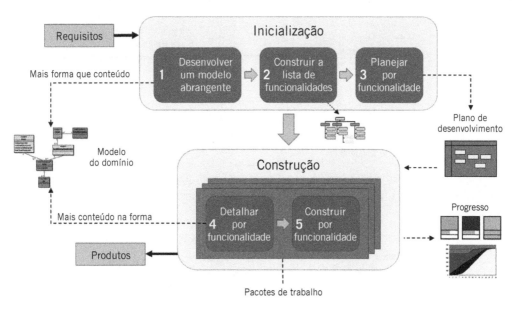

▶ **Figura 6.4** O ciclo de vida da FDD.

herança que ele trouxe da IBM, pode ser encontrada em Heptagon Tecnologia da Informação.[4] A seguir temos um breve resumo de cada processo.

6.4.1 Processo n° 1: DMA – Desenvolver um Modelo Abrangente

É uma atividade inicial que abrange todo o projeto, realizada por membros do domínio do negócio e por desenvolvedores, sob a orientação de um modelador de objetos experiente, no papel de arquiteto líder. Basicamente é um momento para compartilhamento de conhecimentos, elicitação de requisitos, análise e síntese.

Os especialistas no domínio realizam estudos dirigidos com a equipe sobre o escopo do sistema e seu contexto, tanto para capturar o conhecimento tácito (não documentado) quanto para socializar o conhecimento explícito (documentado). Após são realizadas sessões mais detalhadas sobre o domínio de negócio para cada área a ser modelada. Pequenos grupos são formados por membros do domínio do negócio sendo estudado e por desenvolvedores, que comporão seus próprios modelos que satisfaçam o domínio em questão.

---

[4] Disponível em: <www.heptagon.com.br/fdd>.

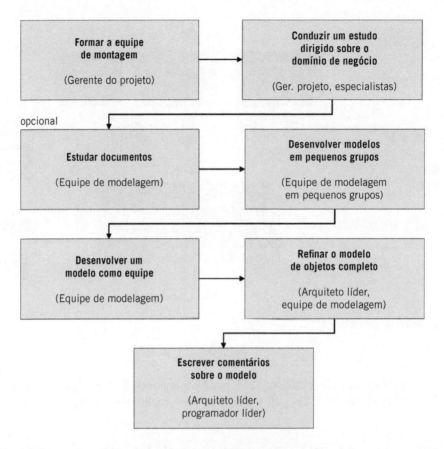

▶ **Figura 6.5** Processo nº 1: DMA – Desenvolver um modelo abrangente.

Os grupos apresentam seus modelos para serem revisados por parceiros e para discussão. Um dos modelos propostos, ou uma combinação de modelos, é selecionado por consenso, tornando-se, assim, o modelo para aquela área do domínio do negócio.

Realiza-se, então, uma combinação do modelo da área do domínio dentro de um modelo abrangente, ajustando a forma do modelo sempre que for necessário. Deve-se manter uma anotação sobre as alternativas sugeridas e decisões tomadas durante o processo, para posterior referência e benefício.

Esse modelo abrangente de objetos será iterativamente atualizado em seu conteúdo e forma pelo processo nº 4 DPF – Detalhar por Funcionalidade.

Esta ênfase na criação de um modelo inicial pode ser vista por alguns como uma "volta ao estilo cascata", ou BDUF (*Big Design Up Front*, algo como "muita modelagem no início"). Esse não é o caso na FDD, pelo menos não na forma como Stephen Palmer e outros batizaram de JEDI (*Just Enough Design Initially*, ou "modelagem suficiente no início"). O que buscamos é um equilíbrio entre a antecipação e a adaptação.

Modelagem em cores com arquétipos

Como forma de garantir a eficácia e a eficiência desse processo colaborativo de análise sugiro fortemente a utilização da técnica de modelagem em cores com arquétipos, usando as notinhas autocolantes coloridas e folhas de flip-chart. É uma divertida experiência coletiva com um alto grau de integração social.

Essa técnica auxilia tanto na criação quanto na melhoria de modelos de classes também reduzindo a variação no tempo e na qualidade da modelagem.

arquétipo. s.m. 1. modelo ou padrão passível de ser reproduzido em simulacros ou objetos semelhantes; 2. ideia que serve de base para a classificação dos objetos sensíveis; 3. Derivação: por extensão de sentido: qualquer modelo, tipo, paradigma.

Houaiss (2009)

Cada arquétipo é identificado por uma cor e estereótipo, e exibe atributos e operações característicos. A Figura 6.6 a seguir mostra os arquétipos numa típica estrutura de relacionamento, conhecida como DNC (*Domain Neutral Component*) ou ADS (*Archetypal Domain Shape*). Para visualizar as figuras a cores, acesse o site www.grupoa.com.br.

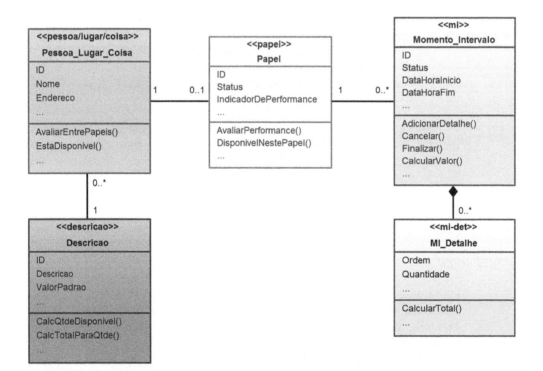

▶ **Figura 6.6** Os arquétipos e suas composições e relações típicas (DNC/ADS).

Momento-intervalo: rosa

Representa algo que necessita ser registrado, por razões de negócio ou até mesmo legais, que ocorre em algum momento no tempo ou durante um intervalo de tempo. São as atividades, os eventos e serviços que ocorrem no domínio do negócio. Constituem o coração do sistema (daí sua cor que lembra o vermelho do sangue). Um momento-intervalo também pode ser composto por pequenas etapas do evento total.

Para identificar esse arquétipo usamos a cor rosa e o estereótipo <<momento-intervalo>> ou <<mi>>; para os detalhes, usamos o estereótipo <<mi-detalhe>> ou <<mi-det>>.

É comum para uma classe do tipo momento-intervalo estar acompanhada de um ou mais diagramas de sequência, de máquina de estados ou de um fluxo (*workflow*), para definir seu comportamento em tempo de execução. Assim, cada transição de estado geralmente aparece como um método da classe e há um atributo que guarda o estado atual (*Status*).

Pessoa-lugar-coisa: verde

Este arquétipo pode representar:

- ▶ Uma pessoa (física ou jurídica), ou qualquer entidade com características de agente
- ▶ Um local (endereço, casa, filial), privado ou público, onde a ação se desenvolve
- ▶ Algum objeto, geralmente tangível, que participa da ação e/ou "sofre" alguma consequência dela

São entidades que devem ser registradas no sistema por desempenharem papéis nas atividades (momentos-intervalos). Um mesmo agente pode participar em eventos distintos (ou do mesmo evento), com papéis diferentes. É onde geralmente aparecem os "cadastros" e "relatórios" simples.

Identificamos esse arquétipo com a cor verde e o estereótipo correspondente: <<pessoa>>, <<lugar>> ou <<coisa>>.

Papel: amarelo

É a representação de um papel desempenhado por uma pessoa, um lugar ou uma coisa, em um determinado evento de negócio (momento-intervalo). Por exemplo, um aeroporto pode desempenhar o papel de local de origem, destino ou escala de um vôo; uma pessoa, num sistema de gestão de hotéis, pode ser recepcionista, gerente, hóspede, fornecedor, etc.

Sua cor é o amarelo e o estereótipo é <<papel>>.

Descrição: azul

Representa algo como um item num catálogo, definindo as características de uma determinada coisa, lugar ou até mesmo pessoa (menos comum, mas possível). Usado para concentrar dados comuns a diversos objetos, possibilitando perguntas de negócio interessantes, como a quantidade de objetos de um determinado tipo.

Fazendo uma analogia com a Orientação por Objetos, a Descrição seria a classe e o Papel/Pessoa/Lugar/Coisa/MI seria o objeto (uma instância da classe).

As Descrições costumam formar as famosas "tabelas de referência" usadas nos campos em que o usuário deve escolher de uma lista, tipo "Estado Civil", grupos, categorias etc.

Aparece na cor azul e usa-se o estereótipo <<descrição>>.

Como a própria definição de arquétipo sugere, os atributos, as operações e relações são mutáveis e devem ser adaptados a cada contexto. É uma estrutura um pouco mais flexível do que os famosos Padrões de Arquitetura (*Design Patterns*), inicialmente publicados no livro do GoF (*Gang of Four*), pois o propósito aqui está mais para alavancar a análise do domínio de negócio do que prover modelos para bibliotecas de arquitetura e programação.

A Figura 6.7[5] ilustra um exemplo de aplicação da modelagem em cores para um hipotético sistema de gestão de hotéis. Note a flexibilidade de algumas relações entre os arquétipos, não seguindo exatamente a sugestão do DNC/ADS.

Mesmo que você não esteja usando Orientação por Objetos ainda pode se beneficiar da modelagem em cores com arquétipos para melhorar seus diagramas de banco de dados, ou mesmo criar novos diagramas de forma mais eficaz e eficiente.

A modelagem com arquétipos não tem tanta fama quanto a técnica DDD (*Domain Driven Design*), mas ambas possuem algumas características similares e podem se complementar. A mensagem aqui é: use alguma técnica para sua análise do domínio de negócio, antes de partir para o modelo detalhado para o desenvolvimento. Assim você promove a padronização e a comunicação em sua equipe, tornando esse processo mais previsível e resultando em melhor qualidade.

6.4.2 Processo nº 2: CLF – Construir a Lista de Funcionalidades

É uma atividade inicial que abrange todo o projeto, para identificar as principais funcionalidades que satisfaçam aos requisitos. Com o modelo básico criado, fazemos agora uma decomposição funcional do domínio de negócio, com o propósito de identificar de que forma o sistema deve apoiar os processos sendo automatizados.

---

[5] Criada em: <www.yuml.me>.

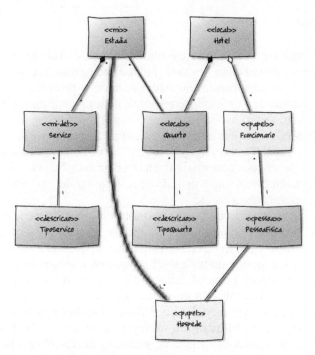

▶ **Figura 6.7** Exemplo de modelo em cores com arquétipos.

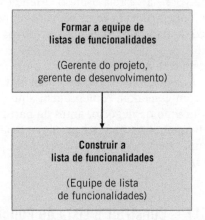

▶ **Figura 6.8** Processo nº 2: CLF – Construir a Lista de Funcionalidades.

A lista de funcionalidades geralmente é categorizada em três níveis:

1. Áreas de Negócio
2. Atividades de Negócio
3. Passos da Atividade de Negócio (as funcionalidades)

A categorização de mais alto nível vem da divisão do domínio feita pelos especialistas do domínio no processo nº 1 (DMA).

Nos primeiros projetos usando a FDD a equipe talvez sinta a necessidade de decompor em mais um ou dois níveis, porém, com a experiência, chega-se ao consenso que três níveis são bem adequados para descrever o produto a ser construído.

Essa decomposição dá origem ao que chamamos de FBS – *Feature Breakdown Structure* (Estrutura de Desmembramento de Funcionalidades), que é o mapa do produto.

Também há uma sugestão de nomenclatura para cada nível da FBS:

- Área de Negócio: "Gestão de..."
  Ex.: Gestão de Vendas, Gerenciamento de Estoque, Gestão de Desempenho
- Atividade de Negócio: "<Verbo>...", "<Substantivo>"
  Ex.: Repor Estoque, Entrada de Veículo, Registro de Hóspedes
- Passo da Atividade de Negócio: "<Ação><Resultado><Objeto>"
  Ex.: Calcular *quantidade disponível* de um produto

Uma forma bem interessante de documentar a lista de funcionalidades é por meio do Mapa Mental, como mostrado na Figura 6.9. Geralmente as ferramentas possibilitam colocar anotações em cada entidade do mapa, na qual a equipe pode documentar os detalhes dos requisitos, informação de progresso etc.

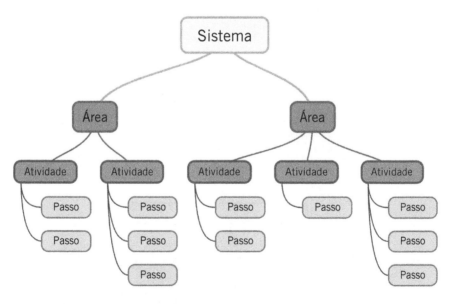

▶ **Figura 6.9** Lista de funcionalidades em mapa mental.

Não é costume realizar a priorização ou "pesagem" das funcionalidades neste processo, nem categorizá-las como "desejáveis" ou "necessárias". O foco aqui é definir o que o produto deve ter para satisfazer aos requisitos de negócio e dos usuários.

6.4.3 Processo nº 3: PPF – Planejar por Funcionalidade

É uma atividade inicial que abrange todo o projeto para produzir o plano de desenvolvimento. O gerente de projeto, o gerente de desenvolvimento e os programadores líderes planejam a ordem na qual as funcionalidades serão implementadas, baseada nas dependências entre elas, na carga de trabalho da equipe de desenvolvimento e na complexidade das funcionalidades.

As principais atividades neste processo não são uma sequência estrita, mas devem ser feitas de forma iterativa, com refinamentos feitos a partir de uma ou mais atividades e então considerando as outras novamente.

Um cenário típico é considerar a sequência de desenvolvimento e depois a atribuição das atividades de negócio aos programadores líderes, considerando quais das classes principais (apenas) são atribuídas a quais desenvolvedores (lembrar que o programador líder também é um desenvolvedor).

Geralmente o plano é feito no nível das atividades de negócio, definindo-se em que mês espera-se ter cada uma implementada. Daí tenta-se encaixar as funcionalidades nessa janela de tempo, em pacotes de trabalho apropriados.

Uma boa técnica para ajudar nas estimativas é a que eu chamo de "Truco da Estimativa", minha versão brasileira para o *Planning Poker*, já que o truco é mais popular que o *poker* por aqui. Com ela também pode-se estimar em *story/feature points*, se isso for desejável.

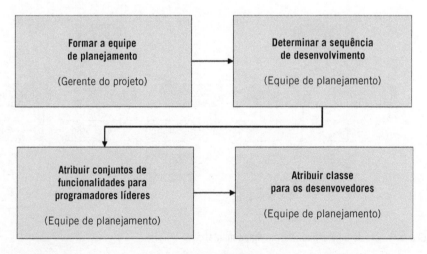

▶ **Figura 6.10** Processo nº 3: PPF – Planejar por Funcionalidade.

Uma boa prática inclui a antecipação de atividades de negócio mais complexas e/ou de maior risco, além da consideração de eventos marcantes, como demonstrações, versionamentos, integrações, limites impostos pela legislação, calendário fiscal etc.

Como um bom plano ágil, o resultado deste processo é a primeira versão do plano geral, que deverá ser frequentemente atualizado ao longo das iterações para refletir a melhor estimativa daquele ponto do tempo em diante.

Se houver a necessidade de planejamento semanal, fica a critério da equipe adaptar o processo, mas para grande parte dos negócios a noção mensal é suficiente para alinhar as expectativas. Além disso, nem todos os contextos suportam a integração diária ou semanal de mudanças no ambiente de produção.

Um plano de projeto FDD assemelha-se à seguinte planilha:

Área	Atividade	Funcionalidade	P.L.	Estudo dirigido	Desenho	Inspeção desenho	Desenvolvimento	Inspeção de código	Promoção
A1	Ativ. 1.1	F. 1.1.1	AB	dd/mm	dd/mm	dd/mm	dd/mm	dd/mm	dd/mm
A1	Ativ. 1.1	F. 1.1.2	AB	dd/mm	dd/mm	dd/mm	dd/mm	dd/mm	dd/mm
A1	Ativ. 1.2	F. 1.2.1	AB	dd/mm	dd/mm	dd/mm	dd/mm	dd/mm	dd/mm
A2	Ativ 2.1	F. 2.1.1	CD	dd/mm	dd/mm	dd/mm	dd/mm	dd/mm	dd/mm
A3	Ativ. 3.1	F. 3.1.1	EF	dd/mm	dd/mm	dd/mm	dd/mm	dd/mm	dd/mm

As três primeiras colunas espelham a FBS definida no processo n° 2 (CLF). Geralmente cada atividade de negócio fica sob a responsabilidade de um Programador Líder (P.L.), cujas iniciais ficam na quarta coluna.

Para cada funcionalidade foram definidos seis marcos (ou estágios) pelos quais ela passa até ser implementada. Os três primeiros refletem o trabalho realizado no processo n° 4 DPF – Detalhar por Funcionalidade, e os três últimos referem-se ao processo n° 5 CPF – Construir por Funcionalidade.

A equipe pode optar por não definir as datas para cada marco, ficando livre para definir apenas as datas das iterações ou mesmo das entregas das Atividades de Negócio. O estilo é livre aqui, podendo ser totalmente adaptado à cultura da equipe e/ou organização, mas a ideia é ter uma forma de acompanhar o fluxo de trabalho (*workflow*) para ter uma noção do progresso de cada funcionalidade, já que não se faz o acompanhamento por tarefas e sim por entregas.

Nesse ponto há uma grande complementação entre a FDD e o Kanban e eu aconselho o uso de ambos para dar ainda mais transparência ao processo como um todo, além de aproveitar as oportunidades de melhoria proporcionadas pelo Kanban.

A FDD diferencia-se das outras abordagens ágeis com relação às iterações. Historicamente recomenda-se iterações de duas semanas. Entretanto, cada equipe de funcionalidades pode determinar suas próprias iterações, e equipes diferentes podem adotar durações diferentes, ou até mesmo trabalhar sem iterações, realizando as integrações com outras equipes quando for necessário e oportuno. O gerente de projeto e o de desenvolvimento decidem, junto com os programadores líderes, qual é a melhor estratégia para cada equipe e para o projeto como um todo.

6.4.4 Processo nº 4: DPF – Detalhar por Funcionalidade

É uma atividade realizada em cada pacote de funcionalidades, a fim de produzir o pacote de desenho (*design*) necessário e suficiente para implementá-lo. Geralmente um pacote de trabalho, contendo funcionalidades relacionadas, é agendado para desenvolvimento, de acordo com o plano criado no processo nº 3 (PPF). O objetivo deste processo é preparar esse pacote para ser completamente implementado pelos desenvolvedores.

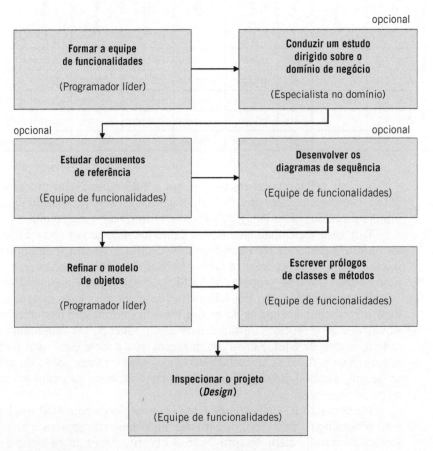

▶ **Figura 6.11** Processo nº 4: DPF – Detalhar por Funcionalidade.

O programador líder forma uma equipe de funcionalidades, identificando os proprietários das classes (desenvolvedores) que provavelmente serão envolvidos no desenvolvimento das funcionalidades selecionadas. Sempre que necessário, um estudo mais detalhado dos requisitos para tais funcionalidades pode ser conduzido, seja pelos especialistas no domínio ou pela própria equipe.

Esta equipe geralmente produz os diagramas de sequência (e/ou de máquina de estados) para algumas funcionalidades atribuídas. O programador líder pode, assim, refinar o modelo de objetos baseando-se no conteúdo dos diagramas de sequência, ou mesmo pela simples constatação da necessidade das mudanças.

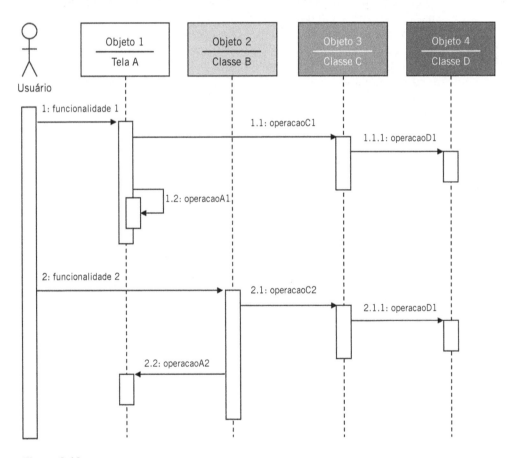

▶ **Figura 6.12** Funcionalidades detalhadas em diagrama de sequência.

Os desenvolvedores escrevem os prefácios das classes e métodos (se uma ferramenta de modelagem estiver sendo utilizada, ela pode fazer isso automaticamente). Aqui também podem ser criadas as especificações de comportamento (se estiver usando a BDD – *Behavior-Driven Development*) e as classes de testes unitários e das funcionalidades como um todo, definindo os critérios de aceitação do ponto de vista técnico, do usuário e do negócio.

Ao final realiza-se uma inspeção no desenho das funcionalidades, podendo ser feita uma revisão por pares ou mesmo uma reunião formal, que geralmente é mais eficaz na detecção antecipada de defeitos.

6.4.5 Processo nº 5: CPF – Construir por Funcionalidade

É uma atividade realizada em cada funcionalidade, para produzir algo com valor para o cliente. A partir do pacote detalhado produzido no processo anterior, os proprietários de classes implementam os itens necessários para que suas classes suportem o desenho para cada funcionalidade.

O código desenvolvido deve passar pelos testes (unitários, de funcionalidade, de comportamento etc.) e pela inspeção – a ordem aqui é determinada pelo programador líder. Após passar pela inspeção (essa sim, geralmente numa reunião formal), o código é promovido à compilação atual (build).

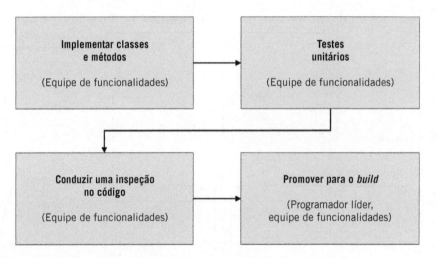

▶ **Figura 6.13** Processo nº 5: CPF – Construir por Funcionalidade.

▶ 6.5 REPORTANDO O PROGRESSO

A primeira iteração da FDD, composta pelos processos 1-DMA, 2-CLF e 3-PPF, pode ser planejada e monitorada como um projeto tradicional, pois é bem estruturada e geralmente dura de 1 a 4 semanas. Qualquer cronograma básico (mesmo em planilha) é suficiente para monitorar o progresso.

Durante a fase iterativa de Construção, que pode durar meses, é preciso um monitoramento mais apropriado, principalmente para a gerência e para o cliente. Pensando numa forma simples e clara para comunicação e ao mesmo tempo não intrusiva nem entediante para os desenvolvedores, adota-se o esquema introduzido na Seção 6.4.3, composto pelos seis marcos no fluxo de trabalho das funcionalidades. O programador líder é o responsável pela atualização dessas informações.

Adota-se um critério de distribuição de progresso para cada uma dessas etapas, baseado no histórico da equipe ou mesmo numa projeção boa o suficiente. As porcentagens atribuídas por padrão são as seguintes:

Proc. 4: Detalhar por funcionalidade			Proc. 5: Construir por funcionalidade		
Estudo dirigido	Desenho	Inspeção de desenho	Desenvol-vimento	Inspeção de código	Promoção ao *build*
1%	40%	3%	45%	10%	1%

Com o tempo a equipe pode ajustar tanto as etapas quanto as porcentagens, de acordo com sua experiência. O importante é ter uma métrica comum para monitorar o fluxo de trabalho.

Para calcular o progresso individual de cada funcionalidade, o programador líder precisa marcar, em uma planilha, um banco de dados ou sistema apropriado, qual etapa foi cumprida. Por exemplo, ele pode indicar a data de finalização de cada etapa e, posteriormente, usar esses dados para realizar melhorias. Se um quadro Kanban estiver sendo utilizado, basta olhar em que coluna do quadro está o cartão para saber quais etapas já foram concluídas. Seja como for, cada funcionalidade terá uma determinada porcentagem ao longo da iteração.

Para se ter uma medida da porcentagem da Atividade de Negócio, calculamos a média aritmética das porcentagens de cada funcionalidade que compõe essa atividade.

Para sabermos a porcentagem da Área de Negócio, calculamos a média ponderada das porcentagens das Atividades de Negócios, usando o número de funcionalidades de cada atividade como peso, ou a soma dos respectivos *story/feature points* se estiver estimando com isso.

Para calcularmos a porcentagem de progresso do projeto, novamente usamos a média ponderada das porcentagens das Áreas de Negócio, usando o número de funcionalidades de cada área como peso (ou a soma dos respectivos *story/feature points*).

O indicador usado para apresentar todas essas medidas é o Relatório Visual de Progresso, conhecido como *Parking Lot Chart* (em inglês, *parking lot* significa estacionamento, e o relatório é assim chamado porque parece uma vista aérea de um estacionamento). Ele pode ser criado numa planilha de cálculo e disponibilizado eletronicamente para os interessados no projeto, habitualmente uma ou duas vezes por semana.

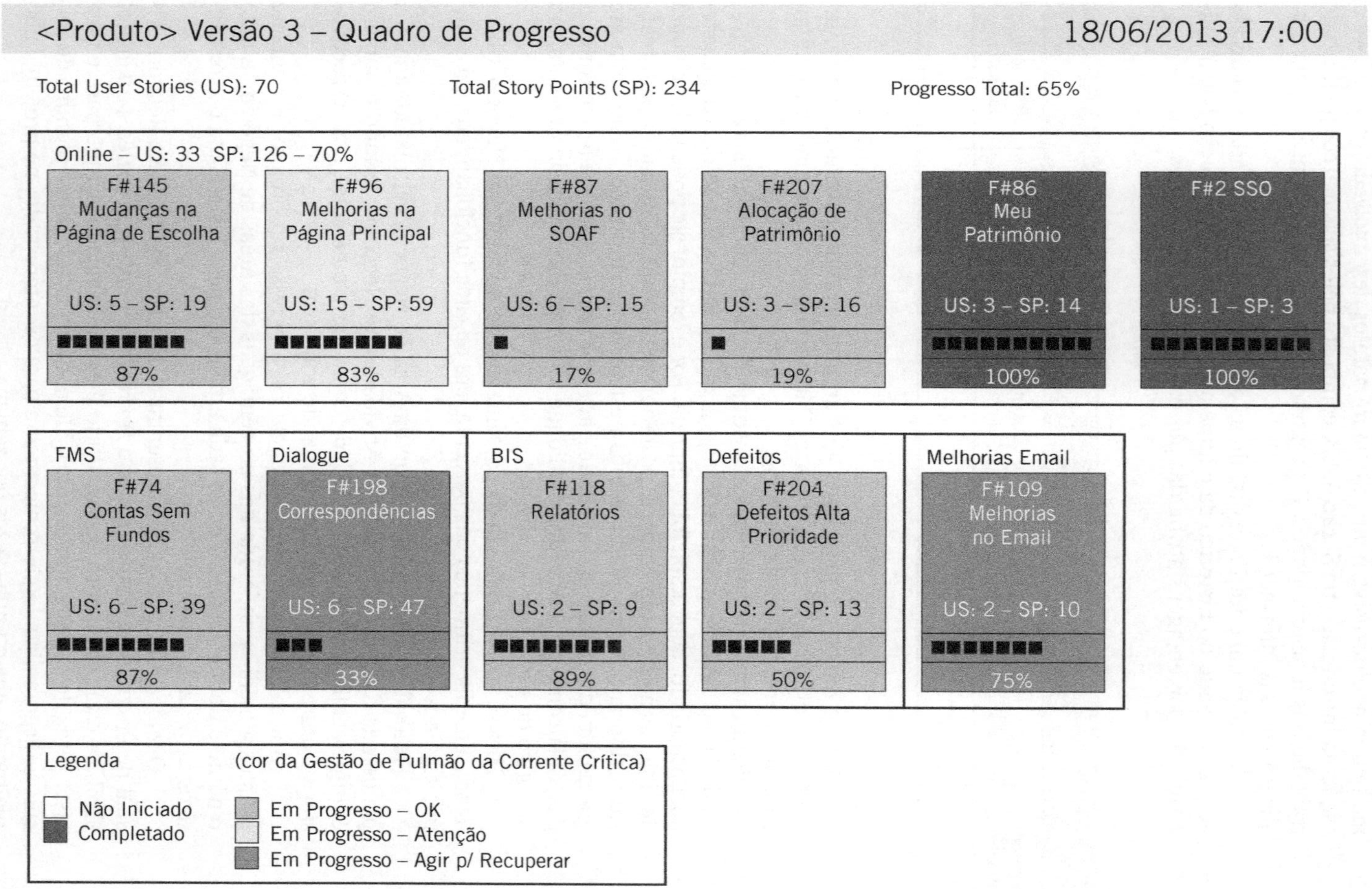

MÉTODOS ÁGEIS

‹Produto› Versão 3 – Quadro de Progresso   18/06/2013 17:00

Total User Stories (US): 70   Total Story Points (SP): 234   Progresso Total: 65%

Online – US: 33 SP: 126 – 70%

F#145 Mudanças na Página de Escolha	F#96 Melhorias na Página Principal	F#87 Melhorias no SOAF	F#207 Alocação de Patrimônio	F#86 Meu Patrimônio	F#2 SSO
US: 5 – SP: 19	US: 15 – SP: 59	US: 6 – SP: 15	US: 3 – SP: 16	US: 3 – SP: 14	US: 1 – SP: 3
87%	83%	17%	19%	100%	100%

FMS

F#74 Contas Sem Fundos
US: 6 – SP: 39
87%

Dialogue

F#198 Correspondências
US: 6 – SP: 47
33%

BIS

F#118 Relatórios
US: 2 – SP: 9
89%

Defeitos

F#204 Defeitos Alta Prioridade
US: 2 – SP: 13
50%

Melhorias Email

F#109 Melhorias no Email
US: 2 – SP: 10
75%

Legenda   (cor da Gestão de Pulmão da Corrente Crítica)

Não Iniciado
Completado

Em Progresso – OK
Em Progresso – Atenção
Em Progresso – Agir p/ Recuperar

▲ **Figura 6.14** Relatório Visual de Progresso (*Parking Lot Chart*).

Cada atividade de negócio (conjunto de funcionalidades) é mostrada numa caixa contendo seu nome, a quantidade de funcionalidades dentro dela, sua porcentagem atual (numérica e uma representação gráfica na barra de progresso) e, opcionalmente, sua data provável de finalização (geralmente apenas mês e ano). As caixas podem (e devem) ser agrupadas em suas respectivas Áreas de Negócio (ou épicos/temas, se estiver usando user stories.). A cor da caixa representa seu estado atual, sendo que uma legenda deve ser fornecida para ajudar na interpretação. Tradicionalmente representam-se os estados "Não iniciado" (branco), "Em Andamento" (azul), "Requer Atenção" (vermelho ou rosa-choque) e "Completado" (verde).

O estado "Requer Atenção" pode ser usado para sinalizar impedimentos e pedir ajuda à gerência e/ou ao cliente. Costuma-se marcar quais funcionalidades estão com dificuldades na planilha de progresso, para documentar para a equipe e servir como lembrete para os gerentes.

A Figura 6.14 é um exemplo de um relatório em uma instituição que usava Scrum como método principal, mas a equipe não conseguia mostrar o progresso de maneira satisfatória para a alta gerência. Ele mostra a área (p. ex., Online, Dialogue, etc.), os épicos em cada uma (cada caixa colorida) e as user stories dentro de cada épico com seus respectivos *story points*, que neste caso foram usados como peso para calcular as porcentagens de progresso. As cores utilizadas estão na legenda (diferentes da notação tradicional), sendo que o sinal vermelho-amarelo-verde era dado pela cor de cada tarefa no cronograma que mantínhamos na ferramenta de gestão de projetos pela Corrente Crítica, que foi usada para gerenciar o projeto como um todo (veja mais detalhes na Seção 6.7). A imagem a cores está disponível no site www.grupoa.com.br.

▶ 6.6 PRÁTICAS FUNDAMENTAIS

A FDD reconhece oito práticas como sendo fundamentais para garantir a qualidade do processo e do produto. Elas refletem tanto os recentes avanços na Engenharia de Software quanto os conselhos tradicionais da "velha guarda". Você notará que cada um dos cinco processos usa uma ou mais delas com maior ênfase.

6.6.1 Modelagem de objetos do domínio

Como visto no processo nº 1, a criação de um modelo do domínio de negócios num nível de análise é essencial para a determinação das funcionalidades, pois, afinal de contas, onde estão as funções, senão nas classes do domínio? Esse exercício coletivo é um ótimo alavancador do conhecimento do grupo e auxilia na elicitação e esclarecimento dos requisitos.

O modelo de objetos do domínio:

- é o mapa da estrada, que guiará a equipe durante a jornada;
- fornece uma estrutura abrangente na qual adicionar funcionalidade;
- ajuda a manter a integridade conceitual do sistema;
- reduz a necessidade e a quantidade de refatoração (*refactoring*);
- é uma forma de armazenamento e comunicação concisa, relativamente acessível e reutilizável, para todos os envolvidos no projeto.

6.6.2 Desenvolvimento por funcionalidade

O cliente não compra tarefas nem defeitos, mas sim funcionalidades! Portanto, faz todo o sentido guiarmos o projeto pelos seus entregáveis. Essa forma de desenvolvimento encoraja o pensamento sistêmico e a visão processual, visando ao resultado final com valor para o cliente.

As funcionalidades são o que o cliente realmente usará. Ele entende os termos, o valor e consegue compreender o progresso do desenvolvimento. Ele pode priorizar pela importância para o negócio. E o teste é objetivo: funciona ou não funciona! É fácil de se determinar quando a funcionalidade está pronta.

Olhando pelo lado técnico, esse método garante a distribuição organizada de responsabilidades através das classes/módulos e é comum a várias abordagens de desenvolvimento (funcional, estruturada, orientada por objetos etc.).

6.6.3 Posse individual de classe/código

Esta prática estipula quem é o responsável final pelo conteúdo de uma classe (ou porção de código). O "proprietário" garante a manutenção do propósito da classe e a pertinência das alterações. Dessa forma sempre haverá um especialista disponível para explicar como um trecho particular de código funciona, especialmente para classes complexas ou críticas para o negócio. Além disso, ele pode implementar uma melhoria mais rapidamente do que outro desenvolvedor.

Aqui o termo mais importante é "responsabilidade" e não "exclusividade". Se o proprietário da classe delegar a alteração para outro desenvolvedor, pelo menos ele estará ciente disso e pode até mesmo avaliar e/ou aprovar a mudança.

6.6.4 Equipes de funcionalidades

As equipes de funcionalidades são formadas dinamicamente durante as iterações e são compostas pelos Proprietários das Classes necessárias para implementar uma funcionalidade, sob a coordenação de um Programador Líder. É a única forma de desenvolver por funcionalidade e ainda manter a posse de código.

Assim, há múltiplas mentes projetando e essa interação social permite comparar alternativas e escolher a mais apropriada. Enfatiza-se o trabalho em equipe, pois ninguém termina enquanto a equipe de funcionalidades não terminar.

O fenômeno das redes sociais e as diversas tecnologias disponíveis para facilitar o trabalho em grupo, principalmente remoto, possibilitam a rápida interação entre os membros das equipes. Elas servem como instrumentos de disseminação e armazenamento do conhecimento, alavancando o potencial da organização de realizar um trabalho eficaz e eficiente.

6.6.5 Inspeções

A FDD, pelo seu compromisso em entregar funções com valor para o cliente, não poderia deixar de embutir na noção de "valor" a qualidade do produto entregue. No processo nº 4 (DPF), temos a inspeção do desenho das funcionalidades e no processo nº 5 (CPF), temos a inspeção do código-fonte relativo a elas.

Diversas fontes da literatura técnica reconhecem a inspeção formal como a técnica mais eficaz para detecção antecipada de defeitos, desviando o perfil da curva de defeitos detectados para os estágios iniciais do projeto de desenvolvimento de software, enquanto os testes (em suas diversas formas) se concentram nos estágios finais do projeto.

Revisões técnicas são um suplemento útil e importante para os testes. As revisões descobrem defeitos antecipadamente, o que economiza tempo e é bom para o cronograma. Elas são mais eficazes em custo por defeito encontrado porque detectam tanto o sintoma do defeito quanto sua causa subjacente, ao mesmo tempo. Os testes detectam apenas o sintoma do defeito; o desenvolvedor ainda precisa isolar a causa por meio de depuração (*debugging*). As revisões tendem a encontrar uma maior porcentagem de defeitos.

As revisões promovem o compartilhamento do conhecimento das melhores práticas entre os desenvolvedores, o que aumenta sua capacidade de desenvolvimento rápido com o tempo. As revisões técnicas são, portanto, um componente crítico de qualquer esforço de desenvolvimento que almeje conseguir o menor cronograma possível.

Já surgiram no mercado ferramentas para gerenciar e automatizar inspeções formais de código, que podem ser feitas até de forma remota, o que torna o processo mais rápido, previsível e divertido.

6.6.6 Montagens (builds) frequentes

Em intervalos regulares (semanal, diária ou continuamente), compilar o sistema com todas as funcionalidades completadas até o momento ajuda a antecipar erros de integração e garante que sempre haverá alguma coisa para mostrar ao cliente.

As montagens também são ótimas oportunidades para geração de documentação (incluindo as novas funcionalidades, defeitos corrigidos, etc.), execução de *scripts* de auditoria e métricas, testes de integração e regressão etc.

Atualmente, há muitas ferramentas disponíveis para implementar a integração contínua, geralmente acoplada à execução automática de testes, alimentando a base de dados de defeitos.

6.6.7 Gestão de configuração

Disciplina que suporta e controla as evoluções e modificações em artefatos dentro do ciclo de desenvolvimento de um software. Seus principais objetivos são:

- ▶ facilitar o desenvolvimento de software, especialmente em equipes utilizando código comum;
- ▶ garantir a integridade dos artefatos;
- ▶ controlar efetivamente as modificações, incluindo condição de voltar no tempo e também realizar auditorias.

A cada iteração a equipe de desenvolvimento realiza as alterações no código num ambiente separado da versão atual (ramificação, ou *branch/fork*), evitando que problemas gerados localmente se espalhem por todo o sistema.

Diversas ferramentas estão disponíveis para automatizar as várias atividades necessárias nesta disciplina, tanto pagas quanto gratuitas. Vale lembrar, contudo, que gestão de configuração é muito mais do que apenas controle de versão (GitHub, SVN, etc.).

6.6.8 Relatório e visibilidade de resultados

Para que o cliente e os gestores possam direcionar o projeto corretamente é preciso ter uma visão acurada do estado atual do projeto e saber o quão rápido a equipe adiciona funcionalidade.

O uso de um método simples, de baixa sobrecarga para coletar informação de progresso de forma acurada e confiável, é muito importante para não desperdiçar o tempo já escasso dos líderes de equipe.

E para proporcionar uma comunicação efetiva, deve-se usar formatos de relatórios objetivos e intuitivos, para todos os interessados no projeto.

Além do relatório de progresso (*Parking Lot*) também usa-se o Diagrama de Fluxo Acumulado, mostrando a quantidade de funcionalidades a cada dia em pelo menos três estados: Não Iniciadas (*Backlog*), Em Andamento e Completadas (note que eu uso as mesmas cores adotadas no *Parking Lot*). Em vez do número de funcionalidades pode-se usar os *story/feature points*, se essa for a métrica preferida.

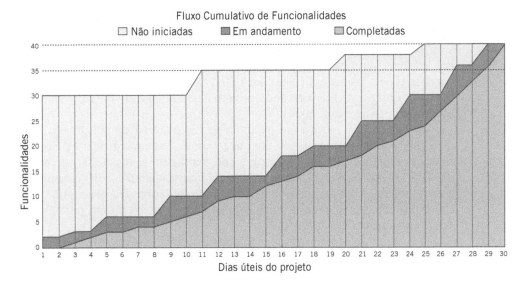

▶ **Figura 6.15** Diagrama de Fluxo Cumulativo.

▶ 6.7 A FDD NO MUNDO ATUAL

Existem muitas metodologias e modelos para gestão e melhoria do processo de produção de software. Os Métodos Ágeis ganharam o respeito e um espaço considerável no mundo corporativo e é a abordagem preferida para as *start-ups*.

Scrum quase virou sinônimo de *Agile* e XP perdeu sua hegemonia. Kanban chegou de mansinho e quase tornou-se uma ameaça ao Scrum por desafiar algumas premissas básicas.

Por outro lado, as metodologias tradicionais de gestão de projetos também se aperfeiçoaram. Por exemplo, o Método da Corrente Crítica, introduzido em 1997 por Goldratt, e considerado como uma das mais relevantes alternativas ao Método do Caminho Crítico, inventado na década de 1950, tem sido empregado por organizações de vários tamanhos e ramos de atividade para gerenciar seus portfólios e proporcionar melhor visibilidade dos projetos e responsividade a riscos e problemas.

Algumas técnicas da Corrente Crítica podem ser combinadas com os Métodos Ágeis para se obter mais confiança e previsibilidade com relação aos prazos de entrega, o que não raramente é objeto de preocupação de muitos gerentes e clientes quando pensam em adotar Métodos Ágeis.

No recente livro *"Tame the Flow"* (Tendon; Muller, 2013) – "Domando o Fluxo", na tradução que fiz para o português –, os autores mostram como combinar conceitos e técnicas propostos pela Teoria das Restrições (TOC) e pelo Método da Corrente Crítica para melhorar a confiabilidade tanto do

Scrum quanto do Kanban, no que se refere à data de entrega e à detecção antecipada de problemas.

O próprio David Anderson, criador do Método Kanban para software, em seu livro "*Agile Management for Software Engineering*" já havia proposto a combinação da Corrente Crítica com a FDD e outros Métodos Ágeis, como forma de se obter uma visão geral do projeto e não apenas do desenvolvimento do produto. (Anderson, 2004)

A Figura 6.16 mostra um exemplo de cronograma de um projeto FDD no formato da Corrente Crítica, com os pulmões de convergência e de projeto dimensionados de forma arbitrária (normalmente eles são 50% do caminho que os antecedem). Cada conjunto de funcionalidades (CF) é estimado e sequenciado. Note que não foi escolhido um tamanho fixo para cada iteração e que diferentes equipes de funcionalidades trabalham em paralelo no seu próprio ritmo.

De fato, minha experiência em pequenos, médios e grandes projetos de software, no Brasil, na Índia, em Cingapura e na Austrália, confirma que criar ou melhorar um produto de software requer muito mais do que os Métodos Ágeis tradicionais oferecem, principalmente quando o tamanho e a quantidade das equipes aumentam, e quando o trabalho se torna distribuído no espaço e no tempo.

Existem "trilhas" relacionadas à gestão da mudança organizacional, incluindo criação de material didático e treinamento de usuários, preparação de infraestrutura (servidores, bancos de dados, redes, etc.), migração de dados de sistemas legados e várias outras atividades que precisam ser orquestradas juntamente com o desenvolvimento do software. A FDD chama essas trilhas paralelas de "**aspectos**" do projeto, e cada aspecto pode ser conduzido como um projeto FDD por si mesmo, adaptado à natureza do trabalho a ser realizado.

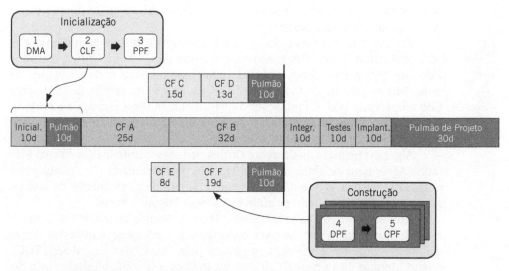

▶ **Figura 6.16** Um cronograma FDD em Corrente Crítica.

Jeff De Luca mudou-se para os Estados Unidos para continuar sua empresa e sua prática, usando e ensinando a FDD por lá, mas também na Eurásia. Organizações insatisfeitas com suas tentativas com Scrum, XP, Kanban, etc., ou que buscam "o próximo passo", mesmo que estejam satisfeitas com suas implantações, sempre encontram na FDD um "algo a mais" que pode alavancar seus resultados.

É curioso como uma metodologia pouco divulgada, muito criticada, e sem nenhuma instituição comercial por trás para fazer seu marketing, ainda se mantenha útil e relevante num mundo com tantas opções (e pressões comerciais). **A FDD ainda se mostra útil e relevante!**

Então, qual seria esse "segredo" da FDD? Sólidos princípios de Engenharia de Software, combinados a uma disciplina de gestão de projetos simples e eficaz, com flexibilidade suficiente para suportar diferentes técnicas e características de equipes, nutrindo saudáveis dinâmicas sociais.

Palmer (2008) comentou que a "FDD é o que o Scrum quer ser quando crescer [...]" e que um projeto típico Scrum equivale a "um projeto FDD com apenas uma equipe de funcionalidades" (Scrum seria um caso particular da FDD?). Ou seja, a FDD já nasceu pronta para escalar para várias equipes e de tamanhos maiores (o projeto de Cingapura tinha 50 pessoas!).

É possível "adaptar" a FDD para funcionar num ambiente Scrum, como mostrado na figura 6.17, e também pode-se adotar algumas práticas do Scrum num ambiente FDD. É melhor colaborar do que competir!

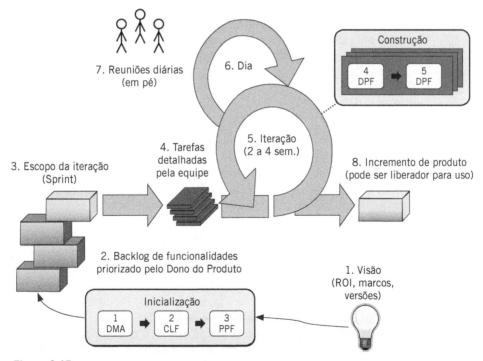

▶ **Figura 6.17** Combinando FDD e Scrum.

E quanto ao Kanban? Lembre-se que David Anderson participou do projeto em Cingapura e que, portanto, já havia experimentado os processos 4 e 5 da FDD, usando os seis marcos de indicação de progresso das funcionalidades. Como vimos na sessões 6.4.3 e 6.5, o que são esses marcos senão um quadro Kanban simplificado?

E o Diagrama de Fluxo Cumulativo já era usado para demonstrar a quantidade de trabalho em progresso e os tempos de fluxo, além da variação no escopo ao longo do projeto. David nunca deixou de admirar a FDD e de se inspirar em seus princípios até hoje. O Método Kanban teve suas origens na FDD e na Teoria das Restrições, além de no Sistema Toyota de Produção (Anderson, 2010).

A influência da FDD em outros Métodos Ágeis é muito maior do que é divulgado. Um bom exemplo público disso é o *Parking Lot Chart*, que também foi proposto por Cohn (2006) em seu livro *"Agile Estimating and Planning"*.

▶ 6.8 COM A PALAVRA, OS CRIADORES DA FDD

Convidei os principais nomes da FDD para escreverem algo para este capítulo, o que eles prontamente fizeram. Então, eis as mais recentes declarações sobre a FDD, diretamente dos que a criaram:

Peter Coad

"Entregar resultados frequentes, tangíveis e funcionais gera criatividade e responsabilidade (ambas!). Definir prioridades com A (tem que ter), B (é bom ter) e C (algum dia) encoraja a descoberta contínua de funcionalidades e um entendimento evolutivo do que é mais importante (ambos!)."

Jeff De Luca
"Sobre a FDD

Fred Brooks escreveu um artigo clássico há mais de 20 anos intitulado 'Não Existe Bala de Prata'. É impressionante que ao longo de tantos anos muitas pessoas proclamaram ter encontrado a bala de prata.

A FDD não é uma bala de prata. Ela é uma coleção de práticas a partir dos meus 25 anos de experiência e de alguns recursos que eu entrei em contato naquela época – sejam livros, pessoas, software, etc. De fato, eu penso a FDD como uma ótima coleção (solução) de partes subótimas. A lei de Coombs afirma que a solução ótima sempre é composta de partes subótimas e foi a partir dessa perspectiva que eu construí, e portanto, vejo, a FDD.

Eu também quero salientar que não sou religioso quanto aos métodos, etc. Quer dizer, eu não sou religioso sobre você ter que usar a FDD e apenas a FDD. Se você já tem algo que funciona, isso é ótimo! Fique com ele. Se é confiável, então por favor pense em escrever sobre ele!

Eu sou religioso quanto a resultados. Isto é, a entrega confiável de software funcionando em tempo oportuno. Peter Coad expressou isso como resultados frequentes e tangíveis. O movimento ágil expressa isso numa de suas declarações de valor, que começa com 'Nós valorizamos código funcionando mais que...'.

Eu sou religioso quanto a mudar a natureza da TI e seu relacionamento com o negócio. É surpreendente o quanto esse relacionamento pode ser afetado apenas entregando resultados frequentes e tangíveis.

A FDD em relação a outros Métodos Ágeis

As quatro declarações de valor unem todos os Métodos Ágeis. A FDD subscreve a essas quatro declarações e ela não é como todos os outros métodos ágeis. Por exemplo, a FDD valoriza o *design* sobre "o código é o *design*". A FDD valoriza o *design* primeiro. A unidade de desenvolvimento e, portanto, um incremento num projeto FDD – uma funcionalidade – é pequena; mais granular do que as iterações em outros processos. Funcionalidades (pedaços pequenos e granulares de função com valor para o cliente) são completadas a cada semana num projeto FDD – e completada é uma palavra fantástica para ser usada num projeto.

Existem muitos outros pontos de diferença – e isso é uma coisa boa.

De volta àquela época, o assunto era sobre a XP e como a FDD era diferente dela. Hoje, e por vários anos recentemente, outros métodos ágeis estão todos se embaralhando para lidar com a escala, precisando de uma linha de base para o projeto, tentando adicionar mais ênfase no *design* e na arquitetura, e assim por diante. Uma frase famosa de Steve Palmer há alguns anos diz que 'a FDD é o que outros Métodos Ágeis querem ser quando crescerem'.

Olhando para o futuro

A FDD não é sobre processo. Ela é realmente sobre Organização. Sim, ela é sobre Pessoas também, mas das duas (organização e pessoas), se você tiver que escolher uma eu penso que é sobre Organização.

Eu falo sobre como, se você criar uma boa equipe de pessoas, elas vão encontrar um caminho para conseguir fazer as coisas. Elas sintetizam um processo. Elas podem escrevê-lo ou não, mas elas sintetizam algo.

Ferramentas, arquiteturas, padrões e maneiras de fazer as coisas (processos) são apenas viabilizadores.

A cultura se forma a partir dos valores e metas aos quais aspiramos, e a partir da organização de estruturas que permitam a ocorrência natural das interações sociais. Essas interações naturais (ou sociais, como são chamadas hoje) são fundamentais. Organizações típicas (empresas grandes e pequenas) geralmente desencorajam tais interações naturais, o que também desencoraja os instintos naturais. Existe muita hierarquia e cerimônia, e as consequências de não honrá-las.

As tecnologias sociais surgiram e foram adotadas muito rapidamente, a despeito do suporte corporativo (quer dizer, da falta dele), porque elas se alinham naturalmente com o que as pessoas desejam. Nós somos animais sociais. Nós queremos nos sentir parte de uma comunidade (ou time). Ter um senso de pertencer a algo e de ser aceito. Nós queremos ajudar a outros. Nós queremos compartilhar coisas com amigos e conhecidos. Nós resolvemos problemas durante conversas em almoços e cafés. É assim que vivemos, mas não é frequentemente assim que trabalhamos.

A construção de software (que é apenas um exemplo) é uma atividade humana. Os humanos (pessoas) são animais sociais. As variações entre programadores (pessoas) são medidas em qualquer ponto entre 10 a 50 vezes.

A FDD é uma estrutura de apoio à organização que permite que tais interações e instintos naturais ocorram; ela capacita as pessoas a trabalharem muito mais do jeito como elas vivem. Coisas como um Sistema de Gestão do Conhecimento e as atividades sociais que estão incluídas nela também fornecem um mecanismo de compartilhamento e um mecanismo para ligação, inserção e aceitação.

Mas é mais do que apenas o que os cinco processos da FDD dizem (eles não são realmente processos...). Parte do que estou descrevendo aqui são as outras coisas que eu faço quando executo um projeto. Essas coisas precisam se tornar mais explícitas, ou se tornarem de primeira classe, na maneira como nós descrevermos a FDD no futuro."

Stephen Palmer

"Os melhores *designs* de software são elegantes em sua aparente simplicidade. Eles eliminam a complexidade desnecessária e ocultam a complexidade inevitável atrás de interfaces mais simples.

Descobrir o *design* mais simples que resolve o problema é raramente fácil, e frequentemente exige um profundo entendimento e apreciação do problema sendo resolvido. O pessoal de Domain-Driven Design reconheceu isso, reenfatizando a importância da modelagem do domínio. Até hoje, até onde eu sei, apenas a FDD incorpora a construção e o refinamento iterativo desse entendimento do domínio e sua respectiva linguagem onipresente, num processo de desenvolvimento global bem definido.

Esta abordagem centrada no modelo vivo, ou de entendimento compartilhado do domínio, da FDD é uma das coisas que ainda a destacam de outras abordagens utilizadas para desenvolver software corporativo. No mínimo você poderia olhar a atividade inicial de modelagem da FDD como um meio de chegar a um *backlog* inicial do produto mais rapidamente em vez de ficar contando vantagem que o *backlog* mudou e de todo o reconhecimento durante um projeto, como se isso fosse algum tipo de grande realização. O foco contínuo na modelagem durante o projeto, no entanto, significa que o modelo é mais do que isso. Na FDD eu vejo o modelo e a lista de funcionalidades (*backlog*) fornecendo uma estrutura conceitual vital para a comunicação e a consistência através de equipes múltiplas, pequenas, dinâmicas e ágeis, trabalhando simultaneamente para desenvolver funcionalidade por funcionalidade.

Eu não creio num processo de 'tamanho único' e a FDD certamente não é a cura para todos os males em projetos. Algumas das ideias embutidas nela, contudo, são tão poderosas hoje como eram quando Jeff De Luca as misturou pela primeira vez. Não é apenas a modelagem, mas também o tratamento da liderança e da responsabilidade, o foco contínuo nos atributos internos da qualidade assim como nos externos, e a comunicação da informação do projeto em múltiplos níveis, o que ainda me toca como agradavelmente diferente."

John Mac Felsing

"Desde o meu envolvimento com Jeff, Peter e Stephen no início dos anos 2000 eu fui fisgado pela FDD. E isso não mudou. Eu trabalhei com organizações grandes e pequenas, complexos sistemas de sistemas (NASA IV&V, por exemplo), eu a escalei para a corporação, modifiquei-a, tomei emprestado dela, e sempre – aprendi algo novo a cada vez.

Os conceitos na FDD e os problemas específicos que ela trata ainda são um mistério para muitos praticantes de agilidade hoje em dia. Eu trabalhei com muitas equipes Scrum e Lean, que se esforçam para conseguir histórias (algumas vezes equivalentes às funcionalidades na FDD) pequenas o bastante. Muitos lutam para fazer infraestrutura e também ter outro sistema como um usuário final. E quase todos não entendem o poder da modelagem do espaço do problema ou do espaço da solução primeiro. Eles não entendem que o poder real da FDD é a modelagem para conseguir o retrato de como tudo se encaixa. Encontre as primeiras funcionalidades ou histórias a partir do modelo inicial, e então aperfeiçoe e desmembre quando necessário. Então quando algo é descoberto (e isso NUNCA acontece!) você pode identificar rapidamente onde deve ser encaixado no modelo!

Outra questão que fui capaz de tratar há alguns anos com a FDD é o problema de organizações divididas em silos ou equipes de componentes. Alguns dos mais populares Métodos Ágeis atualmente enfrentam um sério problema quando têm projetos ou organizações que possuem equipes de funcionalidades e equipes de componentes tentando colaborar. A FDD é muito útil nessas áreas!

Atualmente estou trabalhando com Scaled Agile e o Scaled Agile Framework, ou SAFe. Vez após vez eu me pego mencionando conceitos da FDD e explicando às equipes como resolver vários problemas usando a FDD. Também fui bastante encorajado pelo fato do modelo SAFe suportar fortemente e promover o uso de modelos de domínio e outros diagramas UML nos níveis de portfólio e de programa.

A outra coisa que trabalhar com Jeff, Peter e Stephen me deu, além da maravilhosa oportunidade de estar envolvido com a FDD, é a praga de pensar e ver tudo em termos de Modelagem em Cores. Toda vez que um cliente ou colega começa a falar sobre um problema ou questão, eu puxo as caixinhas mentais coloridas e começo a modelar em cores, pelo menos na minha cabeça, quando não num quadro branco. A FDD é um suplemento formidável e poderoso para a caixa de ferramentas de qualquer pessoa! (E deveria estar na caixa de ferramentas de todo mundo, mas isso já é outro artigo.)

Para o futuro, na medida em que mais e mais organizações tentam escalar equipes ágeis para programas corporativos maiores e empresas ágeis, eu vejo muitas oportunidades para empregar a FDD na definição, no desenho e na implementação de novos sistemas de software, espalhando os conceitos e o uso da FDD, a modelagem em cores, o uso de funcionalidades ou histórias

pequenas e granulares para definir e construir sistemas, o uso da propriedade ou responsabilidade por áreas do domínio, as revisões por pares para expandir mais explicitamente o conhecimento da equipe do sistema e aumentar
a qualidade do software sendo desenvolvido – tudo em conjunção e combinação com outros métodos como for apropriado para a organização e para os
problemas que ela enfrenta."

Para finalizar, cito o que Jeff De Luca respondeu na discussão "Quão popular é a FDD – Ela ainda é relevante?" (DeLuca, 2008):

> "[...] meu conselho seria experimentá-la e se ela funcionar, continue
> usando-a, senão, tente outra coisa.... se você não se identifica com ela,
> realmente não importa quantas pessoas a estão usando."

E eu acrescento: *"E se ela funciona e você se identifica com ela, realmente não importa se ela é popular ou não. Vá em frente!"* Como diria meu mentor Feynman (1988): *"Por que você se importa com o que as outras pessoas pensam?"*.

▶ REFERÊNCIAS

ANDERSON, D. J. *Agile management for software engineering*: applying the theory
of constraints to software projects. Upper Saddle River: Prentice Hall, 2004.

ANDERSON, D. J. *Kanban*: successful evolutionary change for your technology
business. Sequim: Blue Hole, 2010.

COAD, P.; LEFEBVRE, E.; DE LUCA, J. *Java modeling in color with UML*. Upper
Saddle River: Prentice Hall, 1999.

COHN, M. *Agile estimating and planning*. Upper Saddle River: Prentice Hall, 2006.

DE LUCA, J. *How relevant is popularity?* [S.l.]: FDD, 2008. Disponível em: <http://
www.featuredrivendevelopment.com/node/1079#comment-2030>. Acesso em:
9 abr. 2014.

FEYNMAN, R. P. *What do you care what other people think?* Further adventures
of a curious character. New York: W. W. Norton, 1988.

GOLDRATT, E. *Critical chain*. Great Barrington: The North River, 1997.

HOUAISS, A. *Novo dicionário Houaiss da Língua Portuguesa*. Rio de Janeiro:
Objetiva, 2009.

PALMER, S. *FDD is what Scrum wants to be when it grows up*. [S.l.]: FDD,
2008. Disponível em: <http://www.featuredrivendevelopment.com/
node/1079#comment-2032>. Acesso em: 9 abr. 2014.

SZEGO, P. *Use case! = Feature*. [S.l.]: FDD, 2004. Disponível em: <http://www.fea-
turedrivendevelopment.com/node/701#comment-680>. Acesso em: 9 abr. 2014.

TENDON, S.; MULLER, W. *Tame the flow*: hyper-productive knowledge-work
management. [S.l.]: Leanpub, 2013.

▶ LEITURAS SUGERIDAS

COGNIZANT TECHNOLOGY SOLUTIONS. *Implementing cognizant feature--driven development*: using Microsoft visual studio team system. Bangalore: Cognizant, 2005. Disponível em: <http://download.microsoft.com/download/1/b/7/1b7cbbdc-50c9-4f53-8a82-5e583e5032dd/Cognizant%20FDD%20Implementation%20with%20VSTS.pdf>. Acesso em: 7 abr. 2014.

HEPTAGON TECNOLOGIA DA INFORMAÇÃO. *FDD – Feature Driven Development*. [S.l.]: Heptagon TI, c2013. Disponível em: <http://www.heptagon.com.br/fdd>. Acesso em: 11 abr. 2014.

PALMER, S.; MAC FELSING, J. *A practical guide to feature-driven development*. Upper Saddle River: Prentice Hall, 2002.

7

Lean

SAMUEL CRESCÊNCIO

A história do Lean é certamente uma das mais incríveis da indústria mundial. Os primeiros passos para a criação do Lean como conhecemos hoje foram dados ainda no século XIV. Segundo registros históricos, o conceito de fluxo contínuo foi utilizado pelo exército de Veneza para embarque de seu arsenal em navios de guerra em menos de uma hora. Posteriormente, no século XVI, foi criado o conceito de partes intercambiáveis, o que possibilitou a produção em massa de armas com baixo custo. Mas foi no Japão, no final do século XIX, que foram forjadas as principais características do Lean, tendo sido extensivamente exercitadas e aprimoradas.

Naquela época, a produção de tecidos estava em crescimento no Japão, mas as máquinas tradicionais de tecelagem não eram eficientes, pois desperdiçavam material e produziam tecidos defeituosos cada vez que um fio arrebentava. Para evitar a perda de qualidade, as fábricas de tecido mantinham um grande número de pessoas monitorando as máquinas e parando a produção quando detectassem algum problema. Ainda assim, a qualidade dos produtos de uma mesma empresa variava, pois era um trabalho repetitivo, desgastante e os seres humanos são suscetíveis a erros. Isso prejudicava demasiadamente os negócios.

Em 1896, Sakichi Toyoda, filho de uma tecelã, criou a primeira máquina de tear elétrica. Ele foi aprimorando continuamente sua invenção, até que em 1924 chegou a um feito histórico. Sakichi e seu filho Kiichiro criaram uma máquina de tear de alta velocidade, que fornecia o fio horizontal de forma segura e automática sem interromper o trabalho. Esta máquina foi denominada Modelo G.

capítulo 7 ▶ LEAN

▶ **Figura 7.1** Sakichi Toyoda e Kiichiro Toyoda.
Imagem de Sakichi Toyoda new.png/thumb/180px/Sakichi Toyoda (2013) e Total Quality Management (2008).

O Modelo G incluiu uma característica que deu início a uma das principais práticas do Lean, largamente utilizada no desenvolvimento ágil de software atualmente: a parada automática ao primeiro sinal de defeito. Dessa forma, a máquina jamais produzia tecidos defeituosos. Isso possibilitou diminuir significativamente a alocação de pessoal, bastando um único profissional para monitorar até 30 máquinas de tear simultaneamente. O custo da produção de tecidos diminuiu drasticamente e a qualidade foi aprimorada de forma extraordinária. Esta evolução fez com que a empresa dos Toyodas se torna-se a maior do ramo no Japão.

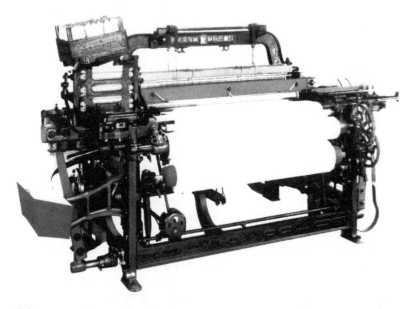

▶ **Figura 7.2** Modelo G – Com realimentação de linha sem parada e detecção automática de falhas.
Fonte: JPO (2002).

7.1 FUNDAMENTOS

O Lean é reconhecido mundialmente em diversas indústrias por ser um método altamente eficaz e que proporciona a entrega de cada vez mais valor com a aplicação de cada vez menos esforço. O Lean é fortemente fundamentado em princípios e valores oriundos da cultura japonesa, dentre os quais encontramos responsabilidade e disciplina. Sem estes, de fato, nem o Lean nem qualquer outro método poderia ser efetivo.

7.1.1 Jidoka – Automação inteligente

A automação de Sakichi Toyoda não era relegada e confiada somente às máquinas. Na verdade, ele deu o nome *Jidoka* e inseriu no processo o elemento humano, passando a chamar este processo de automação inteligente. O termo *Jidoka* foi traduzido para os idiomas ocidentais como Autonomação, ou automação com um toque humano.

No desenvolvimento de software, a automação é utilizada de diversas formas, e vem sendo aprimorada e estendida cada vez mais dentro do seu ciclo de vida processos automatizados, além de diminuir o tempo gasto com as atividades, proporcionam eliminar a variação nos resultados. Quando processos como os de compilação, empacotamento e instalação são feitos manualmente, a possibilidade de inserir erros que só serão descobertos em um ambiente de produção é muito alta e causará um aumento no custo do desenvolvimento, frustrando a experiência dos usuários ou clientes do sistema.

O *Jidoka* também trouxe mudanças significativas na indústria de software com o uso de testes automatizados.

7.1.2 Testes manuais e testes automatizados

Antes de conhecer o Lean, trabalhei no desenvolvimento de um grande sistema. Não tínhamos testes automatizados na aplicação e a equipe era formada por quatro pessoas. A cada nova funcionalidade inserida no software, era testada somente a parte do software que havia sido modificada, pois testar manualmente os principais cenários tomava cerca de uma semana. À medida que modificávamos o software sem testá-lo como um todo, inseríamos erros – (d)efeitos colaterais das modificações não percebidos. A fim de minimizar os problemas e garantir que erros não fossem para produção, nosso ciclo de desenvolvimento previa um período de testes um pouco mais extenso antes de enviarmos o sistema para produção. Ainda assim, com frequência o prazo para testar não era suficiente porque o tempo para as correções não tinha sido estimado e também porque, ao corrigir um erro, geralmente outros eram criados, transformando-se em uma bola de neve sem controle, o que sistematicamente atrasava as entregas. O ambiente de trabalho era de muita pressão e exacerbadamente estressante. Desenvolvedores, executivos e clientes claramente não eram felizes neste ambiente. A qualidade do sistema era baixíssima, sem contar o elevado custo de desenvolvimento e manutenção do mesmo.

Anos mais tarde, participei do desenvolvimento de outro grande sistema. Eu já conhecia o Lean e as técnicas para implementação de testes automatizados. O desenvolvimento foi iniciado da estaca zero, ou seja, não tínhamos impedimentos com relação a código legado mal escrito ou mal documentado. Arquiteturas acopladas e difíceis de testar também não eram problema, uma vez que construímos a aplicação de modo que a arquitetura fosse extensível e robusta, porém desacoplada.

Para que fosse possível a aplicação de testes automatizados, precisávamos ter um código testável, e o tínhamos. Nesta aplicação, utilizávamos o conceito de desenvolvimento dirigido por testes (ver Capítulo 11, TDD), que consiste num pequeno ciclo em que o desenvolvedor escreve primeiro o teste e depois o código de produção, passando por vários ciclos de refatoração, que proporcionavam o melhoramento contínuo do código. Desta forma, para todo o código que produzíamos, tínhamos um belo conjunto de testes automatizados, que incluíam testes unitários, de integração e de aceitação. Os testes unitários podiam ser executados muito rapidamente, portanto cada vez que compilávamos o código, eles eram executados automaticamente. Já os testes de integração e aceitação demoravam um pouco mais para serem executados, uma vez que lidavam com a base de dados e necessitavam da preparação de um ambiente mais complexo.

Sendo assim, executávamos os testes de integração e aceitação apenas duas ou três vezes por dia, todavia os testes unitários eram executados dezenas ou centenas de vezes por dia. Consequentemente, qualquer efeito colateral causado por nossas modificações era imediatamente capturado pelos testes unitários, ou no mais tardar, no mesmo dia eram pegos pelos testes de integração e aceitação.

Este rápido ciclo de *feedback* proporcionado pelos testes automatizados nos permitia aprender muito sobre o desenvolvimento da tecnologia e também sobre o negócio. Estávamos materializando outro princípio do Lean, a ampliação do conhecimento.

Ainda assim, quando encontrávamos um erro, não precisávamos usar as dolorosas técnicas de *debug*, pois os testes automatizados já nos diziam exatamente em qual linha o erro tinha sido gerado. O *debug*, portanto, quando necessário, era utilizado apenas no contexto dos testes e já não gastávamos horas e horas com isto. É importante salientar que, escrevendo testes automatizados, geralmente escrevíamos mais que o dobro de código que as equipes que não o faziam. Mesmo assim, éramos consistentemente mais produtivos e entregávamos código de qualidade efetivamente superior.

Atualmente, utilizamos a automação inclusive para montar e instalar as aplicações, mesmo que em ambientes mais complexos como o de sistemas distribuídos e de aplicações *web* e *mobile*. As equipes mais pragmáticas automatizam inclusive a criação das tabelas e a migração de dados e estruturas de

MÉTODOS ÁGEIS

▶ **Figura 7.3** Imagem do Toyota AA.
Fonte: Toyota AA (2014). Esta imagem da Wikipedia e Wikipedia Commons é do usuário Chris73 e está disponível de forma livre em //commons.wikipedia.org/wiki/file:Toyota_Model_AA.jpg sob licença de creative commons cc-by-sa 3.0.

banco de dados. Até mesmo a *tag* de versionamento em servidores de controle versão pode ser automatizada. Com o *Jidoka*, conceitos como os de integração contínua e entrega contínua vêm sendo aprimorados cada vez mais. Sem eles, não se pode garantir um processo efetivo de desenvolvimento de software.

7.1.3 A criação do Just in Time – Sistema puxado

No final da década de 20, Kiichiro Toyoda fez algumas viagens para a Europa e para os Estados Unidos e ficou impressionado com os carros e com o crescimento da indústria automotiva. Preocupado com o impacto disso na economia japonesa, voltou para o Japão decidido a produzir carros. Kiichiro convenceu seu pai a vender a patente das máquinas de teares automatizados e investir a fortuna da família na indústria automotiva. Com uma pequena equipe numa das fábricas de teares automatizados, Kiichiro produziu o primeiro protótipo chamado Toyota A1, em 1935, e um ano depois lançou o primeiro veículo de passageiros da Toyota, o Toyota AA.

Kiichiro estudou os modelos de produção em massa de Henry Ford e também a forma como os supermercados americanos reabasteciam as gôndolas. Nos supermercados americanos, não faltavam produtos nas gôndolas, os produtos eram recolocados à medida que eram vendidos, não havendo muitos produtos empilhados e possibilitando um baixo volume de estoque. Agregando o conceito *Jidoka*, Kiichiro deu início ao processo de produção que chamou de JIT (*Just in Time*), ou sistema de produção puxada. O sistema de produção puxada consiste em eliminar desperdícios fazendo somente o que é necessário, apenas quando é necessário e somente na quantidade necessária.

7.1.4 Poka-Yoke – Mecanismos a prova de erros

Poka-Yoke é outro elemento fundamental do Lean: criar mecanismos que não permitam que erros sejam cometidos. Utilizo como exemplo as portas físicas de um computador. Certamente não conseguiríamos inserir um cabo de força numa porta USB, pois elas tem interfaces bem definidas e distintas, o que impede que um usuário desavisado insira um cabo num lugar errado. Assim deve ser também um software. Deve ter interfaces bem definidas e que não possibilite sua utilização de forma errada, seja por um usuário, seja por um desenvolvedor ao utilizar uma API de sistema. A utilização sistemática de *Jidoka* em operações como compilação, empacotamento, testes, instalação e análise de código são excelentes meios de implementar mecanismos *Poka-Yoke*.

A programação em par e revisão de código é outro exemplo. O objetivo é impedir que erros sejam adicionados e para isto certamente precisaremos contar com a capacidade de análise criteriosa dos desenvolvedores. Quando se faz programação em par, podemos dizer que o código já nasce revisado, pois duas mentes trabalharam em cima do mesmo código para torná-lo mais eficaz. Quando a programação em par não é utilizada, é muito importante que antes que o código vá para o servidor de controle de versões, outro desenvolvedor o revise e implemente melhorias se necessário.

Um estudo de caso – Programação em par

Uma das equipes da OnCast liderada pelo pragmático Vitor Pelizza decidiu que todo o código deveria ser produzido em par. Esta equipe, formada por seis engenheiros de software, era muito produtiva e produzia código e testes de ótima qualidade. A primeira providência foi a retirada de metade dos computadores da sala.

No início do experimento, a equipe percebeu que a mudança não seria tão fácil devido à diferença de experiência entre os desenvolvedores. Alguns dos desenvolvedores mais experientes e com menos paciência sentiam que seriam mais produtivos se trabalhassem sozinhos. De fato, seriam. Entretanto, o comprometimento com o experimento, a colaboração e a força do trabalho em equipe falaram mais alto e eles mantiveram a iniciativa. Após algumas iterações, a produtividade da equipe se manteve e a qualidade do código, que já era boa, teve um aumento significativo. Além disso, ocorreu um nivelamento de conhecimento na equipe e os desenvolvedores menos experientes passaram a discutir de igual para igual todas as questões técnicas com a equipe. O experimento foi exitoso e o projeto resultou num caso de sucesso.

MÉTODOS ÁGEIS

Esse tipo de mudança também pode evidenciar anomalias, por exemplo, problemas de relacionamento entre os membros da equipe. Por meio da observação, de conversas mais aprofundadas com os membros da equipe e conversas individuais, é possível mitigar o problema, promover a mudança de comportamento e consequentemente melhorar a qualidade do entrosamento da equipe, fundamental para a criação de um ambiente sustentável e de alta performance.

7.1.5 Pare a linha

Qual é o custo de correção de um *bug* se ele for detectado 30 segundos após ser inserido no código? Provavelmente um ctrl+z resolve, não é mesmo? E o custo dessa correção? Praticamente zero! Qual é o custo desse mesmo erro se identificado 30 minutos depois? Possivelmente o desenvolvedor necessitará alterar algumas linhas a mais de código para resolver o problema. E se o erro for detectado 30 dias ou 1 ano depois? Muitas vezes o custo dessa correção pode ser altíssimo e eventualmente imensurável. Mecanismos *Poka-Yoke* e *Jidoka* são de pouca valia se as pessoas envolvidas no processo não tiverem disciplina para parar o que estão fazendo e corrigir o problema pela sua causa raiz. Não basta apenas corrigir o problema, é preciso corrigir o processo que deu origem ao problema. Para que um processo Lean seja efetivo, as pessoas envolvidas no desenvolvimento do produto, independentemente da posição hierárquica, precisam parar e refletir sobre o processo para que o mesmo seja continuamente aprimorado e não permita a entrada de erros. Muitas equipes até utilizam testes automatizados e integração contínua. Porém, quando o *build* falha, elas continuam fazendo o que estavam fazendo e o *build* permanece quebrado. Que segurança esta equipe pode ter neste processo? De que serve a integração contínua neste caso? O que é mais barato: parar o desenvolvimento para corrigir o processo ou corrigir os erros depois que o cliente os encontra?

Precisamos ser pragmáticos e disciplinados quanto ao processo de desenvolvimento para que o mesmo não permita que falhas sejam inseridas. Algumas empresas tradicionais acreditam que encontrar e demitir os culpados irá solucionar o problema. As empresas que possuem uma cultura Lean, sabem que o problema geralmente está no processo e envolvem todos de maneira criativa e colaborativa na análise da causa raiz e na resolução do problema. Obviamente, em geral, os problemas são causados por pessoas. Todavia, se formos analisar por que as pessoas erram, poderemos descobrir que a causa pode estar até mesmo em processos muito anteriores, p.ex., na capacitação, no treinamento e até mesmo no recrutamento.

Técnicas como a análise espinha de peixe e os "5 Porquês" podem ser bastante úteis, pois promovem reflexões profundas sobre cada problema encontrado, até que se chegue na causa raiz.

Na Toyota, cada vez que um funcionário encontra um problema na linha de produção, ele mesmo pode parar toda a linha. Isto significa parar o trabalho de centenas, senão milhares, de pessoas, pois envolve também seus fornecedores. Cada funcionário tem autonomia para parar a linha de produção e corrigir o processo. Vale lembrar que isto não ocorre uma ou duas vezes por dia, mas sim muitas, eventualmente centenas de vezes ao dia e, mesmo assim, é muito mais barato para a Toyota corrigir um problema neste estágio do que ter que fazer um *recall* depois.

▶ 7.2 O SISTEMA TOYOTA DE PRODUÇÃO

Para aumentar a produtividade, Taiichi Ohno, vice presidente da Toyota Motors, determinou que o *Jidoka* fosse utilizado por toda parte, a fim de aumentar o valor agregado entregue nas atividades executadas por cada um de seus colaboradores. Era necessário também eliminar todo o desperdício. Ohno considerava as pilhas de estoque de material e as filas de espera como dinheiro que a Toyota não dispunha. Sendo assim, ele determinou que os princípios do modelo JIT (Just in Time) juntamente com o *Jidoka* fossem aplicados sistematicamente por toda a empresa. Aprimorando o modelo dos supermercados americanos, Ohno criou um sistema de produção puxada em que cada processo é cliente do processo anterior. Este sistema foi chamado de Kanban, que significa "Etiqueta de Instrução" (ver capítulo 8, Kanban).

O Kanban é um poderoso sistema de controle da produção que permite a integração das diferentes áreas que compõem um projeto, por meio de cartões. Cada cartão possui uma instrução para a área anterior, informando qual a especificidade e a quantidade de material necessário. O objetivo neste ponto é não gerar desperdícios com materiais eventualmente enviados e não utilizados, ou mesmo com a produção excessiva.

Outro segredo do Kanban é o trabalho conjunto da área em um único item, a fim de que ele possa ser acabado e entregue para próxima área o mais rápido possível. Evitando ou diminuindo a produção paralela, possibilita diminuir a troca de atividades e evitar que, num eventual cancelamento ou parada da produção, produtos inacabados fiquem na linha de produção. Tanto a troca constante de atividades, quanto a produção de coisas que não se pode extrair valor, são considerados desperdícios mortais no Lean. A utilização do Kanban na Toyota permitiu que só fosse produzido o que era necessário, evitando a produção demasiada, diminuindo estoques e consequentemente eliminando desperdícios.

Entretanto, para que o Kanban seja eficaz, é necessário que haja cooperação ativa entre todos os trabalhadores, o que não ocorreu no início. De fato, Ohno enfrentou uma grande resistência das pessoas que insistiam em trabalhar da forma antiga. Para resolver este problema, Ohno arregaçou as mangas e foi para o chão de fábrica ensinar as pessoas como utilizar o novo sistema. Eiji Toyoda, então presidente da Toyota, o apoiou entusiasticamente e a resistência foi desaparecendo. Observamos aqui o papel fundamental da liderança e do ensino, viabilizando a capacitação das pessoas e o comprometimento em busca de um mesmo objetivo.

MÉTODOS ÁGEIS

O novo sistema de produção evoluiu gradualmente em cima das bases do Kanban, *Jidoka* e JIT, e passou a ser conhecido como Sistema Toyota de Produção. Tal sistema ganhou atenção global, especialmente durante a crise do petróleo de 1973, quando a Toyota se recuperou mais rapidamente do que as montadoras americanas. O novo sistema de produção tornou-se, então, um padrão mundial para indústrias de manufatura e suas técnicas e princípios hoje são largamente utilizados em outras indústrias, como a indústria de software.

▶ 7.3 O SISTEMA TOYOTA DE DESENVOLVIMENTO DE PRODUTO

Com o sucesso do Sistema Toyota de Produção (STP), a Toyota passou a ser copiada por diversas outras montadoras. A GM, por exemplo, gastava 40 horas por veículo no seu processo produtivo em 1980. Após a adoção da manufatura enxuta, passou a gastar apenas 16 horas. Em 1980, o desenvolvimento de produtos na indústria automotiva precisava de 40 meses desde o congelamento de um estilo até a produção de determinado modelo. Atualmente, o tempo é de 24 meses na indústria mundial. O Sistema Toyota de Desenvolvimento de Produtos (STDP) geralmente precisa de 15 meses e, em alguns casos, de apenas 10 meses para iniciar a produção. Para que seja possível este nível de performance, o STDP exige um esforço integrado entre marketing e vendas, nos campos de projeto, engenharia, compras, produção e até a integração de fornecedores. Assim, todo o ciclo de vida de um produto e muitas vezes do negócio como um todo é coberto pelo STDP. Para tal fim, a Toyota busca a perfeita integração entre pessoas, processos, ferramentas e tecnologia. Desta forma, desenvolve consistentemente produtos novos de alta qualidade, com custos menores e lucros maiores que seus concorrentes. É este tipo de performance que buscamos ao implementar Lean no desenvolvimento de software.

Os princípios e as práticas do STP e do STDP formam a base do que conhecemos hoje como desenvolvimento ágil de software. Para facilitar o entendimento do que estamos buscando, vamos refletir sobre os princípios fundamentais do Lean sob a perspectiva de software:

Entregar um fluxo constante de valor ao cliente – desenvolvimento de software é uma atividade muito complexa, que demanda informações oriundas de diversas áreas e ações conjuntas visando à entrega de valor. O Lean busca orquestrar todo este ambiente complexo de modo a criar um fluxo contínuo de entrega de alto valor agregado.

Criar uma organização que aprende – não existe desenvolvimento de tecnologia sem a aquisição contínua de conhecimento. Criar mecanismos para que o aprendizado seja inserido implicitamente no processo de desenvolvimento é um princípio essencial do Lean.

Criar um ambiente de melhoria contínua – no Lean, as pessoas são desafiadas a não se acomodar com o *status quo* e a criticar continuamente os padrões existentes em busca de melhorias.

Eliminar completamente o desperdício – no desenvolvimento de software, é importante encontrar e remover todo e qualquer desperdício existente no ciclo de vida de um produto ou negócio. O Lean ensina a categorizar e entender o que é desperdício de modo que possamos removê-lo.

Estes aspectos tornam-se culturais e as pessoas passam a pensar de uma forma diferente. Isto é tão forte, que até um termo foi criado para designar este tipo de comportamento, o *Lean Thinking* ou Pensamento Lean.

▶ 7.4 ELEMENTOS CULTURAIS

7.4.1 As pessoas

É possível observar dois grandes extremos no que diz respeito à gestão de pessoas: os processos tradicionais de gerência em que geralmente um manda e outros obedecem, culminando no que conhecemos por comando e controle, e os processos ágeis, que buscam equipes auto-organizadas e autogerenciadas.

A forma como as pessoas se organizam e colaboram entre si pode determinar o sucesso ou o fracasso de um projeto. No Lean, pessoas são o centro do sistema, que busca o aprimoramento contínuo no conhecimento das pessoas e na forma como elas interagem. O Lean busca a criação de um único e completo time, envolvendo profissionais de engenharia de produção, desenvolvimento, testes, design, usuários, cliente, executivos de venda, arquitetos, DBA's e todos mais que estiverem envolvidos no ciclo de vida de um produto de software, em um modelo baseado em equipes multidisciplinares e auto-organizadas.

7.4.2 Liderança efetiva

O engenheiro chefe

Um dos segredos da Toyota para o desenvolvimento consistentemente de novos produtos de alta qualidade e rentabilidade está no papel do engenheiro chefe, também conhecido em outras empresas como Campeão do Produto (*Product Champion*). O Engenheiro Chefe do Produto difere-se do *Product Owner* definido pelo Scrum principalmente porque, além de se preocupar com o retorno do investimento e as questões de negócio, é também um exímio engenheiro e, portanto, quem tem a palavra final nos aspectos técnicos do produto.

A Toyota valoriza muito a experiência de seus clientes em todas as fases de relacionamento com a empresa, desde a compra até o ato de dirigir e o de efetuar a manutenção de seus veículos. Para uma pessoa se tornar um engenheiro chefe na Toyota, é preciso passar por anos de aprimoramento, aumentando seu conhecimento e desenvolvendo a prática para agregar experiência. É fundamental também que ele possa viver o sentimento de seus usuários. Uma pessoa que não gostasse de velocidade jamais se tornaria um gerente chefe de um carro esportivo de alta performance.

O engenheiro chefe é responsável por coordenar e orquestrar o trabalho das diversas equipes multidisciplinares envolvidas no desenvolvimento de um produto. Da plataforma de engenharia ao modelo de negócios do produto, ele é o grande líder do produto. Mary Poppendieck costuma se referir a este líder como "ditador benevolente", que dá a direção no desenvolvimento do produto ao mesmo tempo que fomenta um ambiente propício à inovação, atraindo e retendo os melhores e mais bem capacitados profissionais. O *Product Champion* atua como o maestro de uma orquestra, cujos músicos são de fato trabalhadores do conhecimento que sentem orgulho e um sentimento de propriedade por aquilo que estão construindo. O Scrum, por exemplo, pode não conseguir despertar tal sentimento porque cria uma espécie de separação entre a equipe de desenvolvimento, que tem suas responsabilidades focadas em tecnologia, e o *Product Owner*, que tem suas responsabilidades focadas no negócio.

O único meio de desenvolver produtos de alta qualidade, assertivos e com prazos cada vez mais reduzidos é formando um time único e completo, guiado por uma liderança efetiva, em um ambiente sustentável e de aprimoramento contínuo. Esse é o ensinamento do Lean que pode perfeitamente ser replicado no desenvolvimento de software.

O líder de competências

Outro papel fundamental no Lean é o do professor, também conhecido como líder de competências ou gerente de linha. Seu papel é criar as competências necessárias ao desenvolvimento do produto.

Frequentemente os desenvolvedores de software enfrentam desafios de negócios que exigem o desenvolvimento de novas tecnologias. Em alguns casos, a complexidade é tanta que apenas um modelo de desenvolvimento científico e evolucionário é capaz de atender às necessidades do projeto. Tal modelo exige o aprendizado constante de novas formas de executar o trabalho. Além de criar mecanismos para que o conhecimento seja adquirido, o líder de competências busca aprimorar o processo de desenvolvimento continuamente e de acordo com os novos conhecimentos adquiridos.

Lembre-se que o Lean busca a causa-raiz de algo que saiu errado, a verdadeira fonte do problema, que pode estar em processos bem anteriores ao momento em que o erro foi detectado. Atuar desta forma requer uma quebra de paradigma constante, requer o contínuo desconforto com padrões e a busca frenética pela melhoria, não apenas de uma pessoa, mas de todos. Assim, o trabalho do líder de competências não se restringe apenas à criação de cursos ou meios tradicionais de aquisição de conhecimento, mas também a criação de uma forma de agir e pensar diferenciada, a criação de um meio capítulo 7 ▶ LEAN

para que isso seja disseminado na organização e a definição clara da cultura da empresa.

As equipes

Uma organização pode dispor das melhores ferramentas, pode estar estruturada com bons processos, pode ter com as melhores habilidades, mas se estas pessoas não tiverem um comportamento diferenciado e não se organizarem de modo a fortalecer a comunicação e colaboração, nada efetivo será construído.

Normalmente, projetos grandes envolvem áreas, sendo necessária a interação entre as diversas equipes que, por sua vez, precisam correlacionar seus trabalhos e orquestrar o fluxo de informações e materiais necessários ao desenvolvimento do projeto. Esta certamente não é uma tarefa simples e denota que o engenheiro chefe e o líder de competências não são as únicas pessoas com um alto grau de responsabilidade dentro de um projeto. Todas as pessoas envolvidas em um produto estão diretamente relacionadas e são responsáveis pelo sucesso do mesmo. Três grandes atributos estão presentes em uma equipe Lean: a multidisciplinaridade, a responsabilidade e a autonomia.

Multidisciplinaridade

Uma equipe Lean é multidisciplinar porque ela possui todas as competências necessárias para transformar um conceito em produto. Em projeto de software, esta equipe pode ser composta por arquitetos, analistas, programadores, DBA's, designers, testadores e muitas outras especialidades necessárias. Especialidades referem-se a especialistas, pessoas que fazem excepcionalmente bem uma determinada atividade, uma única coisa. Entretanto, não necessariamente as equipes precisam ser formadas com especialistas. De fato, equipes de profissionais generalistas (que conhecem bem várias disciplinas) proporcionam uma formação muito interessante, especialmente por facilitar a aplicação de uma técnica do XP, o *"move people around"*. Sendo assim, não apenas as equipes podem ser multidisciplinares, mas também os próprios profissionais que as compõem.

Responsabilidade

No Lean, o conceito sistema puxado é aplicado sistematicamente por toda a organização. As pessoas e as equipes têm uma característica muito importante: a auto-responsabilidade. Isto significa que ninguém dirá a elas o que fazer, mas elas, por sua vez, devem ser responsáveis o suficiente para saber o que fazer e como fazer.

A autorresponsabilidade não substitui líderes, mas os complementa. Os líderes em equipes Lean não dizem o que as pessoas devem fazer nem ficam verificando se elas estão fazendo exatamente o que disseram. Eles agem como líderes servidores, auxiliando a equipe e proporcionando o que é preciso para que o trabalho seja executado com excelência.

Autonomia

Numa organização efetivamente Lean, a tomada de decisão é delegada aos graus mais baixos da hierarquia e, em muitos casos, a decisão é tomada no "chão de fábrica". Isso elimina desperdícios e possibilita que as decisões sejam tomadas pelas pessoas que efetivamente têm a informação adequada.

Em organizações tradicionais, as informações necessárias para a tomada de decisão precisam ser transportadas do "chão de fábrica" para os níveis executivos e, posteriormente, precisam percorrer o caminho inverso, retornando para as pessoas que executarão o trabalho. Durante esse caminho, a informação pode se deteriorar ou se transformar. Sendo assim, reunindo as habilidades necessárias (multidisciplinaridade) e a responsabilidade adequada, equipes Lean podem tomar decisões efetivas.

7.4.3 Tipos de desperdício

Criar e entregar um fluxo contínuo de valor não é uma tarefa simples. É preciso buscar e remover todo o desperdício ao longo da cadeia produtiva, desde o conceito mais fundamental de uma ideia até o momento do recebimento do pagamento da venda de um produto ou serviço. Mas primeiramente é necessário entender o que é desperdício para que se possa então separar o valor do desperdício. O Lean categoriza três tipos distintos de desperdício:

Muda

Muda é todo o tipo de atividade executada que não gera valor para o cliente. Diariamente executamos diversos tipos de atividades, p.ex., ler e escrever emails, elaborar diagramas e documentações complexas, *debugar* um problema. Muitas delas, não geram valor algum para o cliente, mas estão lá e demandam tempo. Outro exemplo é a documentação gerada simplesmente para passar a informação de um nível a outro da organização. O documento em si não está diretamente relacionado com valor gerado ao cliente. Pense da seguinte forma: o que o cliente faria com esta documentação? Seria possível extrair valor dela? Seria possível eliminá-la e ainda assim passar a informação com eficácia? Seria possível não passar tal informação e ainda assim gerar o valor esperado para o cliente? Este tipo de questionamento nos leva a criticar os padrões existentes, buscando identificar e eliminar todo o tipo de desperdício e também melhorar continuamente o processo.

Muri

Possivelmente esse é o tipo de desperdício mais ignorado. *Muri* significa sobrecarga de processo. É comum pensarmos que utilizar 100% dos recursos é a melhor forma de maximizarmos a produtividade. Vamos refletir: o que acontece com nosso computador se carregarmos todo o disco rígido, utilizarmos toda a memória RAM disponível e 100% da capacidade do processador? Resposta simples não é mesmo? Certamente o computador irá travar e parar de funcionar. Ainda assim, há empresas que buscam elevar a carga de seu pessoal acima dos 100%, exigindo horas extras e impondo condições de trabalho não sustentáveis. Entretanto, isso provoca stress na equipe, causando muitos problemas de qualidade, tanto no produto final, quando na vida das pessoas envolvidas. Utilizando 100% dos recursos, não há espaço para acomodação da variação da demanda, comum no desenvolvimento de software – muito trabalho em determinados momentos e pouco em outros. Tudo depende da complexidade do negócio, da tecnologia e também do processo que está sendo usado para conduzir o desenvolvimento.

Para eliminar o *Muri*, é necessário manter a carga de trabalho em níveis adequados e criar espaço para a aquisição de novos conhecimentos e para estimular a inovação. O Lean propõe o *Heijunka*, que significa nivelamento da produção. Para nivelar a produção é preciso entender a demanda e aplicar ações de modo a diminuir sua variação. Quando a cadência de entrada é estabilizada, a vazão de entregas torna-se conhecida e o sistema de produção torna-se mais estável e previsível. Assim, é possível diminuir a incerteza e criar um planejamento mais efetivo. É preciso uma cooperação ativa e irrestrita de todos os envolvidos no processo para que se possa alcançar o nivelamento da produção, além da disciplina e da imposição de alguns limites. O Kanban é a ferramenta que ajuda a fazer isto de forma transparente e não intrusiva.

Mura

Finalmente, *Mura* são irregularidades, mais conhecidas como *bugs* ou defeitos em software. Eliminar o *Mura* não significa apenas corrigir os *bugs*, mas sim, corrigir o processo que permitiu que o *Mura* fosse inserido.

Como mencionado, a responsabilidade pela melhoria contínua não é de uma única pessoa, mas sim de todos. Criticar e melhorar o processo para que defeitos não sejam inseridos é responsabilidade de todos. Em desenvolvimento de software, a utilização de TDD, *builds* e testes automatizados, programação em par, refatoração, simplicidade, arquitetura emergente, revisão de código, retrospectivas e outras coisas oriundas do XP, são excelentes meios de se reduzir ou eliminar o *Mura*.

Para finalizar, vamos listar os 7 desperdícios fatais em desenvolvimento de software:

1. Trabalho parcialmente feito, ex.:
   - Documentação não codificada
   - Código não sincronizado
   - Código não testado
   - Código não documentado
   - Código sem deployment
2. Funcionalidades extras
3. Processos extras
4. Troca constante de tarefas
5. Atrasos nas entregas
6. Defeitos nas entregas
7. Complexidade

▶ 7.5 INTEGRANDO LEAN AOS MÉTODOS ÁGEIS

Você deve estar se perguntado: Como aplicar todos os princípios Lean no desenvolvimento de software? A Figura 7.4 apresenta uma proposta de modelo para aplicação de Lean no desenvolvimento ágil.

A Pirâmide Lean provê princípios, técnicas e ferramentas para dar suporte às melhorias de forma balanceada e incremental em cada uma das áreas da organização, cobrindo desde a estratégia de negócio, passando pelo

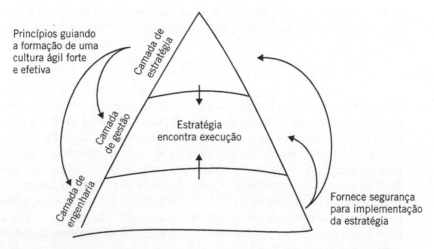

▶ **Figura 7.4** A dinâmica da pirâmide Lean.
Fonte: OnCast (c2014).

gerenciamento, pela engenharia de software, pelo desenvolvimento de produtos até operações. O modelo expressa a necessidade do equilíbrio correto das forças em cada uma das camadas para atingir melhorias significativas e duradouras.

O modelo divide-se em três partes fundamentais:

Topo (Estratégia): Apresenta princípios e valores fundamentais oriundos do Lean e do Manifesto Ágil como base para a formação de uma cultura ágil que visa à criação de um fluxo de entrega de valor constante, de uma organização onde o aprendizado é implícito e a melhoria contínua é o modus operandi. Ademais, é no topo da pirâmide que são definidas a estratégia de negócios, a visão e a percepção de valor, elementos que precisam estar claros para todo e qualquer membro da organização.

Centro (Gestão): A aplicação dos princípios, dos valores e da estratégia de negócios é realizada com o auxílio de ferramentas consagradas, como o Scrum e o Kanban. A visão é desmembrada em objetivos específicos e mensuráveis pela criação e priorização de backlog de estórias que representam o valor de negócios definido. É também nesta camada da organização que se estabelece o planejamento necessário para unir a estratégia à engenharia e possibilitar a entrega real de valor de forma cadenciada e mais previsível. Aqui, estabelece-se o modelo de gestão visual tão fundamental para ambientes ágeis.

Base (Engenharia): A base da pirâmide foca em práticas de engenharia de software essenciais para promover a criação de um ambiente seguro, produtivo, flexível e sustentável, permitindo respostas rápidas às mudanças e possibilitando vantagem competitiva à empresa. Essas práticas de engenharia estão na base da pirâmide, pois são a parte mais importante de um processo de adoção ágil, são elas que permitem a entrega contínua e confiável de software. Sem elas, um processo de adoção ágil estaria viciado e entregando resultados apenas marginais.

A essência desse modelo reside em criar conhecimento nas organizações para que possam equilibrar seus esforços de maneira efetiva e assim alcançar todos os benefícios que a adoção ágil proporciona.

Para mais informação sobre o Modelo da Pirâmide Lean, visite oncast. com.br.

▶ REFERÊNCIAS

JPO: Japan Patent Office. *Sakichi Toyoda Wooden Hand Loom*. [S.l: s.n.], 2002. Disponível em: <http://www.jpo.go.jp/seido_e/rekishi_e/sakichi_toyoda.htm>. Acesso em: 7 abr. 2014.

ONCAST: agile solutions. [Palhoça: s.n., c2014]. Disponível em: <http://www. oncast.com.br/>. Acesso em: 7 abr. 2014.

SAKICHI Toyoda. In: WIKIPEDIA. [S.l: s.n., 2013]. Disponível em: <http:// pt.wikipedia.org/wiki/Sakichi_Toyoda>. Acesso em: 7 abr. 2014.

TOTAL QUALITY MANAGEMENT. *Lean Production System*. [S.l: s.n., 2008]. Disponível em: <http://totalqualitymanagement.wordpress.com/2008/10/28/lean-production-system/>. Acesso em: 7 abr. 2014.

TOYOTA AA. In: WIKIPEDIA. [S.l: s.n., 2014]. Disponível em: <http://en.wikipedia.org/wiki/Toyota_AA>. Acesso em: 7 abr. 2014.

▶ LEITURAS SUGERIDAS

BUILDING Minds: o blog da OnCast. [S.l: s.n., 2013]. Disponível em: <oncast.com.br/blog>. Acesso em: 7 abr. 2014.

VINNYONCAST. [S.l: s.n., 2012]. Disponível em: <delicious.com/vinnyoncast>. Acesso em: 7 abr. 2014.

8

Kanban

ALISSON VALE

Alavancar um processo de mudança, especialmente em organizações grandes e heterogêneas, é uma tarefa extremamente difícil. Cada time, grupo de trabalho ou unidade de negócio é diferente. O contexto de cada processo é único. As pessoas têm habilidades diferentes, os níveis de maturidade são diversos, a natureza do trabalho varia significativamente, assim como perfis de risco, limitações orçamentárias, práticas de engenharia, mercado endereçado, etc. Tentativas na direção de impôr um processo que não seja aderente às características específicas do contexto em que ele opera provavelmente gerarão resistência, resultando em uma implementação disfuncional do modelo base utilizado.

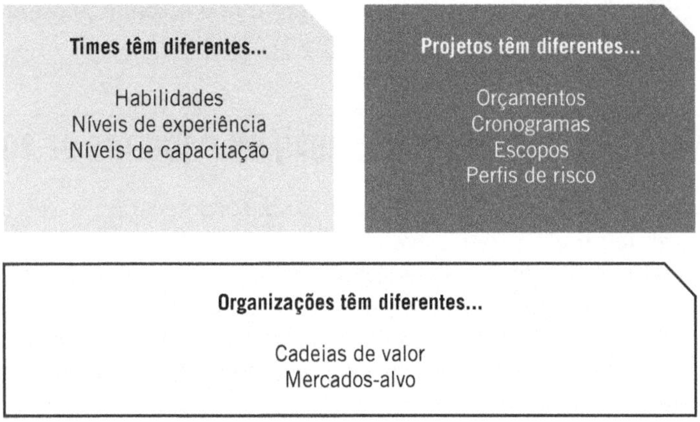

Times têm diferentes...

Habilidades
Níveis de experiência
Níveis de capacitação

Projetos têm diferentes...

Orçamentos
Cronogramas
Escopos
Perfis de risco

Organizações têm diferentes...

Cadeias de valor
Mercados-alvo

▶ **Figura 8.1** Variabilidade de contextos.
Fonte: Anderson (2010, p. 4).

Entretanto, é possível constatar elementos comuns a uma boa quantidade de processos, especialmente àqueles ligados ao trabalho do conhecimento. Equipes de trabalho invariavelmente precisam gerar "Valor" para alguém (o cliente). Para fazê-lo, é necessário uma organização, pois nem sempre todo o trabalho pode ser feito por uma única pessoa. Em outras palavras, elas precisam colaborar e fazer o trabalho "fluir" e assumir diferentes "estados" dentro de uma cadeia de valor. Isso tudo precisa ser feito respeitando certas condições definidas não só pelas regras relacionadas à natureza do trabalho em si, mas também pelas variáveis e nuâncias do ambiente econômico e social da organização. Valor e fluxo são, de maneira geral, dois elementos essenciais para processos.

Kanban se utiliza desses elementos comuns à maioria dos processos para projetar um mapa visual que represente o modelo de trabalho da forma como ele é atualmente. O instrumento visual gerado por essa representação, o quadro kanban, cria uma visão compartilhada de como "o todo" do sistema de trabalho está organizado. "Valor" e "Fluxo" passam a ser, então, elementos concretos e visíveis na rotina de trabalho da equipe, o que explicita os problemas. Kanban dará à equipe a capacidade de "enxergar" os gargalos que interferem no fluxo de valor. Ao se reorganizarem para resolvê-los, o processo de trabalho muda e, com ele, muda o mapa visual que o representa. Quando o mapa muda, uma nova forma de ver o trabalho se evidencia, e novas oportunidades de melhoria emergem. Um ciclo evolucionário de mudanças se estabelece.

Assim, no lugar de propor uma remodelagem do ambiente de trabalho para se adequar a um novo processo ou metodologia, o que seria uma proposta revolucionária, o Kanban se apoia em um modelo evolucionário, cujo ponto de partida é sempre a forma corrente de execução do trabalho. Ele dá às pessoas o instrumento para observarem o que fazem e pensarem na próxima solução mais adequada ao seu contexto atual.

▶ 8.1 A EMERGÊNCIA DO MÉTODO KANBAN EM PROJETOS DE SOFTWARE

Na área de software, ferramentas kanban começaram a ser utilizadas com o surgimento e a progressiva adoção de Métodos Ágeis, como Extreme Programming e Scrum. Nesses métodos, as equipes posicionam quadros em áreas visíveis da sala de projeto, preenchendo-os com cartões que sinalizam os itens de trabalho selecionados para uma dada iteração. Normalmente, os cartões são posicionados conforme seu estado presente: não iniciado, em andamento e finalizado (Figura 8.2).

A primeira correlação dessa prática com os sistemas kanban da Toyota foi apontada em 2003 por Mary and Tom Poppendieck, no livro *Lean Software Development - An Agile Toolkit*. O termo kanban passou a ser mais diretamente associado a esse modelo de visualização do estado de itens em desenvolvimento. Tal correlação girava em torno da ideia de que cada um dos cartões do quadro representa um sinal que "autoriza" a equipe de trabalho a executar o que está indicado no cartão. Assim, cada cartão do quadro, na verdade,

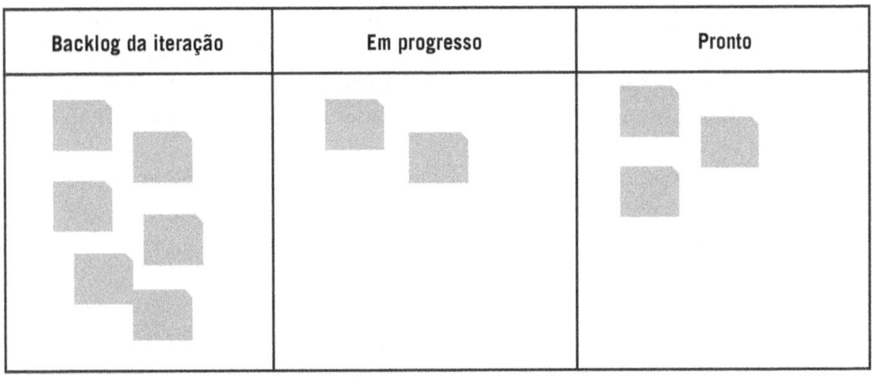

Backlog da iteração	Em progresso	Pronto

▶ **Figura 8.2** Quadro visual utilizado tradicionalmente em projetos ágeis.

seria um kanban (Poppendieck; Poppendieck, 2003). Até então, o "kanban" era apenas uma das ferramentas ou uma prática encaixada em projetos ágeis para melhorar a visibilidade do trabalho e o acompanhamento dos entregáveis. Foi somente em meados de 2007 que a ferramenta "kanban" se tornou o método "Kanban"[1] como o conhecemos hoje.

Quem de fato mergulhou a fundo no estudo e na adaptação de sistemas puxados no contexto de projetos de software foi David Anderson inicialmente com a publicação do livro Agile Management for Software Engineering - Applying the Theory of Constraints for Software Projects (Anderson; Schragenheim, 2003). Nesse livro, conceitos relacionados à Teoria das Restrições (Goldratt; Cox, 2003) foram utilizados para defender a ideia de que Métodos Ágeis como Extreme Programming, Scrum e Feature Driven Development produziriam melhores resultados econômicos do que os modelos de gestão vigentes. Um dos pilares da Teoria das Restrições gira em torno do conceito Drum-Buffer-Rope, um instrumento similar ao kanban para implementação de sistemas puxados.

David Anderson começou, então, a utilizar sistemas puxados como instrumento de gestão em projetos de software no ano de 2004 em um projeto interno da Microsoft na Índia (Anderson, 2010, p. 35). Apesar da roupagem Drum-Buffer-Rope nesse projeto, percebeu-se claramente alguns elementos comuns a sistemas puxados que lhe causaram imenso impacto. Dentre eles, pouca resistência para adoção, produtividade quase triplicada e redução drástica de lead time.[2] Os resultados dessa experiência foram sendo apresentados como estudo de caso em conferências, chamando a atenção de Donald Reinerstein, reconhecido autor na área de Lean para design de produtos.

---

[1] Repare, em todo o texto, o uso intencional do K maiúsculo para identificar o método apresentado aqui e do "k" minúsculo para representar a ferramenta kanban criada pela Toyota para permitir a implementação do sistema puxado.

[2] Tempo decorrido entre o início e a entrega de um produto em um processo produtivo.

MÉTODOS ÁGEIS

Reinertsein (1997) sugeriu então que a abordagem de Anderson tinha todos os elementos de um sistema kanban. Anderson passou a adotar, então, o nome Kanban, já que incorporava um corpo de conhecimento com uma adoção muito mais abrangente devido à associação com Lean e com o Sistema de Produção da Toyota.

Na Corbis, uma empresa americana para gerenciamento de fotografias e direitos autorais fundada por Bill Gates e sediada em Seattle, Anderson também adotou o modelo Kanban (Anderson, 2010). Novamente, os resultados foram animadores. Em 2007, Anderson apresentou uma sessão open space[3] na conferência de desenvolvimento ágil em Washington, Estados Unidos. Alguns dias depois, na mesma conferência, Arlo Belshee apresentou também os bons resultados que estava obtendo da utilização de práticas similares em uma abordagem que chamou de Naked Planning. Um grupo de discussão[4] foi formado e rapidamente ganhou corpo, atingindo mais de 1.000 membros ao final do ano de 2009. Nomes reconhecidos internacionalmente dentro da comunidade ágil abraçaram o modelo e começaram a divulgá-lo intensamente. Ladas também teve participação significativa nos primeiros anos do movimento, publicando o livro *Scrumban* (2008), sobre um método híbrido para transição de Scrum para Kanban.

▶ 8.2 PRESSUPOSTOS PARA ADOÇÃO

Kanban pode ser utilizado na gestão dos tipos mais variados de processo. Há, entretanto, dois pressupostos básicos, segundo Ladas (2008, p. 16):

1. o trabalho pode ser dividido em pequenos incrementos que adicionam alguma forma de valor ao cliente final e que podem ser gerenciados e agendados para serem produzidos de forma independente;
2. tais incrementos podem ser desenvolvidos em um fluxo contínuo que permeia uma cadeia de valor desde seu início (necessidade apontada por um cliente) até o fim (entrega para o seu consumo).

O Kanban é um método apoiado por um modelo de aplicação incremental de mudanças cujo propósito é introduzir alterações no modelo de trabalho visando à transformação cultural de uma organização. "Quando você adota o Kanban, está procurando otimizar os processos existentes e mudar a cultura organizacional, ao invés de substituir processos por outros que poderiam gerar melhorias econômicas dramáticas" (Anderson, 2010, p. 51). É o que escreve David Anderson em seu livro *Kanban: Successful change management for technology organizations*. "[...] é melhor otimizar o que já existe, por

---

[3] Tipo de sessão aberta e colaborativa com algumas particularidades, dentre elas, a inexistência de apresentação pré-definida pelo evento.
[4] USING the Kanban Methodo. Disponível em <http://groups.yahoo.com/neo/groups/kanbandev/info>.

que assim o fazendo será mais fácil, mais rápido e você obterá menos resistência.", ele conclui.

Embora essa abordagem possa aparentar uma tentativa de apenas aperfeiçoar o que é ruim e que preferencialmente poderia ser mudado na raiz, há que se considerar a enorme quantidade de cenários em que uma transformação rápida e completa é inviável social e economicamente. Assim, o objetivo inicial é dar condições de sustentabilidade aos processos no curto prazo, de forma a preparar a organização para uma transformação maior e mais abrangente no médio e longo prazo.

O Kanban se utilizará intensamente de mecanismos de gestão visual (veja o Capítulo 14) para explicitar o trabalho em andamento e para permitir que o grupo de trabalho tome decisões que privilegiem o bom funcionamento do sistema de trabalho como um todo. Isso significa que o trabalho precisa ser materializado fisicamente. Isso é feito por meio de cartões, adesivos e outros elementos visuais que precisam ser afixados a uma superfície (quadro ou parede) de fácil acesso para o grupo de trabalho, formando uma espécie de "mapa" do trabalho. Dessa maneira, considere as seguintes implicações para considerar o Kanban como uma alternativa:

- ▶ **Instalações físicas**: Visibilidade é elemento essencial no Kanban. É fundamental a disponibilidade de um quadro ou parede nas proporções exigidas para sinalizar adequadamente o volume de trabalho e as nuâncias do processo utilizado.
- ▶ **Volume de trabalho**: Se o volume de itens de trabalho for muito significativo e este mudar de estado de forma muito rápida (minutos), deve-se considerar que haverá muito esforço para manter o quadro visual atualizado. Esse é um cenário em que o uso do Kanban pode ser muito atraente.
- ▶ **Modelo colaborativo**: O uso do Kanban gera um modelo de trabalho colaborativo. As pessoas devem estar motivadas a trabalhar colaborativamente, em pequenos times e com união de propósito.
- ▶ **Motivação**: Kanban não pode ser imposto a uma equipe. Ela deve estar motivada e disposta a utilizá-lo. Adotar o Kanban (ou qualquer outro método) em uma equipe que não vislumbre o seu valor certamente não produzirá bons resultados.
- ▶ **Foco em times**: A abordagem Kanban é centrada nos times de trabalho. Sua adoção é essencialmente bottom-ups e os processos são desenhados pelo próprio time, por meio do espelhamento do seu modelo de trabalho atual. Uma organização que precisa intervir nos processos internos dos times, padronizando o modo de trabalho de fora para dentro, pode não estar preparada para adotar esse modelo.

▶ 8.3 IMPLEMENTAÇÃO DO KANBAN

Primeiramente, é necessário entender que Kanban é intencionalmente um método de gestão que procura ser o menos prescritivo possível. Não há papéis predefinidos, nem artefatos ou cerimônias a serem seguidas. Para os céticos, parece improvável que um método não possa ser prescrito. No entanto, é nessa ausência de uma definição rígida de atividades que reside a força do seu modelo.

O objetivo inicial de uma implementação Kanban é a otimização e a estabilização dos processos existentes por meio de mudanças que gerem o mínimo de resistência possível. O foco, nesse momento. é materializar o processo atual para que o time possa enxergar o contexto geral, iniciando uma rotina de aplicação de mudanças graduais em resposta ao aprendizado que ele próprio conquista devido a essa materialização.

8.3.1 Tornando o trabalho visível

Uma implementação Kanban começa com a definição de um modelo visual que represente o trabalho que a equipe desempenha no seu dia a dia. Esse é o momento em que o time tenta buscar um entendimento comum sobre o funcionamento do seu próprio ambiente de trabalho a fim de materializá-lo fisicamente.

Primeiramente, é necessário entender a natureza da demanda. Com que tipo de trabalho a equipe lida no seu dia a dia? Quais as características que o definem em termos de risco, priorização, esforço ou outros critérios relevantes? Isso irá orientar a equipe na sua auto-organização para fazer o trabalho fluir.

O segundo passo é compreender o fluxo de valor. Como as demandas fluem pelo sistema de trabalho? Quais possíveis situações um determinado tipo de demanda percorreria ao atravessar esse fluxo? Se utilizarmos a analogia de um jogo, esse seria o momento em que a equipe estaria projetando o tabuleiro. As peças representam cada unidade de trabalho e movem-se de área em área de acordo com as regras do jogo e com novas informações que chegam enquanto ele é jogado.

O último passo é projetar o entendimento obtido em um modelo visual e desenhá-lo em um quadro branco ou em uma parede, de forma que todo o volume atual de trabalho não concluído esteja posicionado nesse instrumento. A seguir, detalharemos esse processo.

A natureza da demanda

Entender a natureza da demanda pode ser tão simples quanto delinear os tipos de trabalho executados pela equipe. Uma equipe lidando com manutenção de software, por exemplo, poderia trabalhar essencialmente com projetos de novas funcionalidades, requisições de mudança e bugs/solução de problemas. Uma equipe ágil usando Scrum ou XP pode ter user stories, tarefas, spikes, temas ou épicos. Outras equipes usarão termos como requisito de negócio/requisito de usuário, Caso de Uso, Feature, atendimento de dúvidas, análise e diagnóstico, briefing e conceitualização, atualização de conteúdo, etc.

A análise de demanda também pode envolver outros tipos de critério para o estabelecimento de classificações igualmente relevantes. Exemplos de tais critérios poderiam estar associados à origem da demanda (mudança na legislação, estratégia de marketing, suporte a venda, inovação, etc), ao tipo de cliente (vip, regular) ou até ao mercado para o qual aquele item de trabalho estará sendo endereçado.

É também muito comum a classificação da demanda em termos do esforço de trabalho que ela representará. Isso pode ser tão simples quanto a abordagem "T-shirt sizing" (tamanho de camiseta), na qual as demandas são classificadas em (P)equeno, (M)édio ou (G)rande. Utilizar um conjunto pequeno de classificações para esforço é relevante para absorver a variabilidade de tempo necessário para executá-las. Esse tipo de abordagem será muito útil para obtenção de métricas de previsibilidade.

Uma vez revelados os critérios de classificação da demanda, o próximo passo é selecionar uma representação visual que os identifique. Adesivos de cores e tamanhos diferentes são a representação mais utilizada (Figura 8.3). Cartões pautados, adesivos, símbolos imantados, sinalizadores dos mais diversos tipos podem ser combinados entre si de forma a representar esforço, criticidade, temporalidade e outros atributos relevantes.

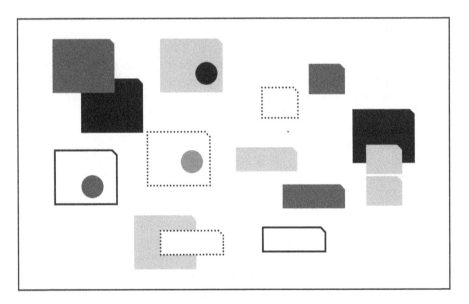

▶ **Figura 8.3** O mapeamento da demanda de trabalho em componentes visuais. Adesivos de diferentes cores e formatos representarão suas variações.

O fluxo de valor

Um sistema Kanban deve representar um fluxo end-to-end. Isso significa que o cliente está nas duas pontas do sistema: no início, estabelecendo o que o sistema deve produzir, e no fim, consumindo o valor que o sistema produziu. No meio haverá uma potencial sequência de passos a serem seguidos para transformar a demanda em valor agregado.

Metodologias tradicionais de gestão de processos prescrevem que um processo deve ser organizado em torno de uma sequência de passos preestabelecidos. Um membro da equipe recebe uma demanda, cumpre o seu papel no fluxo e a repassa, normalmente sem saber o que está ocorrendo fora da sua "etapa" no fluxo. Ele está completamente isolado do resto da organização. Esse é o modelo de fábrica, em que se privilegia o trabalho especializado, métricas funcionais, aderência a padrões rígidos e procedimentos. Kanban não funciona dessa maneira, mas tenta dar à equipe a visão sistêmica necessária para que ela visualize o processo como um todo. A equipe foca em se organizar e colaborar para fazer o trabalho sair do sistema, independentemente da situação em que ele se encontre. Kanban leva em conta o pressuposto de que é o sistema de trabalho que precisa ser mensurado e gerido, não as pessoas que o compõem.

Dessa maneira, ao pensar no Fluxo de Valor (representado de forma esquemática na Figura 8.4), pense nas diferentes situações em que uma demanda pode se encontrar. Cada situação será uma posição no quadro Kanban. Entender que uma demanda possui um "estado" e que esse estado evolui na medida em que ela avança pelo sistema de trabalho é essencial para mapear o Fluxo de Valor de um modo eficiente. Isso porque, ao mudar uma demanda de "estado", as condições do jogo mudam. Como o time está jogando o mesmo jogo, tal mudança impacta nas decisões a serem tomadas naquele momento. A decisão mais eficiente em um dado momento dependerá, e muito, da situação em que cada demanda se encontra dentro do sistema de trabalho.

Ao identificar o fluxo de valor, tenha em mente que o seu objetivo será o de mapear o processo como ele é atualmente, incluindo todas as suas imperfeições. É muito importante, nesse momento, não ceder à tentação de tentar projetar o seu modelo ideal ou de mapeá-lo conforme alguma padronização definida pela empresa que supostamente deveria estar sendo seguida, mas não está. Concentre-se no processo que é usado no dia a dia. É fundamental que as pessoas percebam a representação do mundo real no modelo visual. Somente assim esse instrumento será efetivo.

O funcionamento do fluxo apresentado na Figura 8.4 é detalhado na Tabela 8.1. Esse fluxo é a representação do processo de uma empresa de software fictícia que vamos utilizar como exemplo durante todo esse capítulo. Ela se utiliza de um modelo próprio de trabalho. Não é ágil, nem assume qualquer label metodológico comercial. É apenas o modelo pelo qual a empresa conseguiu se estruturar ao longo do tempo. O modelo herda, porém, essência significativa do modelo cultural reconhecido em projetos tradicionais estilo cascata.

Como já foi dito, inicialmente Kanban não deverá causar nenhuma interferência significativa no funcionamento do modelo de trabalho da empresa. Contudo, a expectativa é de que, ao longo do tempo, ele a direcione no

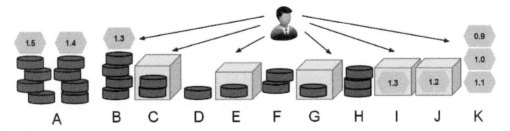

▶ **Figura 8.4** Fluxo de Valor mapeado. Foco em determinar o posicionamento da demanda e oferecer uma visão do todo para os membros do projeto.

▶ TABELA 8.1

Detalhamento do fluxo de valor de uma empresa fictícia conforme esquema apresentado na Figura 8.4	
	SITUAÇÃO
A	*Planejamento do produto:* Nessa situação, a demanda compõe o planejamento de alto nível do produto. Ela é organizada em releases (com valor para o negócio) e funcionalidades (com valor para os usuários).
B	*Planejamento da release:* Na medida em que a release n-1 deixa o sistema, a release n começa a ser preparada. Essa preparação envolve um trabalho de análise e documentação preliminar executado por uma equipe de analistas de negócio.
C	*Em desenvolvimento:* Funcionalidades entram "Em desenvolvimento" quando um desenvolvedor inicia o trabalho de sua implementação. Um conjunto de funcionalidades é atribuído a cada desenvolvedor. Eles as discutem com o líder de projeto e planejam as atividades necessárias.
D	*Desenvolvida:* Nessa situação, uma funcionalidade foi dada como finalizada por um desenvolvedor.
E	*Em inspeção:* A funcionalidade desenvolvida está sendo inspecionada por outro desenvolvedor.
F	*Inspecionado:* A funcionalidade está definitivamente pronta para ser avaliada pelo líder de produto.
G	*Em avaliação:* O líder de produto avalia se a funcionalidade desenvolvida atende às expectativas.
H	*Avaliado:* A funcionalidade foi avaliada pelo líder de produto e liberada para entrar na *release*.
I	*Em homologação:* As funcionalidades são integradas ao ambiente de homologação. A release é encaminhada para a equipe de negócio que atualizará a documentação e fará testes para avaliar o funcionamento das regras de negócio.
J	*Preparando para produção:* A release é encaminhada para as equipes de suporte, marketing e vendas, que executam os preparativos para sua publicação.
K	*Em produção:* A *release* está disponível em produção. Valor começa a ser gerado.

sentido de abraçar os elementos do modelo ágil em um ritmo sustentável, gerando um processo de mudança cultural gradativa e continuada. A Tabela 8.1 descreve o modelo de trabalho em alto nível por meio da análise das diferentes situações em que as unidades de trabalho podem se encontrar ao longo do fluxo. Utilize as letras para mapear a situação com sua posição no fluxo da Figura 8.4.

MÉTODOS ÁGEIS

Há dois pontos muito importantes a considerar nesse momento:

1. O fluxo é resultante do processo de transformação das unidades de trabalho enquanto elas percorrem o sistema de trabalho;
2. não estamos tentando especificar um processo, apenas descrevendo como o processo atual funciona.

Tais características são fundamentais para entender Kanban. Ao implementá-lo, você não está mapeando ou definindo fases de um processo, nem tampouco especializando pessoas para trabalharem de forma isolada em cada uma dessas fases. Você estará, na verdade, tornando o modelo de trabalho visível e, com tal visibilidade, incentivando as pessoas a se moverem na cadeia de valor de forma a colaborarem para fazer o trabalho chegar ao cliente de modo contínuo e ritmado. É isso que deve disparar o modelo de mudança incremental proposto pelo Kanban.

É interessante notar que, em nosso exemplo, as unidades de trabalho não apenas mudam de situação, mas também se expandem e se contraem ao longo do fluxo. Assim, releases se expandem em funcionalidades que, ao final, contraem-se de volta nas releases. Funcionalidades se expandem em atividades que, ao final, contraem-se de novo nas funcionalidades. Essa é uma característica comum a ambientes de trabalho. O nível de granularidade da demanda precisa ser administrado em diferentes níveis de detalhe.[5]

No exemplo da Tabela 8.1, as releases se expandem em funcionalidades em A e se contraem novamente em I. As funcionalidades se expandem em atividades em C, contraindo-se novamente em D. Alguém com experiência em Kanban saberá identificar esse e outros padrões enquanto tenta entender o modelo de funcionamento de uma equipe. O resultado desse entendimento como um todo deve gerar um modelo visual no qual a equipe consiga enxergar seu ambiente de trabalho materializado fisicamente.

A Figura 8.5 apresenta uma interpretação visual do modelo de trabalho apresentado na Tabela 8.1 com foco na equipe de desenvolvimento. Utilizando essa abordagem, conseguiremos ver o processo como um todo, porém aberto no nível de detalhe apropriado para o devido enfoque no trabalho da equipe de desenvolvimento. É possível identificar uma boa parte dos elementos apresentados na descrição do processo de trabalho. Para visualizar as figuras em cores, acesse o site www.grupoa.com.br, procure pelo livro e clique em conteúdo online. Os cartões grandes e alaranjados representam as releases. Os verdes e pequenos representam as funcionalidades. Os amarelos ainda menores representam as atividades combinadas entre os desenvolvedores e o líder do time que precisam ser executadas para a implementação de cada feature. Os avatares de cada membro do time estão posicionados na unidade

---

[5] Na comunidade Kanban, no contexto de software, as pessoas utilizam nomes diversos para essa unidade de mais alto nível, como MMF (*Minimum Marketable Feature*, em português algo como Mínima Funcionalidade de Mercado), ou MVP (*Minimum Viable Product*, Mínimo Produto Viável) ou BVI (*Business Value Increment*, Incremento de Valor de Negócio). A comunidade ágil, por sua vez, utiliza user stories e tarefas para descrever unidades de trabalho de mais baixo nível.

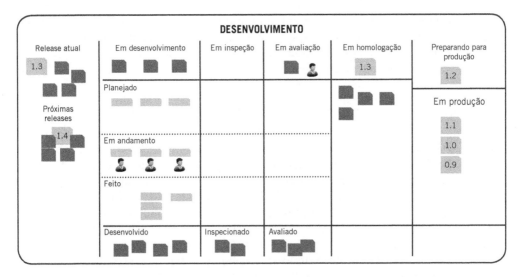

▶ **Figura 8.5** Mapa visual projetado para as demandas de acordo com os estados identificados na Tabela 8.1.

de trabalho em que eles estão atuando no momento. Os cartões estão posicionados exatamente no ponto em que a demanda de trabalho que eles representam se encontra no fluxo de valor. Se, a partir de agora, a equipe trabalhar mantendo o quadro atualizado com relação ao que acontece no dia a dia, ela poderá contar com um excelente instrumento de visualização do trabalho em andamento.[6] Entretanto, tal instrumento ainda não é suficiente para melhorar o processo de trabalho. É preciso dar um passo a mais em direção ao novo paradigma.

8.3.2 Limitando o trabalho em progresso

Limitar o chamado Work in Progress (trabalho em progresso, ou simplesmente WIP) talvez seja o elemento mais transformador em uma implementação Kanban. É comum que as pessoas só entendam as implicações causadas pela adoção dessa prática depois de verem o seu funcionamento no mundo real.

Essa prática é implementada por meio da predefinição da quantidade de itens que podem estar presentes em uma determinada situação no seu fluxo. Se você, então, já mapeou o seu fluxo de valor e o tornou visível, como mostrado nas seções anteriores, o próximo passo é entrar em concordância com relação à quantidade de itens que podem ser movimentados de forma a

---

[6] É importante ressaltar que cada modelo de quadro é único e deve ser modelado de forma individualizada para representar o trabalho da própria equipe. Você pode reusar ideias de quadros de outras equipes, mas não tente reusar quadros inteiros ou implantar controles visuais sobre situações de processo que não existem na sua equipe.

estarem simultaneamente em um mesmo estado do fluxo. Se uma mudança de situação ocasionar em quebra nesses limites, a mudança simplesmente não é feita. O item não avança no fluxo.

Essa é uma das características que torna o Kanban contraintuitivo de certa maneira. Não seria mais eficiente deixar os itens fluirem o mais rapidamente possível? Eles não chegariam mais rápido ao fim do fluxo se não estivessem sendo bloqueados por limites de movimentação?

A melhor resposta para essas questões é dada pela Teoria das Restrições (Goldratt; Cox, 2003), também conhecida como TOC (do inglês, Theory of Constraints), que afirma que todo sistema é governado por suas restrições. Partindo do pressuposto de que uma parte A do sistema depende de uma parte B para produzir seu resultado final, e que A produz de forma mais rápida, o rendimento geral do sistema estará sempre associado ao rendimento de B. O fato de A produzir mais não fará o sistema como um todo produzir mais. O sistema está, assim, subordinado a B (sua restrição). De fato, manter A produzindo em seu próprio ritmo apenas fará o trabalho se acumular antes de B. Não faz sentido manter A gerando trabalho parcialmente concluído que não poderá ser absorvido imediatamente pelo sistema.

Os acordos de limites estabelecidos no kanban garantem que o sistema de trabalho produza no ritmo de suas restrições. Ao se reduzir o ritmo da operação A para que esta se adeque ao limite de B, cria-se "folga" (conhecida em inglês como slack) na operação A. Quando isso é transportado para o trabalho do conhecimento de forma geral, essa folga permite que as pessoas se movam ao longo do Fluxo de Valor buscando fazer o trabalho fluir nas restrições.[7] Melhora-se, dessa maneira, as habilidades de colaboração da equipe, o que causa uma otimização do sistema de trabalho como um todo. Uma otimização sistêmica.

A Figura 8.6 mostra uma evolução do quadro anterior. Dessa vez, há limites para a quantidade de itens em cada situação. Repare que o desenvolvedor mais à direita está trabalhando na última atividade de sua funcionalidade. Se ele a terminar nesse momento não poderá mover a funcionalidade porque a área Desenvolvido já alcançou o limite permitido. Ele também não poderá "puxar" uma nova funcionalidade para trabalhar, pois isso causaria um estouro no limite da área de desenvolvimento. Assim, para saber o que fazer a seguir, ele deverá analisar o fluxo como um todo, de modo a identificar e atuar no ponto de gargalo. Em nosso exemplo, é fácil perceber que a melhor estratégia é "puxar" o item que está na área Desenvolvido para a área Em Inspeção e começar a trabalhar na inspeção desse item. Isso permitirá o avanço da funcionalidade que ele finalizou e fará o trabalho do sistema fluir. Nesse caso, sem muito esforço e com uma política simples, o desenvolvedor tomou uma decisão que privilegiou o sistema como um todo (Figura 8.7). Ele optou por terminar um trabalho já iniciado, em vez de começar um novo.

Pare de começar e comece a terminar! Esse é o mantra Kanban.

---

[7] Esse comportamento é conhecido na comunidade como "swarming".

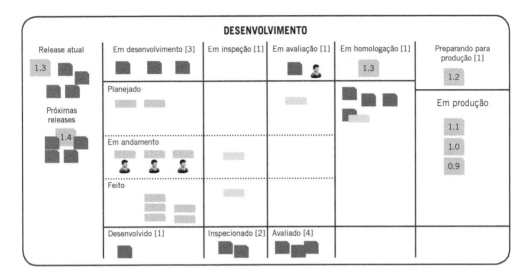

▶ **Figura 8.6** O quadro apresenta, agora, limites para o trabalho em progresso.

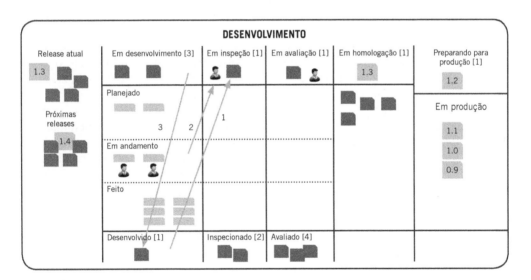

▶ **Figura 8.7** A nova situação do quadro após tomada de decisão do desenvolvedor devido à restrição imposta pelos limites.

É muito importante que os limites estejam visualmente explícitos para que isso facilite a tomada de decisão das pessoas quando elas se depararem com situações em que o limite restringe as opções. O questionamento mais comum a respeito dessa prática é se existe algum fórmula ou receita para definição desses limites. A resposta é bem simples e direta: não. O número inicial é estipulado com base em uma mistura de intuição e bom senso. Daí em diante, ele vai sendo ajustado empiricamente.

As áreas na parte de baixo do quadro (Desenvolvido, Inspecionado e Avaliado) são conhecidas como buffers. Os buffers são áreas naturais de espera entre dois estágios que apresentam tempos de ciclo de execução diferenciados. O buffer ajuda a nivelar essa variação no fluxo, garantindo que a operação mais lenta sempre tenha algo para puxar. No quadro da Figura 8.6, esse conceito pode ser melhor observado entre as áreas Inspecionado e Em Avaliação. Como o líder do time nem sempre está disponível para fazer as avaliações, o sistema permite que um certo número de itens se acumule no buffer até que ele possa avaliá-los. Assim, o sistema atuará em fluxo contínuo mesmo que ele ("a restrição") não esteja disponível o tempo todo. Por outro lado, o buffer também é pequeno o suficiente para não permitir que o trabalho se acumule no meio do sistema.

8.3.3 Lidando com retrabalho

Neste ponto, o leitor pode estar se perguntando: o que fazer quando o trabalho precisa voltar no fluxo? Em nosso exemplo, imagine que um problema foi encontrado no processo de inspeção ou ainda na verificação do líder de projeto. Devemos fazer o cartão voltar para situações anteriores? Como lidar com esse cenário?

Não há uma única resposta para essa pergunta. Há quem sugira que a solução é contextual. Em determinados contextos, faz sentido fazer o cartão voltar e manter o limite quebrado até que o problema seja resolvido. Em outros, utiliza-se uma área do quadro específica, com seu próprio limite, para indicar essa situação. Na maioria dos casos, entretanto, a melhor solução é manter o cartão onde está, sinalizar o bloqueio no fluxo e disseminar uma cultura de resolução imediata de problemas, o que, em lean, é conhecido como "Stop the Line" (Parada de Linha). A adoção da prática de "Parada de Linha" é o próximo ponto de melhoria no nosso exemplo da empresa fictícia. A Figura 8.8 demonstra uma técnica de sinalização de problemas de forma visual no quadro kanban. Quando encontra-se um problema em um dos cartões enquanto ele flui pelo sistema, um adesivo de cor diferente[8] é inserido, e o cartão ao qual o problema está associado não avança. Isso causará uma interrupção no fluxo, exigindo que a equipe se mobilize para resolver o problema de forma a retornar o fluxo para suas condições normais.

Repare que a indicação de um problema passa a ser uma unidade de trabalho como outra qualquer no sistema, competindo com as atividades regulares dos desenvolvedores. É relevante notar que os adesivos cor púrpura podem aparecer em qualquer ponto do fluxo. Na Figura 8.8, eles aparecem nas inspeções, na avaliação do líder e na homologação da equipe de negócio. Ao sinalizar retrabalho, você estará criando muito mais informação no seu quadro de processo. O volume de retrabalho, com a qual a equipe está lidando passará a ser explícito, e os desenvolvedores naturalmente adotarão uma postura de

---

[8] As figuras em suas versões coloridas estão no site do Grupo A, www.grupoa.com.br.

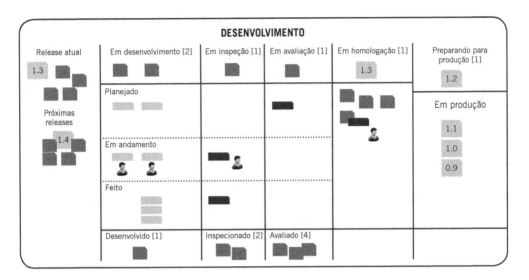

▶ **Figura 8.8** O quadro agora identifica os problemas (adesivo preto e pequeno) no momento em que eles ocorrem, causando uma parada de linha. Acesse o site www.grupoa.com.br para visualizar a figura em cores.

evitar a sua ocorrência, já que o transtorno se torna evidente e significativo. Ao mesmo tempo, por estar visualmente acessível, a equipe estará considerando o trabalho bloqueado sempre que precisar tomar uma decisão de movimentação.

8.3.4 Fazendo o trabalho fluir

O Kanban oferece novas oportunidades para colaboração dentro de uma equipe de projeto devido, principalmente, à mecânica de funcionamento do sistema. Fazer a equipe "puxar" o trabalho ao invés de "empurrar" para si é a próxima intervenção no nosso exemplo da empresa fictícia. O Kanban ajudará a equipe a remover características do gerenciamento tradicional, como a delegação de trabalho para indivíduos em vez de para a equipe, a especialização excessiva de funções, a sobrecarga desnivelada de trabalho em diferentes membros da equipe ou a definição top-down de processos. O Kanban favorecerá a adoção de um modelo auto-organizável, no qual reina a colaboração e cujas regras e critérios são definidas pelo próprio time, uma vez que é este que domina o próprio processo e atua para melhorá-lo. Entretanto, para isso acontecer é preciso um empurrãozinho.

Quando um membro da equipe move um item de trabalho para uma nova situação no quadro, ele muda o cenário do jogo. Para saber o que fazer a seguir, esse membro assume a posição de "pensar no sistema como um todo" e analisa qual é a melhor opção para fazer o trabalho fluir. Ele pode perceber que o fluxo está interrompido em um certo ponto do processo e optar por ajudar a liberá-lo, em vez de simplesmente iniciar o trabalho em uma nova demanda, aumentando o WIP do sistema.

MÉTODOS ÁGEIS

O processo decisório de uma equipe Kanban gira em torno de definir qual a opção mais eficiente para um de seus membros na medida em que eles terminam uma atividade e precisam decidir sobre em que se envolver a seguir. O quadro oferece todos os elementos visuais para que a equipe tome a decisão sobre qual é o próximo melhor movimento. A Figura 8.9 ilustra esse ponto. As setas representam diferentes possibilidades (opções) para se seguir em um dado momento.

Ao analisar o cenário sistêmico, o desenvolvedor provavelmente chegará à conclusão de que as opções 1 e 2, apesar de serem válidas, não oferecem ganho sistêmico, uma vez que o desenvolvimento não é o gargalo atual. A opção 4 só seria interessante no cenário em que o líder de produto está bloqueando o fluxo, o que não é o caso. A opção 5 também não está bloqueando o fluxo, portanto é descartada. Resta, então, escolher entre as opções 3, 6 e 7. A opção 6, comparada com as outras duas, é a que está causando menos

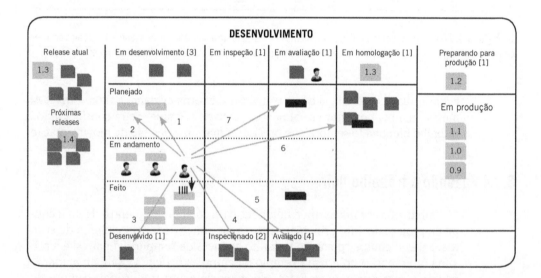

	Ação
1	Selecionar a atividade restante para finalizar a funcionalidade 2 em andamento.
2	Selecionar a atividade restante para finalizar a funcionalidade 1 em andamento.
3	Inspecionar a funcionalidade que já está implementada.
4	Oferecer ajuda ao líder para avaliar o que está parado após inspeção.
5	Integrar as features já avaliadas na release de homologação.
6	Corrigir problema encontrado pelo grupo de homologação.
7	Corrigir problema encontrado pelo líder do time em recente avaliação.

▶ **Figura 8.9** Cada movimento no sistema gera um novo ponto de decisão para a equipe.

transtorno em termos de fluxo para o sistema. Fica-se, então, entre duas opções: a 3 e a 7. Se as analisarmos, veremos que executar a opção 3 não é uma boa ideia, já que depois de ser executada ela seria bloqueada porque a opção 7 ainda não está resolvida. Assim, a opção 7 é a vencedora.

Quando a equipe adota esse comportamento, ela transforma o seu sistema de trabalho em um sistema puxado. Em vez de o trabalho ser atribuído às pessoas por um gerente, passam a puxar o trabalho conforme regras preestabelecidas. O gerente, então, pode ter um papel mais alinhado com o paradigma ágil. Ele ajuda a equipe a acordar tais critérios e depois a atuar em conjunto para decidir sobre os casos excepcionais. Os gerentes passam a pensar na regra e atuar na exceção, o que faz muito mais sentido.

8.3.5 Reuniões frequentes em frente ao quadro

Apesar de o processo decisório descrito anteriormente parecer complexo à primeira vista, no mundo real ele é extremamente simples e normalmente requer apenas alguns segundos de análise. O que torna isso possível é a visibilidade das opções e a confiança gerada pela tomada de decisão com anuência do grupo.

Reuniões diárias com todo o grupo de trabalho são essenciais para manter as decisões sincronizadas com o máximo de informação disponível. A melhor forma de manter o sistema Kanban coordenado é fazendo as pessoas discutirem o trabalho em andamento em torno do quadro que o representa. Nesse momento, as pessoas debaterão várias alternativas não só para distribuição do trabalho em andamento, mas também as implicações do trabalho que está chegando, o que influenciará a forma como essa distribuição poderá ser feita.

Essa é a próxima mudança a ser implementada em nossa empresa fictícia: adotar a prática de reuniões rápidas e frequentes na frente do quadro. No Kanban, as reuniões diárias seguem recomendações semelhantes a de outros Métodos Ágeis. Elas precisam ser curtas (em torno de 10 a 20 minutos) e frequentes e rendem melhores resultados se feitas com a equipe em pé, olhando para o quadro. Discutem-se as últimas movimentações, quais as bases das últimas decisões de movimentação e os problemas que vêm impedindo os itens de se movimentarem. O foco, nesse caso, é o trabalho e não os trabalhadores, como defende Seddon (2005, p. 18).

8.3.6 Cadência

Cadência é o ritmo pelo qual certos eventos deveriam ocorrer. No Kanban, o conceito de cadência é utilizado para conectar processos adjacentes, gerar métricas de progresso e previsibilidade ou marcar uma realização. Um time maduro utilizando o Kanban usará o conceito de cadência para entender sua capacidade, criar previsibilidade junto a seus clientes e estabelecer compromissos.

O Scrum é um framework de gestão ágil que usa time-boxing como um modelo de cadência. Nesse modelo, os eventos mais relevantes do projeto são condensados em um único ponto que se repete a cada período fixo de tempo (normalmente entre 1 e 3 semanas). Planejamento, retrospectivas, demonstrações, estimativa, entrega e comprometimento ocorrem todos de forma sincronizada ao fim de uma iteração.

Kanban flexibiliza esse aspecto do processo, dando ao time a possibilidade de desacoplar a cadência de cada evento relevante no seu ambiente de trabalho de modo a encontrar o modelo que atenda melhor ao seu contexto.[9] No Scrum, a unidade de trabalho é uma user story, cujo nível de granularidade exige o seu encaixe dentro de uma iteração. Em Kanban, a unidade de trabalho é um Business Value Increment (BVI), que embora também tenha um nível de granularidade controlado, não precisa ser projetado de forma a caber em alguma unidade de tempo. O BVI é também decomposto em unidades menores, que podem ser user stories ou funcionalidades. A equipe combina com o cliente o escopo do BVI e começa a fazer as unidades menores fluirem pelo sistema em regime de fluxo contínuo. Um compromisso de data pode ser estabelecido para cada BVI, porém times mais maduros conseguem nivelar e classificar o esforço dos BVIs de forma a obter previsibilidade e segurança de entrega sem a necessidade de um comprometimento formal de data.

Nesse modelo, percebe-se que a cadência de entrega de software é desacoplada de outros eventos cerimoniais de projeto. Assim, retrospectivas, reuniões de planejamento e outras cerimônias terão sua própria cadência, sendo esta definida de acordo com o contexto e o ritmo do projeto.

No exemplo que estamos trabalhando, podemos encontrar alguns pontos em que uma cadência estaria implicitamente estipulada pelos limites. Por exemplo, a área denominada Avaliado é uma delas. O limite de 4 itens implica que toda vez que esse buffer se enche, a equipe precisa gerar uma versão integrando todas as quatro funcionalidades. Assim, eventos no ambiente de trabalho podem ser disparados de forma cadenciada levando em consideração fluxo, em vez de tempo. Outro exemplo seria: todas as vezes que uma release sai de Em homologação para Preparando para produção, uma reunião de retrospectiva é marcada. Enfim, pensar em cadência pode ser uma forma de delinear políticas de processo que levam em conta fatos significativos que ocorrem regularmente em ambientes de trabalho. A manutenção de uma cadência será mais ou menos eficiente em diferentes contextos. Como toda a decisão sobre cadência tem um custo associado, é importante saber balancear a real necessidade de uma política com o custo que ela acarretará ao ambiente de trabalho.

---

[9] Karl Scotland oferece uma boa descrição sobre cadência que pode ser consultada em: Scotland, K. Whats is cadence? [s.l., s.h., 2009]. Disponível em <http://availagility.co.uk/2009/07/21/what-is-cadence/>. Acesso em 31 mar. 2014.

▶ 8.4 EXPANDINDO KANBAN

8.4.1 Integração de equipes adjacentes

Apesar de o modelo Kanban ter nascido dentro do contexto de projetos de software, sua aplicabilidade se expande para uma variedade muito grande de ambientes de trabalho. Praticamente qualquer ambiente de trabalho do conhecimento que atenda aos pressupostos descritos na Seção 6.3 pode seguir a mesma filosofia e obter os mesmos benefícios. Kanban é talvez a abordagem com mais condições de levar agilidade para ambientes caóticos ou hostis ao paradigma ágil.

Tendo em vista essa natureza expansiva do Kanban, ele acaba criando as condições para escalar a cultura ágil por toda uma organização. Assim, é possível usar Kanban para conectar diferentes células de trabalho (relacionadas a desenvolvimento de software ou não) que estão envolvidas e inter-relacionadas em uma cadeia de valor. O pressuposto para tal é que todas as células envolvidas estejam conectadas por meio de uma cadência conhecida e que elas estejam "puxando" o trabalho uma das outras, em vez de programando esse trabalho.

A Figura 8.10 mostra um possível desenho de um quadro kanban para a equipe de analistas de negócio que atuam na nossa empresa fictícia de exemplo. Essa equipe participa da mesma cadeia de valor da equipe de desenvolvimento, porém obviamente possui um processo de trabalho completamente diferente. O Kanban dessa equipe absorverá o seu modelo de trabalho do mesmo modo que fez com a equipe de desenvolvimento. Dessa vez, as áreas no quadro representarão as diversas situações em que outros tipos de unidade de trabalho podem se encontrar ao longo do fluxo.

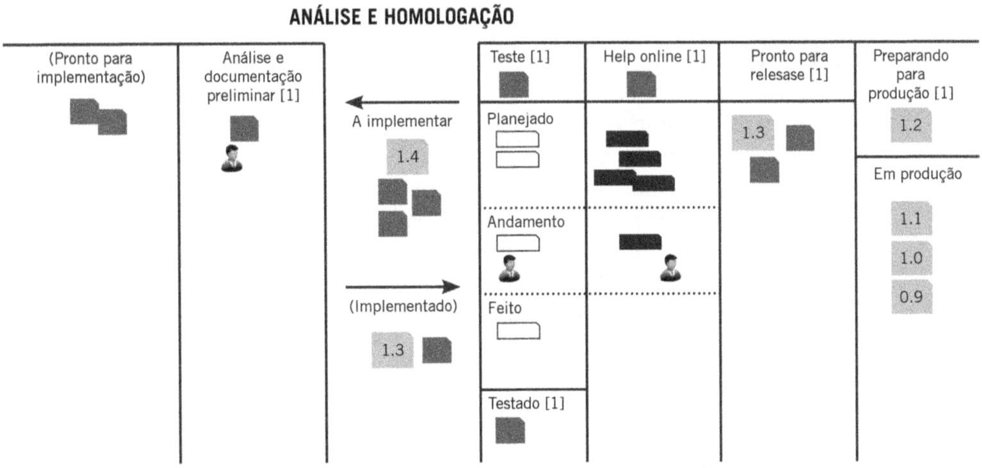

▶ **Figura 8.10** Quadro kanban para equipe de análise e homologação do produto.

Para essa equipe de Análise e Homologação, os adesivos verdes continuam representando as funcionalidades. Outras unidades de trabalho emergem para essa equipe. Os adesivos azuis indicam casos de testes de negócio, enquanto os púrpura, tópicos do manual on-line que precisam ser escritos ou ajustados devido à adição de uma nova funcionalidade no produto. Alguns desses adesivos não vão apenas se mover entre as situações desse quadro, mas também entre quadros de equipes diferentes! Em nosso exemplo, a equipe de negócios irá alimentar a equipe de desenvolvimento com funcionalidades (ver área Pronto para implementação) e será alimentada por ela com releases (ver área Implementado).

A área Preparando para produção dessa equipe representa exatamente a mesma área de mesmo nome no quadro kanban da equipe de desenvolvimento. Apesar de ambas as equipes não participarem diretamente do processo de preparação para publicação de uma release, elas o visualizam em alto nível, pois estão todos no contexto de uma mesma cadeia de valor. Dessa forma, uma determinada parte do kanban de uma equipe pode ser expandida em todo um processo de uma área adjacente.

8.4.2 Gestão de demanda

Há um conjunto particular de ambientes no qual a abordagem Kanban tem tido larga utilização e aplicabilidade. São aqueles ambientes cujo foco é gerir e atender a um alto volume de demandas, especialmente manutenção de aplicações, suporte técnico, operações e implantação de softwares ERP. O que há de mais comum nesses cenários é a imprevisibilidade quanto à taxa e à natureza da demanda que chega, bem como o uso de urgência e severidade como elementos de priorização, em vez de "valor agregado", que é mais comum em ambientes de gestão de projetos e produtos.

Kanban oferece um conjunto particularmente interessante de padrões e técnicas que podem ser aplicadas nesses casos. De qualquer forma, tudo que foi descrito até aqui vale também para esses ambientes. Criar visibilidade do fluxo de valor, limitar a quantidade de WIP, implementar o sistema "puxado", colaborar para fazer o trabalho fluir, todas essas práticas também têm o potencial de transformar tais ambientes. O que o Kanban trará de especial para esses ambientes é a capacidade de balancear a demanda contra o rendimento do sistema. Normalmente, tais ambientes sofrem de um mesmo problema: Backlog muito extenso, volatilidade muito grande para definição de prioridades e grande quantidade de demandas que ficam esquecidas no tempo.

8.4.3 Priorização

Tradicionalmente, uma abordagem de priorização procura avaliar um grupo de itens e organizá-los em alguma ordem de importância ou urgência. Uma forma de fazer isso é usar algum tipo de classificação, como prioridades alta, média e baixa. Como regra, estabelece-se que primeiro deve-se atender a todas as demandas de prioridade alta, depois a de prioridade média e as baixas só ao final. O problema dessa abordagem é que a fila de prioridade alta se expande ao longo do tempo, itens nas filas de prioridade média e baixa nunca são endereçados e o cliente começa a tratar tudo como prioridade alta.

Um dos instrumentos utilizados no Kanban para lidar com essa situação chama-se Filtro de Prioridade e foi inicialmente proposto por Ladas (2008, p. 163). O Filtro de Prioridade permite introduzir fluxo para entrada de demandas no sistema por meio da movimentação das unidades de trabalho em filas com diferentes níveis de prioridade.

A Figura 8.11 mostra um exemplo dessa abordagem. As filas do Backlog são encadeadas com limites que são progressivamente reduzidos a cada fila. Em nosso exemplo, há uma fila (P3) com 8 itens, uma (P2) com 5 e uma última (P1) com 3 itens. Quando a equipe estiver disponível para puxar um novo item, ela selecionará o primeiro item da fila P1. A remoção desse elemento sinaliza a necessidade de reorganizar o Backlog. Os dois itens que restaram na fila P1 agora são movidos verticalmente para cima, sobrando um espaço vazio na última posição da fila. Pode-se, então, escolher dentre os itens da fila P2, aquele que tem maior importância, movendo-o para a fila P1. Nesse momento, um novo espaço aparece na fila P2. Finalmente, podemos escolher um dos itens da fila P3, movendo-o para a fila P2.

O interessante dessa mecânica é que, além de produzir fluxo, ela promove um modelo que simplifica enormemente a manutenção das filas de priorização. É necessário apenas duas decisões simples a cada vez que a equipe "puxa" uma demanda do Backlog: qual item mover de P2 para P1 e qual mover de P3 para P2.

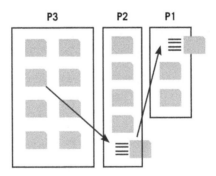

▶ **Figura 8.11** Esquema de um Filtro de Prioridade.

8.4.4 Kanban em projetos ágeis

Projetos ágeis podem ter de lidar com várias situações disfuncionais. Isso pode envolver dificuldades para administrar o trabalho dentro das iterações, projetos com especialistas compartilhados para várias equipes, times dividindo o trabalho da iteração com manutenção em outros sistemas, mais de um cliente competindo pelo resultado da iteração. Todas essas situações disfuncionais podem ter seu impacto minimizado com o Kanban.

Entretanto, é importante lembrar que todos os mecanismos e as práticas expostas pela abordagem Kanban já ocorrem em bons projetos ágeis de forma natural. Aqueles que atuam em projetos ágeis de alta maturidade provavelmente não precisam de Kanban pelo simples fato de eles já utilizarem seus fundamentos de forma implícita.

O que Kanban traz de novo para equipes mais maduras é o seu modelo de fluxo contínuo que itera em torno de Valor, em vez de tempo. O conceito de iteração vinculada a um time-box e a sobrecarga de cerimônias que elas carregam consigo pode eventualmente ser um problema para equipes que precisam de mais leveza e agilidade.

▶ 8.5 MEDINDO O SISTEMA

É possível extrair uma grande quantidade e variedade de métricas de um sistema Kanban. Em um cenário como esse, é possível se perder coletando ou utilizando métricas incapazes de gerar valor para o sistema de trabalho. A lista a seguir apresenta algumas características comuns a métricas relevantes em um sistema Kanban:

- ▶ **Métricas sistêmicas**: quantificam aspectos apresentados pelo sistema como um todo, não de suas partes tomadas isoladamente.
- ▶ **Métricas de capacidade**: revelam algo que o sistema como um todo é capaz de oferecer a seus clientes.
- ▶ **Métricas end-to-end**: consideram o cliente como ponto de início e fim, focando fluxo em vez de atividades funcionais.
- ▶ **Métricas de previsibilidade**: indicam o quão previsível o sistema está operando com relação às expectativas definidas.

Assim, observando as características apresentadas, as métricas nos permitirão olhar o sistema por várias perspectivas, dando-nos as condições para entendê-lo de forma plena. Será possível analisar o seu rendimento, somando a quantidade de trabalho entregue em um determinado período; a sua eficiência de fluxo, obtendo a relação entre o tempo que o trabalho passa em filas comparado com o tempo em que ele é executado; a carga de retrabalho, por conta de trabalho mal executado que volta como nova demanda; além de diversas outras medições.

8.5.1 Monitorando WIP

Um dos primeiros entendimentos que podem ser obtidos de um sistema Kanban é se ele está operando de maneira apropriada. Isso significa entender como o sistema está sendo capaz de administrar a quantidade de WIP ao longo do tempo. O instrumento chamado de Diagrama de Fluxo Cumulativo (ou

Cumulative Flow Diagram) apresenta a quantidade de itens em cada situação do fluxo ao longo do tempo.

Um Diagrama de Fluxo Cumulativo é um gráfico extremamente rico em informação e pode ser utilizado para descrever e até entender como o sistema de trabalho está respondendo ao volume de demanda que recebe. Repare que, no primeiro gráfico (Figura 8.12), a saída da demanda ocorre de maneira ritmada, enquanto que o volume de WIP se mantém constante ou abaixo do limite. A faixa que representa o WIP (a faixa do meio), mantém uma altura

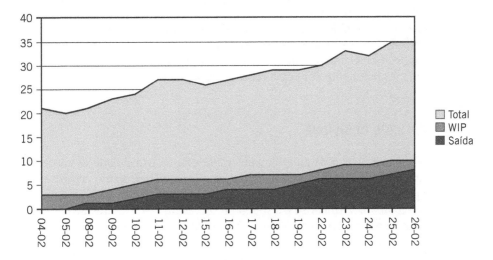

▶ **Figura 8.12** Sistema com WIP administrado.

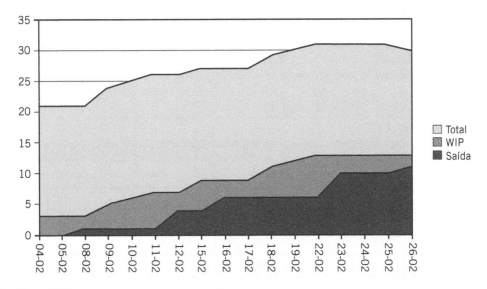

▶ **Figura 8.13** Sistema sem administração de WIP.

mais ou menos constante ao longo do tempo. Se você fizer um corte vertical em qualquer data desse primeiro gráfico, verá que a altura da faixa de WIP não cresce abruptamente em nenhum momento.

Já o segundo gráfico demonstra um processo em que o WIP não é controlado. Repare na diferença de altura da faixa de WIP nos dias 8 e 22. Note também como o processo não apresenta uma saída ritmada. Há picos abruptos de saída em certas datas, o que pode significar momentos de esforço heróico da equipe.

Cortes verticais na área de WIP desse tipo de gráfico refletem o número de itens em processamento em um determinado ponto do tempo. Cortes horizontais nessa área indicarão o tempo médio que os itens ficaram em processamento em um dado intervalo de datas (também conhecido como cycle time). A relação entre WIP e o seu tempo de permanência no sistema é descrita matematicamente pela Lei de Little (Reinertsen, 1997, p. 63) e pode ser visualizada graficamente com essa representação.

8.5.2 Monitorando eficiência

A eficiência de um sistema Kanban reside em sua capacidade de responder às demandas de seus clientes em um tempo e em uma frequência previsíveis. Tempo é o aspecto mais importante em termos de medição de eficiência em um sistema Kanban. Verificar se o sistema produz dentro dos limites de alguma referência de tempo pré-estipulada é o modo de se calcular essa eficiência.

O Lead Time marca o tempo que leva desde o momento em que você se compromete com um pedido do seu cliente até o momento que você entrega o que lhe foi solicitado. Há algumas nuanças com relação a medições de Lead Time que não fazem parte do escopo deste livro, mas a ideia geral é deixar o sistema funcionar por algum tempo para apurar os tempos obtidos e criar uma referência de tempo para servir de base para avaliação de previsibilidade. Para isso, será preciso definir uma linha de corte baseada no percentual inicial de acurácia desejado. Vamos a um exemplo prático. Suponha que, após alguma semanas de medição, o sistema tenha gerado os dados apresentados na Tabela 8.3.

▶ TABELA 8.3

Medições de Lead Time após algumas semanas			
ITEM	LEAD TIME	ITEM	LEAD TIME
1	2,5 dias	6	3,5 dias
2	3,0 dias	7	1,2 dias
3	2,7 dias	8	2,9 dias
4	1,5 dias	9	4 dias
5	4,2 dias	10	3,3 dias

É importante observar que a análise de lead time deve ser feita agrupando-se itens com característica semelhante, como a mesma classificação de esforço ou o mesmo tipo. Isso evita que a distorção da métrica pela variabilidade de itens de trabalho de natureza ou com características diferentes. Agora, vamos tentar estabelecer uma referência de previsibilidade.

Analisando a Tabela 8.4, vemos que se estabelecêssemos 2 dias como referência de previsibilidade para nosso processo, teríamos apenas 20% de sucesso (apenas 2 itens dentre os 10 de fato foram concluídos nesse tempo). Se a referência fosse de 3 dias, teríamos uma performance bem superior (70%), mas ainda insuficiente para o marcador de previsibilidade inicial. Com 4 dias, teríamos 90% de sucesso, o que é uma margem muito razoável. Finalmente, com 5 dias, não teríamos perdido a data uma única vez.

Pode-se imaginar que o ideal seria trabalhar com a referência de 5 dias, pois assim estaríamos estabelecendo uma referência estável que poderia ser utilizada com segurança para acordar prazos com os clientes. No entanto, não é esse o propósito da referência que estamos tentando definir neste momento. Ela não pode se tornar um compromisso, pois isso limitaria a capacidade do trabalho de se expandir para fora dessa referência quando isso for necessário. O seu propósito é gerar "entendimento" sobre previsibilidade e seu efeito é gerar oportunidades para melhorar sua capacidade de ser previsível. Ao definir 4 dias como referência e 90% de índice de atingimento, você abre a possibilidade de poder analisar a causa-raiz do atraso gerado nos 10% de itens que saíram do padrão.

Por fim, utiliza-se a referência selecionada agora para medir a eficiência do sistema em entregar dentro da referência ao longo do tempo, o que é chamado de DDP (Due Date Performance). O DDP representa o percentual de itens que foram entregues dentro da referência em um dado período de tempo (semana, quinzena, mês, semestre, etc.).

Dessa forma, a cada mês será possível selecionar os poucos itens de trabalho que não foram entregues dentro do padrão de previsibilidade. Eles serão o alvo de discussão da equipe quando esta se reunir para discutir oportunidades de melhoria, servindo, portanto, como informação relevante para uma reunião de restrospectiva, por exemplo. Assim, a equipe poderá injetar no sistema uma nova inteligência que evite que novos itens saiam do padrão pela mesma causa no futuro. Se isso for feito de forma recorrente, ela estará

▶ TABELA 8.4

Simulações para tentar estabelecer uma linha de corte	
REFERÊNCIA	PERCENTUAL DE SUCESSO
2 dias	20,00%
3 dias	70,00%
4 dias	90,00%
5 dias	100,00%

melhorando continuamente a previsibilidade gerada pelo seu sistema de trabalho.

▶ 8.6 EM BUSCA DE UMA CULTURA DE MELHORIA CONTÍNUA

Oportunidades de melhoria estão inseridas na raiz do modelo Kanban. Visualizar o processo como um todo, limitar a quantidade de trabalho em progresso, descobrir novas formas de colaborar para fazer o trabalho fluir, remover gargalos, atacar impedimentos tão logo eles apareçam, distribuir o trabalho de modo mais eficiente, discutir frequentemente estratégias de coordenação, detectar medições fora da faixa de previsibilidade, tudo isso torna o Kanban um agente poderoso para despertar uma cultura de melhoria contínua no ambiente de trabalho. Sua abordagem sistêmica permite que a forma de trabalho passe a ser discutida tão intensamente e frequentemente quanto o próprio trabalho em si, o que é fator primordial para a formação dessa cultura.

Entretanto, na expressão "cultura de melhoria contínua" a palavra mais importante é "cultura". Melhoria contínua não é um programa, um conjunto de ações ou uma definição de processo. Melhoria contínua emerge quando a cultura estabelecida no grupo de trabalho a favorece. Nenhum processo será o agente causador de mudanças, as pessoas serão. Por isso, apesar de ser possível delinear ações e práticas para desencadear um movimento de melhoria contínua, somente a cultura estabelecida no ambiente de trabalho a tornará real e efetiva.

▶ REFERÊNCIAS

ANDERSON, D. J. *Kanban*: successful evolutionary change for your technology business. Seattle: Blue Hole, 2010.

ANDERSON, D. J.; SCHRAGENHEIM, E. *Agile management for software engineering*: applying the theory of constraints for business results. Upper Saddle River: Prentice Hall, 2003.

GOLDRATT, E. M; COX, J. *A meta*. Barueri: Nobel, 2003.

LADAS, C. *Scrumban*: essays on kanban systems for lean software development. Seattle: Modus Cooperandi, 2008.

POPPENDIECK, M; POPPENDIECK, T. *Lean software development*: an agile toolkit. Boston: Addison-Wesley, 2003.

REINERSTEIN, D. G. *Managing the design factory*: a product developer's toolkit. New York: Free, 1997.

SEDDON, J. *Freedom from command & control*: rethinking management for lean service. New York: Productivity, 2005.

▶ LEITURAS SUGERIDAS

LIKER, J. K. *O modelo toyota*: 14 princípios de gestão do maior fabricante do mundo. Porto Alegre: Bookman, 2005.

LIKER, J. K.; MEIER, D. *O modelo Toyota*: manual de aplicação. Porto Alegre: Bookman, 2007.

POPPENDIECK, M.; POPPENDIECK, T. *Implementing lean software development*: from concept to cash. Boston: Addison-Wesley, 2007.

Parte II

Práticas Técnicas

9

Modelagem Ágil

RODRIGO YOSHIMA

Carlos, José, Ruy, Marta e Alex são a equipe de uma empresa que desenvolve software. Eles foram contratados por uma grande distribuidora de alimentos, chamada de Bom Rango, para desenvolver um projeto para a área de vendas. O objetivo do projeto é equipar seus vendedores com notebooks, sistematizando todo o processo de cadastro de clientes e emissão de pedidos. Sérgio, gerente de vendas da Bom Rango, é o maior interessado no sucesso do projeto, pois atualmente a captura e o faturamento de pedidos são processos manuais, morosos e bastante propensos a erros. Assim, ele busca melhorar seu relacionamento com os clientes, automatizando a sua força de vendas.

Carlos, um analista de negócios bastante experiente, teve o primeiro contato com a Bom Rango há algumas semanas. O projeto parecia simples: uma tela de cadastro e uma tela de emissão de pedidos seriam suficientes para os vendedores de Sérgio. O escopo do projeto foi fechado com o cliente com ajuda de Alex, o gerente de projetos.

Durante o processo de levantamento e análise do negócio da Bom Rango, Carlos preencheu uma série de artefatos segundo o processo estabelecido. Mesmo para um sistema simples, a documentação estava bem completa e contava com especificações, planos detalhados, declarações de escopo, croqui das telas, relatórios e muito mais. Tudo foi assinado pelo cliente, que, mesmo não compreendendo exatamente o que estava ali, estava confiante no projeto. Aparentemente as coisas estavam organizadas.

José, Ruy e Marta formam a equipe técnica do projeto. Eles concluíram há pouco um trabalho no qual estiveram sob forte pressão para entregar e que consumiu todo o tempo deles (inclusive noites, sábados e domingos). Em uma reunião rápida com Carlos e Alex, uma breve descrição do projeto da Bom Rango foi apresentada, assim como seus artefatos, planos, prazos e atividades. Com a documentação em mãos, a equipe seguiu, passo a passo o seu processo interno. Durante os primeiros três dias, analisaram a documentação que, mesmo parecendo consistente, apresentava problemas. Em uma determinada especificação, havia a seguinte frase: "Pedidos só podem ser emitidos por vendedores"; em outra parte, estava: "Quando um gerente de contas emite pedidos, a comissão não é calculada"; "Pedidos cancelados devem retornar mercadorias para estoque" e em outro ponto "Pedidos cancelados retornam mercadorias quando liberados". A solução imediata seria falar com Carlos, mas ele já estava em outro cliente e não teria a documentação em mãos! Alex, o gerente do projeto, comentou que "essas pequenas divergências não trariam muito problema", temendo que essas falhas pudessem gerar grandes mudanças de escopo e atritos com o cliente logo no início do projeto.

Apesar de existirem alguns diagramas de alto nível nas especificações de Carlos, o processo exigia os diagramas técnicos para fortalecer ainda mais a documentação. Mesmo com essas pequenas divergências, José, o analista de sistemas, começou a diagramar no nível técnico as especificações. O gerente de projetos encontrava a equipe a cada dois dias para verificar o cumprimento das tarefas e a qualidade dos documentos produzidos. José concluiu os diagramas técnicos e Ruy e Marta podiam começar a programar. Porém, além de todas as dúvidas já detectadas nas especificações de negócio agora havia também dúvidas arquiteturais dos diagramas de José, que já se juntara a Carlos no outro cliente.

As inconsistências eram grandes em toda a documentação, e o cronograma do projeto já estava atrasado. Nesse momento, o programador sentiu que algo estava profundamente errado, e que o risco do projeto aumentou vertiginosamente. Havia tantas incertezas que o próprio programador podia não acreditar mais no sucesso do projeto. Neste ponto, o foco da equipe não é mais resolver o problema de vendas do Sérgio (o objetivo do projeto, lembra-se dele?), mas sim fazer com que as coisas sejam consistentes. Há uma ilusão de que, resolvendo-se as inconsistências, o objetivo do projeto será alcançado.

Se continuarmos a contar a história desse projeto da Bom Rango, não veremos histórico diferente daquilo que aconteceu nos clientes anteriores: ao fim do projeto, há uma grande urgência, correria, horas extras, explosão de custos e uma equipe desmotivada, cansada e com um sentimento de derrota. Isso ainda é muito potencializado quando, ao final do projeto, o cliente fica insatisfeito com o software produzido, especialmente porque o processo não tem mecanismos de feedback junto aos usuários e interessados.

O objetivo da Modelagem Ágil é agrupar um conjunto de princípios e práticas que usam modelos, diagramas e desenhos de forma pragmática, colaborativa e centrada no sucesso do projeto. Ao final do projeto, quando ocorrem atrasos, correrias na equipe e elevação de custos, fica evidente que faltou colaboração do cliente no projeto e, a equipe falhou miseravelmente em se antecipar aos riscos. Neste capítulo que vamos abordar sobre documentação e modelagem dentro dos processos ágeis.

▶ 9.1 MOTIVAÇÕES PARA MODELAR E DOCUMENTAR

Muitas empresas aplicam processos de desenvolvimento de software muito parecidos com o cenário repoduzido na introdução deste capítulo. De norte a sul do Brasil, gestores lutam para fazer essa engrenagem funcionar. Como esse modelo falha constantemente, equipes implantam pequenas mudanças na esperança de que, no próximo projeto, o mecanismo funcione. Contudo, nenhuma dessas humildes iniciativas produz bons frutos no longo prazo sem uma revisão do processo como um todo.

Estruturalmente, um processo Cascata ou Waterfall, como o projeto da Bom Rango, é dispendioso, propenso a falhas e não deveria ser utilizado. O problema é estrutural. Desde a maneira como o planejamento foi estabelecido com o cliente até a forma da entrega do projeto; tudo precisaria mudar.

Comumente, os gestores responsabilizam a falta de mecanismos de controle pela falha dos processos. Esses mesmos gestores focam as melhorias numa melhor divisão de papéis e responsabilidades e revisões periódicas dos artefatos gerados. É bastante comum os responsáveis pela qualidade definirem o processo de trabalho focando os documentos trocados entre os papéis, de maneira similar ao funcionamento de um cartório, tentando tornar o processo previsível, otimizando cada etapa. Para isso, é preciso evidências, é preciso documentos! Antes de continuar, vamos relembrar o segundo (e talvez um dos mais controversos) valor do Manifesto Ágil (Cockburn et al., 2001), presente na Parte I deste livro:

"Software em funcionamento mais que documentação abrangente"

Tal valor coloca o pensamento desses gestores em cheque: o processo não pode focar documentos, mas sim a satisfação do usuário, por meio de software funcionando. Todo seu processo deveria ser focado nisso! É questionável se documentos realmente colaboram com esse objetivo.

Indo para outro extremo, um mito recorrente no mercado é que Métodos Ágeis não documentam nada. Uma leitura equivocada pode levar a esse exagero, porém, note que o segundo valor somente diz que o software funcionando (resolver o problema) é mais importante que ter apenas a documentação. Isso não significa que a documentação não deva existir! Você concorda que ter uma pilha de documentos bem feitos não resolve o problema do seu cliente?

A pergunta é: ágil documenta? A resposta é SIM! Porém, qual é o grande problema com "documentação de software"? A maioria dos profissionais a quem pergunto isso responde que o problema é que a documentação se desatualiza. Criei um termo para isso: a documentação apodrece! O que fazer, então, se os projetos sofrem manutenção, a equipe muda e o cliente quer informações? Não é possível deixar tudo na cabeça das pessoas! Desenvolvimento ágil documenta o software de uma maneira diferente, porém a documentação está presente. Nos Capítulos 10 e 11, em que tratamos de Domain-Driven Design (DDD) e desenvolvimento orientado a testes (TDD), é possível ter uma ideia de como a comunidade ágil tem encontrado maneiras interessantes de documentar por meio de testes automatizados, especificações executáveis e código expressivo. Essas soluções resolvem a equação da documentação que "apodrece".

Um dos problemas da equipe do projeto da Bom Rango foi terem focado mais documentos do que o produto final. É uma ilusão achar que o preenchimento de documentos colabora 100% para o sucesso do produto final e que, para qualquer processo, um documento puxa o outro até você ter segurança para escrever código. A tendência é os documentos ficarem muito defasados com relação à implementação (código); ou pior, ficarem muito distantes das necessidades do usuário. No trabalho de programação, decisões são tomadas a todo momento e, na maioria das vezes, muitas delas não são documentadas. Aumentar o formalismo do processo não significa que não acontecerão erros. Ter uma documentação imprecisa pode ser pior do que não ter documentação alguma.

Nos últimos anos, a Comunidade Ágil tem trabalhado para eliminar "camadas" da documentação a fim de evitar esse problema. Reforçando: projetos ágeis de verdade são *muito bem* documentados. A grande mudança de paradigma é que preferimos documentação executável, que fique amarrada ao código que, em caso de divergências, existam mecanismos deterministas para encontrar a falha – no caso, um teste que falha! Sempre que possível, tomamos nossos testes automatizados como base para documentação dos nossos requisitos e design. Não há nada melhor que usar código para documentar o próprio código. Há até uma piada corrente na comunidade que diz que a documentação ágil é super formal, tão formal que até o compilador ou interpretador compreende! Para mais informações sobre esse assunto, leia o Capítulo 11, Test-Driven Development.

Em projetos ágeis, mantemos documentos somente para guardar informações importantes. Documentos não são escritos para passar informações entre analistas de negócio, desenvolvedores e testadores, nem são elaborados para proteção contra mudanças provenientes de clientes ou usuários. Mudanças são sempre bem-vindas. Assinar escopos, congelar requisitos ou entrar em discussões inúteis dizendo para o cliente "Foi isso que você pediu" não fazem parte do dia a dia ágil.

Se não usamos documentos para nos comunicar, então, como fazemos? A melhor forma de comunicação é a conversa frente a frente. Não é o fluxo de artefatos que faz um processo ou uma metodologia funcionar, mas sim a colaboração franca dentro da equipe e com o cliente. Um bom processo reforça essa colaboração.

▶ 9.2 A COMUNICAÇÃO RICA DO "PAPEL SOBRE A MESA"

Alistair Cockburn é um dos autores do Manifesto Ágil, de 2001, (veja Parte I do livro) e um dos defensores de uma comunicação aberta, intensa e honesta dentro dos projetos de desenvolvimento de software (Cockburn et al., 2001). Cockburn foi o primeiro autor a defender que até a disposição física da sala onde a equipe trabalha pode gerar problemas para os projetos.

Em um de seus artigos, Cockburn (2013) apresentou o resultado de seu estudo sobre a eficiência de artefatos e meios de comunicação. O gráfico da Figura 9.1 nos mostra a Eficiência *versus* Temperatura de meios de documentação e comunicação. A linha preta mostra as mídias de documentação. Como podemos ver, documentos em papel são os menos eficientes e os mais "frios" para demonstrar ideias e o conteúdo em vídeos (imagem e voz) pode ser a opção mais eficiente e mais amigável para o registro de informações do projeto. Nos últimos anos, utilizei em alguns projetos apresentações com imagem e som (como screencasts) para demonstrar a arquitetura de aplicações. Um bom screencast pode poupar a redação de um documento de arquitetura de 10 a 20 páginas e ainda melhorar o entendimento. Na Figura 9.1, a linha cinza representa as mídias de comunicação – as maneiras que duas pessoas ou um grupo de pessoas utilizam para evoluir o pensamento para o bom desenvolvimento do projeto. Desenvolvimento de software é extremamente dependente de comunicação. Essa comunicação é crítica tanto no relacionamento do cliente com a equipe quanto na comunicação interna da própria equipe. O gráfico apresenta como o pior meio de comunicação e documentação os artefatos trocados via e-mail. Infelizmente, muitos projetos utilizam somente esse meio pobre de comunicação, ainda que essa seja a maneira menos eficiente e mais fria de trocar informações.

Um meio rico é a comunicação frente a frente, preferencialmente utilizando um meio compartilhado de demonstrar graficamente as ideias. O conceito é bem simples: junte as pessoas numa sala e faça-as colaborarem entre si, trocando impressões e sentimentos com o auxílio de uma mídia gráfica compartilhada (um quadro branco, um flip-chart ou papéis de rascunho são excelentes). A eficiência dessa técnica é comprovada em workshops de requisitos com o cliente ou em discussões arquiteturais dentro da equipe. O resultado dessas reuniões são rascunhos que podem ser feios na forma, mas são perfeitos para o propósito de modelagem do sistema (veja também o Capítulo 14, Gestão Visual).

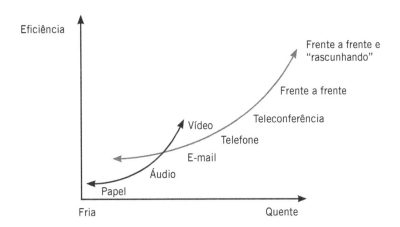

▶ **Figura 9.1** Valor do canal de comunicação.

9.3 RASCUNHOS: UMA FORMA DE MODELAGEM EFICAZ

Sempre que falamos em rascunhos, as pessoas, principalmente na nossa área, ficam com aquela impressão de coisas malfeitas ou informalidade em excesso. Apesar de não apoiar muito o uso de definições de dicionários, nesse caso, creio que seja interessante definir o que é rascunho:

rascunho: s. m., minuta; esboço; delineamento;
trabalho prévio de redação onde se fazem emendas ou rasuras, antes de ser passado a limpo.

Essa definição deixa claro que rascunho não precisa ser necessariamente malfeito e nem tão informal. A palavra de que mais gostei nessa definição foi *delineamento*, experimentar no sentido de testar uma maneira mais simples de algo que pode ser refinado em tempo oportuno. Por alguma razão, profissionais de informática possuem um vício por "coisas" digitais. Queremos tudo em arquivos digitais. Entretanto, a indústria sobreviveu várias décadas sem o computador, e várias áreas de atuação seguem operando sem o uso das máquinas. Na área de desenvolvimento de software, também podemos utilizar mídias que não são digitais.

Sempre que penso em rascunhos, lembro da obra do brasileiro Oscar Niemeyer, um dos maiores nomes da Arquitetura Moderna. Niemeyer obteve muito sucesso rascunhando projetos de maneira genial. O rascunho é uma ferramenta interessante para observar o futuro. Talvez a obra do Congresso Nacional, em Brasília, tenha demorado anos, porém os rascunhos que traduziam o conceito original ficaram prontos em poucos instantes. O interessante é que a obra final ficou muito parecida com o que ele queria de fato.

No desenvolvimento de software, podemos aplicar técnicas parecidas, mas em escala menor, aplicando iteratividade. Fazer o cliente nos auxiliar na modelagem é uma das maneiras de fornecer uma visão daquilo que será o software no futuro, mesmo que usando artefatos leves, como um rascunho em uma página A4, um diagrama em um quadro branco ou mesmo em uma folha de papel como mostra a Figura 9.2.

9.4 DESIGN E CONSTRUÇÃO

É muito comum que pessoas envolvidas nas tarefas gerenciais de um projeto de software pensem que a Engenharia de Software é próxima da Engenharia Civil ou da Engenharia Mecânica. Nas engenharias tradicionais, existe separação entre Design e Construção; na Engenharia de Software, isso não existe.

Na construção de um edifício, o gerenciamento de projeto faseado faz sentido, pois é necessário ter uma planta para iniciar a construção. Nesse projeto, o responsável pela atividade de design é um arquiteto ou engenheiro, que possui qualificações intelectuais específicas. O trabalho de construção

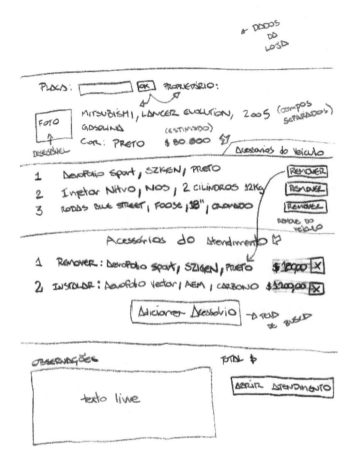

▶ **Figura 9.2** Rascunho de uma tela feito em papel, elaborado com o cliente.

será desempenhado pelo pedreiro, que não necessita ter o conhecimento profundo da engenharia para fazer o seu trabalho. Essa divisão é necessária devido às características totalmente diferentes entre os dois trabalhos: um é altamente intelectual, o outro é mais braçal. Um engenheiro pode ter uma remuneração alta, a do pedreiro será mais baixa. Um engenheiro pode gerar subsídios para o trabalho de até 100 pedreiros. Em razão da natureza do projeto civil, é esperado que exista essa divisão de trabalho, por conta dessas diferenças marcantes. Para um projeto de software, essa separação não faz sentido.

É bastante comum pensarmos no desenvolvimento de software como um conjunto de atividades separadas em disciplinas, como levantamento de requisitos, programação, teste, entre outras. Porém, não existem diferenças significativas no nível intelectual necessário para desempenhar o trabalho. A atividade de escrever os elementos de software não é intelectualmente inferior à atividade de compreender o que o usuário quer. São atividades diferentes, mas não tão diferentes quanto o trabalho do engenheiro e do pedreiro. O

MÉTODOS ÁGEIS

erro de muitas empresas é achar que analistas são como engenheiros e programadores são como pedreiros. Isso é um completo absurdo!

Métodos Ágeis não pregam uma separação rígida de papéis e alta especialização. Uma equipe auto-organizada (ver Capítulo 3, O Framework do Scrum) trabalhando com qualquer Método Ágil irá romper cada vez mais as barreiras entre papéis e cada vez mais terá profissionais generalistas, com visão holística sobre o projeto, em constante colaboração. Ater-se a papéis e responsabilidades inibe a inovação e a produtividade.

A especialização e o princípio de rigorosamente "dividir e conquistar" serviram para produzir carros em maior quantidade e de maneira mais barata. Na minha experiência, esses princípios não fazem sentido, seja como estratégia para desenvolvimento de software, para o negócio, ou para o lado humano isso faz sentido e nem para o negócio.

Kent Beck (2005)

Concluindo, todas as atividades no desenvolvimento de software são intelectualmente ricas. Não há trabalho braçal. Todas as atividades podem ser consideradas "design", desde conversar com o usuário, modelar classes ou projetar integrações até testar um software.

Programar é uma atividade de design – um bom processo reconhece isso e não teme iniciar a programação quando isso fizer sentido.

Jack W. Reeves (1992)

▶ 9.5 PRÁTICAS DA MODELAGEM ÁGIL – ESCAPANDO DO BDUF

O termo "Big Design Up Front" é comumente usado para descrever métodos de desenvolvimento de software em que um "grande" design é criado antes da programação ou dos testes.[1] O "Big Design Up Front" (ou simplesmente BDUF) é a maneira como muitas equipes trabalham – seguindo um processo em cascata (Figura 9.3). Este é o modelo de trabalho da Bom Rango – várias semanas se passaram antes de iniciar a programação e os testes, semanas em que Carlos e José trabalhavam unicamente em documentação.

Como vimos anteriormente neste livro, equipes ágeis fogem de processos sequenciais, adotando um ciclo de vida cíclico ou contínuo com entrega

---

[1] Definição segundo o site: BIG Design Up Front. Disponível em: <c2.com/xp/BigDesignUpFront.html>. Acesso em: 02 abr. 2014.

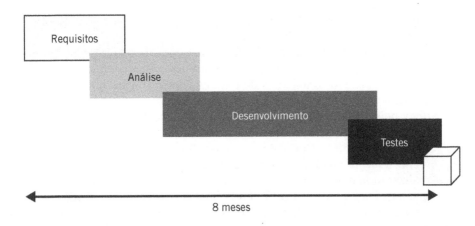

▶ **Figura 9.3** Processo cascata.

constante de software funcionando em períodos regulares. Tarefas como levantar requisitos, analisar, programar e testar são constantes durante todo o projeto. Não existe uma fase específica para design ou análise, as atividades são executadas em paralelo ou sob demanda.

O conjunto de práticas da Modelagem Ágil, um método proposto por Ambler (2002), ajuda-nos principalmente a usar a modelagem como ferramenta de análise e comunicação, que direciona os desenvolvedores a modelar com propósito, usar o artefato correto, rascunhar em grupo, entre outras. A seguir, abordaremos os principais princípios e práticas da Modelagem Ágil.

9.5.1 Princípio: modele com um propósito

Uma das premissas do método cascata (veja a Figura 9.3) é que as fases são interdependentes, e presume-se que as decisões e todo trabalho da fase anterior estejam corretos. Dessa forma, é comum a equipe levantar e documentar todos os requisitos no início e também realizar todo o design, muitas vezes usando a UML. Preste atenção nesta definição sobre modelos:

Um modelo é uma simplificação de algo complexo.

Grady Booch (2007)

Booch (2007), um dos pais da UML e criador do método Booch, ensina que modelos auxiliam a visualizar algo complexo – uma abstração, um resumo útil que mostra a você e sua equipe quais são os próximos passos. Para a leitura desta parte do capítulo, dê uma atenção especial para a questão "algo complexo" da sentença do Booch.

Em meados dos anos 90, quando métodos de análise e design orientados a objetos tomaram a cena, as arquiteturas eram complexas, assim como as linguagens e os ambientes de desenvolvimento. Para que o time pudesse conversar sobre algum assunto, era muito improdutivo utilizar somente o código, pois ele era geralmente muito verboso e complexo. Era necessária uma abstração em alto nível e, com isso, a UML foi uniformizada com o trabalho dos "Três Amigos" – Grady Booch, James Rumbaught e Ivar Jacobson – juntamente à formação do RUP (Rational Unified Process). A ideia da UML era formalizar uma linguagem visual baseada em princípios da orientação a objetos que auxiliasse nessa abstração (veja também o Capítulo 5, OpenUP). Muitas empresas não entenderam a essência do conceito e vêm utilizando a UML como forma de especificar *completamente* o sistema, em todos os seus detalhes, e assim deturpam a ferramenta. O RUP (processo pai da UML) não recomenda modelar todo o sistema, mas somente as partes mais complexas, seguindo o pensamento de Booch.

Em projetos empresariais com muitos envolvidos e alta complexidade, é comum que artefatos sejam criados para que outras partes compreendam o que acontece no projeto, sejam pessoas de negócio, outras equipes ou os próprios desenvolvedores. Na Modelagem Ágil, o princípio-chave "Modele com um propósito" tem como objetivo estimular a criação somente de artefatos e modelos que *realmente* irão colaborar para o projeto – artefatos úteis. É muito comum que equipes gerem muita documentação desnecessária porque um determinado processo estabelecido exige tais documentações, mesmo que absolutamente ninguém precise delas (nem agora e nem no futuro).

Ao criar qualquer documento, questione inicialmente para qual interessado esse documento está sendo escrito. Veja do que exatamente ele precisa no documento. Caso o documento não se direcione a ninguém, sua necessidade deve ser questionada.

Modelar com um propósito nos ensina a criar uma documentação leve, útil e fácil de manter. A definição de Booch (2007) traz uma dica importante nas entrelinhas: você modela o que precisa ser modelado. Um modelo serve para modelar coisas complexas. Se não é complexo, você pode partir para o código.

9.5.2 Princípio: "travel light"

"Travel light" não tem uma tradução boa para o português, porém, o princípio significa "viaje leve". Quando estamos trabalhando em atividades de análise ou modelagem, é saudável que seus modelos ou artefatos não contenham todos os detalhes. Em uma sessão de modelagem, o principal objetivo é esclarecer ou ter novas ideias. Se a equipe decide manter outros documentos não executáveis, é importante que cada um desses documentos tenha sua própria responsabilidade, assim como é também importante manter uma quantidade pequena de documentos. Isso minimiza o impacto de mudanças em requisitos e design.

Uma equipe que decide criar e manter muitos documentos de requisitos, design e testes perceberá logo que está gastando muito mais tempo nisso do que criando propriamente o software. Poucos artefatos apartados do código e somente com as informações essenciais – este é o mantra "travel light".

9.5.3 Princípio: modelos múltiplos

Nós desenvolvemos uma variedade de sistemas diferentes, e alguns anos de experiência podem nos mostrar que cada software pode ter necessidades diferentes com relação à documentação. Além disso, as técnicas de análise ou levantamento de requisitos também podem variar de projeto para projeto. Usar modelos múltiplos significa que seu processo precisa variar de projeto para projeto para acomodar essa variedade de técnicas e estilos de documentação.

Muitas empresas utilizam Casos de Uso para elicitação de requisitos, para demonstrar os objetivos dos principais usuários e como documentação de negócios. Porém, isso não significa que todos os sistemas precisam de casos de uso. Nenhum processo apregoa que documentos são obrigatórios e nenhum processo deveria predeterminar a ordem da criação de artefatos. A Modelagem Ágil também possui uma prática chamada de "Use o artefato correto". Use a ferramenta certa para o problema em mãos. Se nenhum tipo de documento ou técnica atende ao que você precisa para o projeto, crie a sua própria ferramenta!

Também é importante ressaltar que nem todo modelo ou documento precisa se tornar artefato definitivo no projeto. Determinados modelos simplesmente podem ajudar no planejamento de uma versão de entrega ou iteração e ser descartados logo em seguida. Modelar é uma atividade de exploração, de investigação. Nem sempre o produto da atividade modelar precisa ser mantido. Isso vale para qualquer tipo de modelo.

Muitas equipes ágeis usam as técnicas User Stories e cartões CRC (Class-Responsibility-Collaboration), em que as informações são armazenadas em fichas pautadas. Mais uma vez, a comunicação com papel sobre a mesa é uma excelente forma de modelar de maneira compartilhada. Escrever User Stories é uma atividade de modelagem.

A UML também tem seu espaço dentro do mundo ágil, porém não é utilizada para especificações formais. Usamos a UML simplesmente como uma notação para representar classes, objetos, associações, atividades, estados, etc., seja em rascunhos no papel ou esboços em um quadro branco ou flipchart para toda a equipe. Se todos na equipe "falam" UML, ela passa a ser o idioma do projeto.

MÉTODOS ÁGEIS

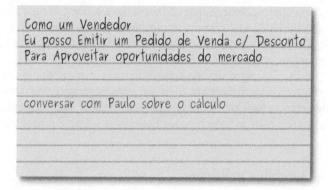

▶ **Figura 9.4** Cartão User Story.

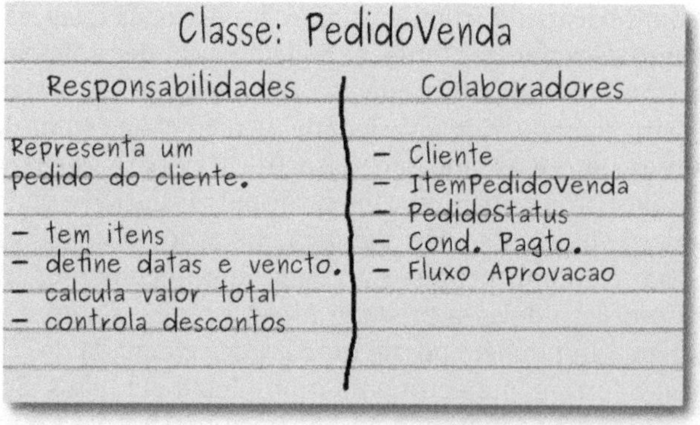

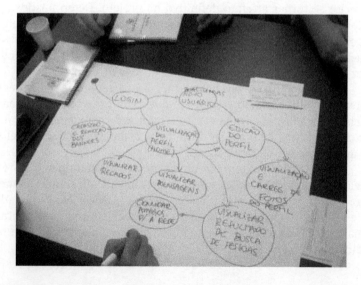

▶ **Figura 9.5** Cartão CRC.

▶ **Figura 9.6** Exemplo de rascunho de diagrama de atividades da UML.

9.5.4 Prática: modele em conjunto

Olhe novamente a Figura 9.6. Note que foi usada uma cartolina, e a sessão de diagramação tem a participação de várias pessoas. Naquele momento, a UML está sendo usada fora de ferramentas caras para discutir um mapa de navegação de um site. Quando queremos "Modelar com um propósito", como exposto anteriormente, querem'os que o modelo seja útil para o projeto levando em consideração o principal interessado no modelo, seja ele usuário, desenvolvedor ou testador. Como também demonstrado na Figura 9.2 (rascunho da tela), não faz sentido que desenvolvamos um modelo, cujo maior interessado é o usuário, sem a presença dele. Rascunhos e protótipos rápidos são excelentes ferramentas para discutir e transmitir ideias a quatro, seis, oito ou vinte mãos.

Modelar em conjunto gera os melhores modelos, pois transmite a visão exata do assunto discutido. É completamente diferente você levar um diagrama pronto para um usuário olhar e desenhar o diagrama juntamente a ele. Ao desenhar um protótipo rápido junto a outras pessoas, o modelador fala o que está pensando a cada traço. Isso fornece um mecanismo de feedback importante para a sessão de modelagem, que pode ter muitos participantes (prática "Model Storm" da Modelagem Ágil). Model Storms[2] são comuns em planejamentos de releases ou de iterações, nos quais rascunhamos telas, diagramas, histórias de usuários, casos de uso e muitos outros modelos para elicitar requisitos junto aos usuários e para refinar estimativas. Sessões de modelagem também podem ocorrer a qualquer momento no trabalho dos desenvolvedores para discutir, por exemplo, problemas de arquitetura, infraestrutura, banco de dados ou outra decisão técnica.

Qualquer pessoa que já conhece Modelagem Ágil indicará que o maior problema do projeto da Bom Rango é que os modelos, artefatos e diagramas foram feitos de forma solitária por um analista, sem a participação e colaboração do cliente ou outros membros da equipe técnica. Isso leva a erros básicos que poderiam ser evitados se duas pessoas fizessem o trabalho juntas.

9.5.5 Prática: prove com código

Se você já é um agilista, é provável que esteja pensando que este capítulo aborda documentos, modelos e artefatos em demasia. Conforme já exposto, apesar de sempre preferirmos documentação executável, diferentes tipos de projetos possuem necessidades diferentes. Num projeto com uma equipe pequena, em que o cliente está sempre presente e os requisitos e a arquitetura são simples, é provável que a única documentação existente seja composta por testes e especificações executáveis. Um projeto com uma equipe grande, um elevado número de interessados e requisitos instáveis pode necessitar de outros artefatos e modelos não executáveis.

Seja qual for o estilo do seu projeto, mesmo que você use modelagem somente como rascunho e não guarde modelos como artefato, é importante que

---

[2] Analogia a *brainstorm*, dinâmica de sessão em que ideias são expostas à medida que surgem, sem restrição nem convergência para fins exploratórios e estímulos de criatividade.

MÉTODOS ÁGEIS

tudo que é analisado e experimentado nos Model Storms seja provado com código. Nosso objetivo maior com os modelos é ter uma abstração de alto nível, que dê uma visão para a solução dos problemas, mas que seja implementável em código, sempre!

Provar com código significa que, mesmo que os modelos rascunhados num quadro branco com todos os membros da equipe sejam uma boa solução, se essas decisões não forem passíveis de uma implementação condizente com as restrições da sua arquitetura, nada será aproveitado, e o exercício de modelagem terá sido inútil.

9.5.6 Prática: use ferramentas simples

A maioria dos modelos ágeis são feitos em quadros brancos, flipcharts, papéis de rascunho, cartolinas ou outros instrumentos simples de abstração. Você pode usar fichas pautadas (ver Figura 9.4), papel sulfite, canetas coloridas, adesivos ou qualquer outra ferramenta.

A atividade de modelar deve aproximar ao máximo as pessoas interessadas, e não afastá-las. A modelagem mais tradicional, feita através de ferramentas no computador, aproxima-se mais do estilo "solitário", como a que aconteceu na Bom Rango. Esse tipo de modelagem pode ser utilizado quando as decisões não envolvem o grupo. Decisões importantes devem ser tomadas em grupo e com uma modelagem compartilhada.

Em vários projetos de que participei como consultor, tive a oportunidade de transformar algumas reuniões formais em atividades lúdicas, utilizando ferramentas simples para que o grupo conversasse de uma maneira mais eficiente, usando modelos. Usar fichas pautadas (Figura 9.4) para explorar requisitos e organizar Backlogs (veja os Capítulos 4 e 12) é excelente para que decisões sejam tomadas na própria reunião e não deixadas para depois. Em algumas situações, o próprio usuário modela diagramas para comunicar a ideia para a equipe. Isso é possível usando ferramentas simples, que não intimidem quem quiser se arriscar a prototipar algo, mesmo que a ideia seja descartada logo em seguida, mas que tenha potencial para evoluir a discussão.

9.5.7 Prática: modelos são públicos/propriedade coletiva

Em ambientes não ágeis, é comum ter cargos ou papéis que são "donos" de determinados artefatos. Algo como: analistas de negócio são responsáveis pela visão e pelos casos de uso; analistas de sistemas são responsáveis pelo modelo UML; desenvolvedores são responsáveis pelo código, etc. Essa prática desenvolve uma especialização que divide a responsabilidade e trata o projeto de forma sequencial, roubando a capacidade de colaboração da equipe, pois cada papel fica comprometido somente com a sua parte, perdendo a visão do objetivo geral do projeto.

Em ambientes ágeis, os modelos são públicos – todos podem consultar qualquer artefato, e a propriedade é coletiva – todos podem alterar ou descartar os modelos (assim como fazemos com o código no método Extreme

Programming, veja o Capítulo 4). Assim, todos são proprietários dos artefatos e têm liberdade para alterá-los sempre que necessário. Tornar público o conhecimento do projeto é uma excelente prática para fortalecer a transparência, promovendo a comunicação honesta e aberta.

Tornar público também pede o uso de um ambiente informativo, prática do Extreme Programming. O ambiente informativo do projeto é um espaço físico que contém as informações importantes do projeto sempre à vista da equipe. Uma boa estratégia é colocar um quadro branco na sala de desenvolvimento, tornando visível a todos não só a gestão do projeto como também protótipos, modelos, rascunhos de telas e tudo mais que for necessário para o trabalho da equipe. É um espaço livre para desenhar e discutir. É a colaboração de todos tomando forma fisicamente, utilizando práticas colaborativas, no melhor estilo ágil.

▶ **Figura 9.7** Ambiente informativo: ideias, modelos, rascunhos públicos.

▶ 9.6 CONCLUSÃO

Neste capítulo, você viu um conjunto de conceitos, princípios e práticas da Modelagem Ágil. Atualmente, todo um novo conceito sobre colaboração e participação aberta vem sendo discutido na indústria do desenvolvimento de software, permitindo que equipes façam testes ou prototipação rápida de ideias, levando à inovação, com o uso de ferramentas simples e lúdicas. Um protótipo ou modelo não precisa ser perfeito, ele precisa habilitar a equipe a dar o próximo passo em direção ao objetivo comum do projeto. Design Thinking é um conceito aprofundado desse assunto que você pode estudar.

Como seria o projeto da Bom Rango dentro da Modelagem Ágil? Inicialmente, os modelos seriam feitos junto aos interessados e seriam elaborados de maneira incremental, paralelamente a outras atividades, e não todos ao mesmo tempo e apenas no ínicio do projeto. Uma reunião de planejamento de release com todos os envolvidos poderia elencar uma lista de user stories pequenas como Backlog (ver Capítulo 3, O Framework do Scrum), e a priorização diria à equipe qual é o próximo esforço a ser trabalhado, entrando em detalhes somente quando necessário, tornando os modelos públicos, elaborando artefatos sempre provados com código funcionando. O cliente participaria ativamente durante todo o projeto. O processo seria cíclico, construindo o produto de maneira incremental, entregando primeiro aquilo que é mais importante para o usuário.

"Agilistas modelam, mas não gostam de falar sobre isso." – essa é uma frase também de Ambler (2002) que traduz um pouco o que acontece na comunidade ágil. Desenvolvedores ágeis no geral gostam de falar sobre código, e não sobre modelos. No entanto, pode ter certeza de que uma equipe ágil vencedora não abre mão dos conceitos apresentados aqui. Modelos ajudam a evoluir ideias e a discutir soluções. Não há dúvidas de que pessoas que sabem abstrair soluções através de desenhos ou diagramas possuem características importantes para o sucesso dos projetos.

▶ REFERÊNCIAS

AMBLER, S. W. *Agile modeling*: effective practices for extreme programming and the unified process. New York: J. Wiley, 2002.

BECK, K. *Extreme programming explained*: embrace change. Boston: Addison-Wesley, 2005.

BOOCH, G. *Object-oriented analysis and design with applications*. Boston: Addison-Wesley, 2007.

COCKBURN, A. Humans and technology. [S.l: s.n.], 2013. Disponível em: <http://alistair.cockburn.us/ASD+book+extract%3A+%22Communicating,+cooperating+teams%22>. Acesso em: 8 abr. 2014.

MANIFESTO para desenvolvimento ágil de software. [S.l: s.n.], 2001. Disponível em: <http://www.agilemanifesto.org/iso/ptbr/>. Acesso em: 02 abr. 2014.

REEVES, J. W. *Code as design*: three essays. [S.l.: s.n.], 1992. Disponível em: <http://www.csi-india.org/c/document_library/get_file?uuid=1c673f1e-680d-4b38-9323-ff1ed0116ad7&groupId=47898>. Acesso em: 10 abr. 2014.

▶ LEITURAS SUGERIDAS

COCKBURN, A. *Agile software development*. 2nd ed. Boston: Addison Wesley, 2006.

JACOBSON, I.; BOOCH, G.; RUMBAUGH, J. *The unified modeling language user guide*. Boston: Addison-Wesley, 2005.

ROYCE, W. Managing the development of large software systems. *IEEE WESCON*, [S.l], 1970. Disponível em: <http://leadinganswers.typepad.com/leading_answers/files/original_waterfall_paper_winston_royce.pdf>. Acesso em: 3 abr. 2014.

10

Domain-Driven Design

FELIPE RODRIGUES DE ALMEIDA

> "Embora nunca tenha sido formulada claramente, uma filosofia emergiu como algo recorrente na comunidade de orientação a objetos, uma filosofia que eu chamo de domain-driven design."
>
> Eric Evans

Domain-driven design, como documentado por Evans (2004) em seu livro, é uma filosofia que pode ser aplicada ao processo de concepção arquitetural de um sistema de software. Essa filosofia é composta por algumas premissas totalmente sinérgicas em relação aos valores e princípios descritos do Manifesto Ágil.

Quando falamos sobre flexibilidade, estímulo e adaptação a mudanças, realmente queremos dizer que um sistema de software é parte de um complexo sistema de requisitos e regras totalmente voláteis. Desenvolver software de forma ágil significa ser ágil para reagir a esse sistema com flexibilidade para ter o menor retrabalho possível.

Uma vez que entendemos isso, devemos nos preocupar com a capacidade das equipes envolvidas em responder rapidamente e de forma homogênea a uma mudança. Essa capacidade está totalmente relacionada à eficiência da comunicação.

Como o domain-driven é uma filosofia, ele não nos força a um tipo de processo ou prática, apenas nos mostra algumas possibilidades e alternativas para facilitar a convivência em um ambiente de mudanças constantes. O objetivo é incorporá-las ao seu processo de desenvolvimento.

▶ 10.1 TERMINOLOGIAS DO DOMAIN-DRIVEN

Para um completo entendimento dos conceitos que compõem o domain-driven design, é preciso entender suas peças fundamentais e como elas se inter-relacionam.

10.1.1 Domain

De todas as peças, o *domain* é a mais importante, em virtude de que é baseado nele que orientaremos nosso design. Então, o que é o domain?

Uma das definições encontradas para a palavra *domain* é: "O campo de ação, conhecimento e influência. Ex. O domínio da ciência." (Domain, c2014).

Dessa forma, podemos concluir que *domain* de um software é *o campo de ação, conhecimento e influência* do software. O *domain* não é um diagrama ou algo do tipo. Ele é algo abstrato e muitas vezes intangível que deve ser percebido ao longo do tempo em um esforço de descoberta e aprendizado, desvendando os limites de uma operação ou suas influências exercidas ou recebidas de fatores externos.

10.1.2 Domain model

Uma vez que entendemos o que é o *domain*, precisamos entender o que é o *modelo* e, assim, descobrirmos o *domain model*. Em nosso contexto, um modelo é um padrão ou modo de estrutura; logo, um *domain model* é o campo de ação, conhecimento e influência do software, moldado segundo um padrão estrutural com o objetivo de organizar e esclarecer a informação com foco no problema.

Um *domain model* não é um diagrama, mas uma ideia que o diagrama tenta representar. O diagrama é uma representação momentânea do *domain model* – momentânea porque o *domain model* é a estrutura do conhecimento adquirido até o presente momento que irá evoluir a um entendimento mais profundo. Quando isso acontece, devemos redefinir o *domain model* e, se necessário, atualizar o diagrama.

A diferença entre o *domain model* e o *domain* é facilmente identificável. O domain é a situação a ser resolvida, caótica, como um sistema complexo. O *domain model* é uma representação estruturada de conhecimento. Fazendo uma analogia, imaginemos a relação entre uma forma e um bolo. A forma é o domain model do software. O bolo é o software em si. O contexto que o levou a decidir fazer um bolo com determinadas características, as influência que esse bolo irá exercer quando se relacionar com outros fatores e as ações do bolo em si (crescer/murchar, alimentar, saciar, quebrar, etc.) compõem o domain dessa situação.

Na disciplina de desenvolvimento de software, o *domain model* deve ser tratado como uma abstração do conhecimento que está na cabeça dos *domain* experts.

Em Evans (2004), as seguintes considerações são válidas em relação ao *domain model*:

▶ O modelo e o coração do design se encaixam.
▶ O modelo é a base da linguagem utilizada pelos membros do time.
▶ O modelo é conhecimento destilado.

10.1.3 Domain experts

Domain experts são as pessoas que conhecem profundamente os detalhes de um *domain*, que sabem por quê, quando e como um problema deve ser resolvido pelo software. O sucesso de um bom software depende da comunicação entre os desenvolvedores e os *domain experts*.

Muitas vezes, os *domain experts* não conhecem o *domain* inteiro, pois existem vários *domain experts* para um mesmo *domain*, cada um com expertise em uma parte do sistema. Isso automaticamente diferencia um *domain expert* de um cliente[1] ou ProductOwner[2]. No entanto, para termos um bom desenvolvimento, é importante mantermos contato com esses profissionais, que são os únicos capazes de responder às perguntas sobre o domain ou desvendar alguns de seus mistérios.

10.1.4 O design do software

O objetivo do domain-driven design é facilitar o controle da complexidade de um sistema, impedindo que o design fique demasiadamente complexo e incompreensível, visto que, quando um design fica muito complexo, os desenvolvedores evitam realizar manutenções, com receio de comprometer o seu funcionamento.

Para evitar esse cenário, devemos trabalhar de forma que os desenvolvedores estejam familiarizados com o *domain* e que os *domain experts* estejam disponíveis e dispostos a compartilhar seuconhecimento. Isso só é possível se ambos falarem o mesmo *idioma de negócio*.

Tal integração fará com que o time de desenvolvimento tenha capacidade de entender os detalhes e as regras de negócio, uma compreensão que vai além dos detalhes técnicos, significando que os desenvolvedores compreendem como o fluxo do negócio deve ser.

Esse nível de compreensão permite a criação de um design melhor e mais preparado, ajudando inclusive na definição evolutiva e modular do design. As divisões entre as operações ficam claras, e o sistema pode ser desenvolvido de forma empírica e flexível, proporcionando sinergia com as práticas ágeis.

▶ 10.2 OBTENDO CONHECIMENTO

Quantas vezes, ao iniciar um novo projeto, nos deparamos com um *domain* completamente desconhecido? Isso normalmente não nos assusta, pois temos total confiança em nossas técnicas para desenvolvimento de software e

---

[1] Ver Capítulo 4, Programação Extrema.
[2] Ver Capítulo 3, O Framework do Scrum.

acreditamos que elas sejam suficientes. Talvez, em alguns casos, isso seja verdade, mas para a maioria não é.

Como desenvolvedores de aplicações comerciais, mesmo quando trocamos de projetos ou de empresas, lidamos com situações semelhantes entre si, tendo a impressão de termos alguma experiência no assunto. O que esquecemos é que, mesmo em situações parecidas, as várias peculiaridades de cada uma das empresas determinam se um software é válido ou não. Essas diferenças impedem que a experiência anterior seja suficiente, então é preciso conhecer os detalhes que estão ocultos nas mentes acomodadas dos *domain experts*.

O domain-driven design procura ajudar na obtenção desse conhecimento oculto, fornecendo diretrizes para que saibamos por onde começar e como expressar nossas dúvidas de forma analítica e consciente.

Antes de tudo, precisamos entender que estamos em um estado de incompetência inconsciente e, por isso, não imaginamos o que devemos perguntar quando estamos levantando algum requisito. Dessa forma, como podemos ter segurança de não estarmos deixando um detalhe importante de lado?

Algumas vezes, podemos tentar a abordagem de deixar que os *domain experts* digam como deve ser o software. Isso pode funcionar em alguns casos, mas, na maioria das vezes, será um desastre, pois eles não são especialistas em design de software.

Como mencionado anteriormente, o domain-driven design não dita uma prática de levantamento de requisitos, deixando isso livre para sua escolha, mas determina algumas diretrizes. Uma delas é aproveitar a capacidade cognitiva do cérebro através de diagramas simples, que ajudam a expressar o que está sendo dito em uma conversa.

10.2.1 Processo de aprendizagem do domain

Uma vez que reconheçamos que, ao iniciar um novo projeto, estamos em um estado de incompetência inconsciente, precisamos ter uma ideia de quão amplo é o *domain* com o qual iremos trabalhar. Para isso, uma definição abrangente e superficial do escopo basta, pois nos permitirá avançar para o estágio da incompetência consciente. Esse é o primeiro passo no processo de aprendizagem.

No estágio da incompetência consciente, é mais fácil formularmos perguntas que irão ajudar na definição do *domain*, e podemos atentar para pontos que, no estágio anterior, não atentaríamos. Mesmo assim, é importante perceber que o estágio do aprendizado é dinâmico.

Muitas vezes, quando algo novo surge, precisamos reiniciar do primeiro estágio. Isso também acontece com partes do *domain* que ainda não tratamos. Podemos ser competentes em relação a uma parte do *domain* e incompetentes em relação a outra. Devemos sempre buscar mais compreensão do domain, sem esquecer que, algumas partes, o entendimento será natural e gradual: não é preciso entender tudo no primeiro dia. Como, então, devemos avançar para o estágio da competência em nosso aprendizado?

A forma que o domain-driven design sugere para isso é por meio de conversas com os *domain experts*. Devemos começar pela superfície do domain, evoluindo sem pressa para os detalhes. Apesar de os *domain experts* estarem saturados de informações e detalhes sobre o domain, eles podem explicá-lo de forma simplificada, abstraindo alguns detalhes. Caberá a nós chegar até esses detalhes quando e se acharmos pertinentes. Caberá também a nós decidir qual nível de detalhamento desejamos, e devemos deixar os *domain experts* livres para chamarem a atenção para algum ponto importante.

Há também a situação em que os *domain experts* acreditam que algum detalhe seja tão óbvio que não necessite ser explicado. Isso é natural, e cabe ao profissional que está aprendendo sobre o *domain* questionar algo abstrato demais ou a falta de alguma explicação mais clara sobre algum ponto. Leia mais sobre técnicas de coaching no Capítulo 15.

Perceba, porém, que os detalhes são uma faca de dois gumes. Corremos o risco de nos aprofundar demais e perder tempo e esforço com detalhes que vão além do que precisamos. Algumas pessoas gostam de mostrar o quanto sabem sobre determinado assunto, querem explicá-lo em seus mínimos detalhes, quando precisamos, na verdade, apenas de um entendimento geral.

Para entender melhor o processo de aprendizado do *domain* vamos analisar o aprendizado e a implementação de um pequeno *domain* muito comum. Imagine que você esteja desenvolvendo um software para simular a alimentação de um gavião. A primeira coisa a ser compreendida é: o que é um gavião e quais são suas presas. Temos, então, um pequeno escopo definido para o software:

"O software deve simular o sistema de caça do gavião para presas pequenas e presas grandes."

Ao lermos isso, podemos analisar a relação entre o gavião em uma de suas presas pequenas, digamos, uma barata. Nossa mente relaciona os dois por meio de algo similar ao diagrama a seguir:

Lê-se: "Gavião é uma Ave que é um Vertebrado que é um Animal" e "Barata é um Inseto que é um Invertebrado que é um Animal".

Quando começamos a entender essas relações, imediatamente começamos a pensar nas diversas interações entre esses objetos e em como expressar as situações utilizando esses objetos.

O fator fundamental é dialogar muito com os *domain experts* para confirmar todas as suspeitas em relação ao domain. Sem os *domain experts não é possível* realizar domain-driven design. São eles que irão confirmar os detalhes de nossas teorias e a veracidade do que imaginamos. Isso exige postura por parte de quem desenvolve, já que a pessoa que desenvolve deve ser a mesma que irá obter o conhecimento.

Quando começamos a conversa, ouvimos a seguinte frase:

"O Gavião normalmente come a Barata."

Uma forma de expressar isso em orientação a objetos seria:

$$\text{Gavião} \xrightarrow{\text{come ()}} \text{Barata}$$

Que resultaria em:

gaviao.come(barata)

Depois disso, começa o aprofundamento no domínio. É importante lembrar que sua arquitetura e seu ambiente de desenvolvimento devem estar preparados para evolução, conforme o conhecimento é adquirido. Práticas de desenvolvimento ágil são muito úteis para isso e as veremos mais adiante. É necessário atentar para a exploração de conceitos ocultos e implícitos, a fim de garantir que o domain reflita a situação em um nível aceitável.

Voltando ao nosso exemplo, a frase "O Gavião normalmente come a Barata" representa uma explicação ou definição do *domain expert* e, portanto, deve fazer parte do domain. Essa situação de negócio pode ser expressa graficamente da seguinte forma:

$$\text{Gavião} \xrightarrow{\text{come ()}} \text{Barata}$$

Esse é um exemplo simples, mas com esse tipo de notação é possível expressar processos de negócio complexos, o que ajuda muito na visualização do domain. É importante observar que, nessa notação bem simples, temos todos os conceitos explícitos. Isso nos dá o gancho para continuar no entendimento e aprender sobre os termos presentes no domain, com o objetivo de unificar a linguagem dos *domain experts* e a linguagem da equipe de desenvolvimento.

Um importante conceito do Domain-Driven Design é a criação e manutenção de uma linguagem comum, tanto para o cliente quanto para o time de desenvolvimento. A premissa diz que ambos devem expressar o negócio da mesma forma e isso visa melhorar a comunicação e o entendimento entre as partes. Essa linguagem comum deve estar presente no dia a dia da equipe e deve ser expressa em documentos e no código. Em nosso exemplo, o código expressa o conceito antes comunicado pelo domain expert, comunicada pelo diagrama:

gaviao.come(barata)

No entanto, nesse momento, precisamos avançar na aprendizagem, identificando em qual estágio estamos em relação ao trecho do domain em que estamos trabalhando. As pessoas nem sempre utilizam as palavras corretas para expressar algo, por isso, devemos questionar alguns pontos. De onde veio a barata? De onde veio o gavião? O que acontece quando o gavião come a barata? O que o domain expert quer dizer com "normalmente"?

Essas perguntas podem gerar novas perguntas e, consequentemente, mais conhecimento a ser expresso. Continuando no exemplo, o desenvolvedor pergunta:

– Por que você (domain expert) diz que "O Gavião NORMALMENTE come a Barata"? O que quer dizer com "normalmente"?

Aqui, fica claro que passamos do estágio de **incompetência inconsciente** para o estágio da **incompetência consciente**. O domain expert responde:

– O Gavião normalmente come a barata, mas há vezes em que a barata consegue escapar do gavião.

A resposta nos deixa ainda mais confusos, e precisamos de outra pergunta.

– Então, a barata luta para não ser comida?
– Sim. A barata tenta se esconder na hora em que o gavião começa a sobrevoá-la. Se a barata escapa, então o gavião procura outra presa. Se a barata não consegue escapar, então o gavião come a barata. Isso é tão óbvio que eu nem falei antes.

Nesse momento, nosso conhecimento sobre o processo de negócio é mais profundo. Evoluiu devido a um detalhe importante, que foi mitigado a ponto de nos levar ao estágio da **competência consciente**. Devemos modificar os documentos, a forma de falar, os diagramas e o código. O resultado passa a ser:

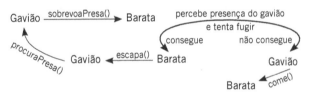

Nesse pequeno exemplo, é possível identificar a variação entre um conceito solto do processo e um detalhe "óbvio" que o domain expert não mencionou justamente porque era óbvio. Quantos problemas você já enfrentou porque deixou passar algum "detalhe óbvio"? Agora que temos o processo de negócio refatorado, podemos partir para a implementação do código:

```
gaviao.cacar()
    do{
        presa = gaviao.procuraPresa();
        gaviao.sobrevoaPresa(presa)
        if(presa.escapa()){
            continue;
        }
        gavião.come()
    } while(gaviao.comeu?())
}
```

MÉTODOS ÁGEIS

Note que, na hora de implementar o código, vários detalhes aparecem (as ações gaviao.comeu?() e gaviao.caçar()). Por isso, é fundamental que os diálogos com os *domain experts* sejam constantes. O conhecimento evolui, e nossa imaginação pode dar direções diferentes para uma situação; por isso, validar o conhecimento com o domain expert é de extrema importância.

▶ 10.3 LINGUAGEM E COMUNICAÇÃO

Os *domain experts* têm dificuldade para entender a linguagem técnica dos desenvolvedores, e é comum que os times de desenvolvimento tentem impor seus termos a eles. São muitos os casos de clientes que vêm até nós falando sobre banco de dados, índices, tabelas, servidores, etc. Isso acontece porquê, em algum momento, a comunicação falhou e eles tiveram de aprender termos técnicos. Isso afeta a qualidade das informações e a qualidade do design do software. Por outro lado, os *domain experts* podem tentar sobrepor-se aos desenvolvedores, definindo como fazer tecnicamente, em vez de focar em explicar o domain e deixar a parte técnica para os desenvolvedores. Isso não seria o ideal, pois não estão preparados para tal atitude, e o resultado pode ser desastroso.

O ideal é que nós, os desenvolvedores, façamos uma ponte inicial, abstraindo a parte técnica para os *domain experts*. Dessa forma, eles poderão focar o domain e serão bem mais úteis. Essa ponte inicial determinará a terminologia e, consequentemente, uma linguagem apropriada e baseada no domain. O *domain model* pode ser a base de uma linguagem comum em um projeto de software.

10.3.1 Linguagem ubíqua

Para que desenvolvedores e *domain experts* falem a mesma língua, é preciso que ambos utilizem os termos em sua rotina diária. Para os *domain experts*, isso é natural e já acontece. Para os desenvolvedores, isso pode ser um desafio: eles devem utilizar os termos em tudo que produzem, seja documentação, diagramas e principalmente código. Pode ser surpreendente, mas é isso mesmo. Devemos expressar o domain através do código, para que a linguagem torne-se uma linguagem ubíqua.

A linguagem ubíqua (ubiquitous language) é uma linguagem presente em todas as facetas do desenvolvimento, sendo utilizada por todos os envolvidos com o objetivo de eliminar a necessidade de traduções. Traduções ajudam a comunicação, mas não a deixam perfeita, já que termos e detalhes são perdidos. Para uma comunicação perfeita, é preciso que se utilize a mesma linguagem, o que, em muitos casos, requer um aprendizado.

Quando comprometidos a utilizar essa linguagem no contexto de implementação, duas coisas irão acontecer:

capítulo 10 ▶ DOMAIN-DRIVEN DESIGN

▶ Mudanças na linguagem são reconhecidas como mudanças no *domain model*.

▶ Os desenvolvedores serão capazes de apontar imprecisão e pontos de contradição no domain.

Com uma linguagem ubíqua, o modelo deixa de ser apenas um artefato de design e passa a ser parte integral de tudo que os desenvolvedores e *domain experts* fazem juntos. A linguagem carrega conhecimento de forma dinâmica.

10.3.2 Modelando em voz alta

Uma vez que todos estejam utilizando uma linguagem comum, uma das melhores formas de explorar um design é por meio da fala. Tentar expressar o design em frases coerentes resulta em um refinamento dos objetos e um melhor entendimento dos detalhes.

Considere os exemplos extraídos do livro de Evans (2004):

▶ "Se nós dermos ao **Serviço de Rotas** (*RoutingService*) origem, destino e hora de chegada, ele pode achar as paradas que um cargueiro deve fazer e então colocá-las no banco de dados." (*Vago e técnico*)

▶ "A origem, destino e assim por diante... tudo isso se encaixa no **Serviço de Rotas** (*RoutingService*) e obtemos, então, um **Itinerário** que tem tudo de que nós precisamos." (*Mais completo, porém prolixo demais*)

▶ "Um **Serviço de Rotas** (*RoutingService*) encontra um **Itinerário** que satisfaz uma **Especificação de Rota**(RouteSpecification)." (*Conciso*)

10.3.3 Diagramas

Os diagramas podem ser utilizados para auxiliar na obtenção de feedback e confirmação do entendimento obtido. Ao desenharmos em frente a um domain expert, ativamos partes cognitivas do cérebro, fazendo todos terem outro ponto de vista em relação ao que está sendo explicado, o que facilita muito a comunicação.

O domain-driven design não sugere uma forma ou sintaxe específica para os diagramas. Na maioria dos casos, um diagrama simples que represente a iteração entre os objetos é suficiente: alguns retângulos que representam objetos, linhas que os conectam, comentários ligados por uma seta, etc. Tudo deve ser muito simples e sem complicações, pois o diagrama é apenas uma ferramenta para facilitar o entendimento, ele pode ser a âncora da discussão e pode representar o domain em vários níveis de abstração diferentes. Podem ser guardados como documentação ou descartados assim que aquele trecho passe a fazer parte do domain e, consequentemente, do código.

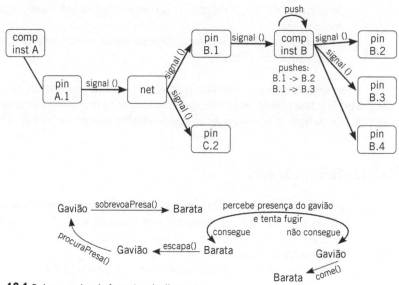

▶ **Figura 10.1** Dois exemplos de formatos de diagramas.

10.3.4 Documentos

O código escrito e a comunicação falada representam o domain e complementam um ao outro. Porém, para times grandes, é provável que sejam necessários documentos escritos. Sabemos que escrever documentos que ajudam o time a produzir bom software é sempre um grande desafio. Eles ficam desatualizados muito rapidamente e, assim, perdem sua conexão com o *domain model*, gerando mais problemas na comunicação do que benefícios. Por isso, sempre que houver a necessidade de criar um documento escrito e persistente, pergunte-se se essa necessidade é legítima.

Qualquer tipo de documentação precisará de manutenção constante, principalmente em ambientes de tamanha flexibilidade. Isso requer um esforço por parte de todos os envolvidos, além de muita disciplina.

A seguir estão algumas diretrizes para escrever documentos:

1. Documentos devem complementar código e fala.
2. Um documento não deve tentar fazer o que o código já faz bem (expressar os detalhes).
3. Documentos devem ser sempre atualizados.
4. Um documento deve estar envolvido nas atividades do projeto.

▶ ## 10.4 IMPLEMENTAÇÃO

10.4.1 Model-Driven Design

Como visto anteriormente, é importante que o código expresse os detalhes do domain de forma clara e objetiva. O código por si só é uma documentação capítulo 10 ▶ DOMAIN-DRIVEN DESIGN

importante do projeto. Isso significa que, para aplicar domain-driven design, é necessário utilizar uma abordagem diferenciada de modelagem. É preciso utilizar o Model-Driven Design.

O Model-Driven Design, ou MDD, consiste em uma filosofia de modelagem que sugere que foquemos o domain ao modelar um software, de forma a expressá-lo tanto nos diagramas quanto no código. Isso é extremamente necessário, porque irá conectar a linguagem comum ao código por meio do design. O resultado esperado do MDD não é um diagrama ou documento, mas a organização e o design dos componentes do código. O design é a forma como o código é disposto e, por isso, é necessário um paradigma de programação, por exemplo, a orientação a objetos. É necessário utilizar uma tecnologia que suporte um bom paradigma de desenvolvimento. Se optarmos por utilizar o paradigma de orientação a objetos, teremos objetos representando os conceitos do domain.

Obviamente o design pode ser documentado, mas lembre que, com documentação vem a responsabilidade de mantê-la atualizada.

Sabemos que o design não surge da noite para dia, é preciso iniciar com algo simples e abstrato e evoluir para um design coerente ao longo das iterações.

10.4.2 Modelagem e desenvolvedores

Os desenvolvedores devem ser os responsáveis pela modelagem do software, pois precisam sentir-se responsáveis pelo modelo. Se as pessoas que escrevem o código não assumirem a responsabilidade pelo design e pelo *domain model* ou mesmo não entenderem como fazer o model funcionar, então o model não terá nada a ver com o software.

Ao mudarmos o código, mudamos o *domain model* e seu design. Isso fica claro quando encaramos o *domain model* como o conhecimento expresso via código e via documentos: ele é o entendimento que temos do negócio. Conhecimento é algo muito abstrato e, no caso do software, só se concretiza em formato de código e de documentos. Se qualquer um desses itens ficar de fora, não teremos coerência nem sinergia entre as implementações.

Ao dividirmos o trabalho em fases com pessoas diferentes realizando-o, estamos tornando impossível alcançar um *domain model* coerente. O código fatalmente será desconexo do domain e, apesar de ser funcional, o resultado final não expressará a forma de pensar dos *domain experts* e muito menos o processo de negócio. É impossível transferir habilidades e experiência dos analistas para os desenvolvedores, já que elas são pertinentes ao domain e foram adquiridas ao longo de conversas com os *domain experts*. Sem isso, os desenvolvedores não poderão criar soluções simples e coerentes, resultando em um produto inchado com precauções por medo e incompreensão.

10.4.3 Os blocos do Model-Driven Design

Para facilitar o design, o MDD nos fornece estereótipos de objetos e artefatos que nos ajudam a representar, via código, os conceitos do domain. Alguns desses artefatos mapeiam diretamente para artefatos do domain, outros existem apenas para cuidar do ciclo de vida dos artefatos do domain.

Dentre outras funções, esses artefatos têm a responsabilidade de abstrair os elementos puramente técnicos, funcionando como uma camada que esconde toda a parte técnica evidenciando o *domain model*.

Todo projeto de software terá detalhes técnicos de níveis variados, como conexões com banco de dados e protocolos de rede, abstrações causadas por mistura de paradigmas (como no caso do ORMs). Esses detalhes continuarão a existir, porém devem ser separados da lógica de negócios. Essa separação é, na verdade, uma camada de abstração, na qual toda a lógica de negócios fica em uma camada separada dos detalhes técnicos, possibilitando aos desenvolvedores trabalhar o domain de forma livre e concisa.

10.4.4 Isolando o domain model

Como dito, o domain deve ser isolado com o objetivo de manter sua coerência, simplicidade e clareza. Os desenvolvedores devem reconhecer quais partes do software fazem parte e quais partes não fazem do domain.

O model-driven design sugere uma solução baseada em dividir o software em camadas (Figura 10.2).

As camadas sugeridas são:

- ▶ **User Interface (interface de usuário)** Responsável por mostrar ao usuário a informação necessária e por interpretar as ações e os comandos emitidos pelo usuário. Nem sempre o usuário será uma pessoa, pode ser um sistema externo.
- ▶ **Application (aplicativo)** Tem a responsabilidade de adaptar as ações da camada inferior aos diversos tipos de UI. Nesta camada são tratadas as conversões e tradução de dados, além de detalhes de segurança nas operações. Aqui são definidas quais operações de negócio serão expostas para as camadas acima, tornando este o lugar certo para definir interfaces específicas para cada mídia ou para sistemas externos.
- ▶ **Domain (domínio)** É a camada em que os artefatos que expressam o *domain model* estão. É responsável por representar os conceitos de negócio, as informações de negócio e as regras do negócio. Esta camada é o coração do software.
- ▶ **Infrastructure (infraestrutura)** Fornece suporte técnico e capacidades de mais baixo nível técnico às outras camadas, como tratamento de armazenamento, log e auditoria, etc.

O princípio essencial é que qualquer elemento de uma camada dependa apenas de outros elementos da mesma camada ou de camadas inferiores. A divisão em camadas permite que cada camada se especialize em um único aspecto de um software, e essas especializações permitem um design mais coerente e coeso.

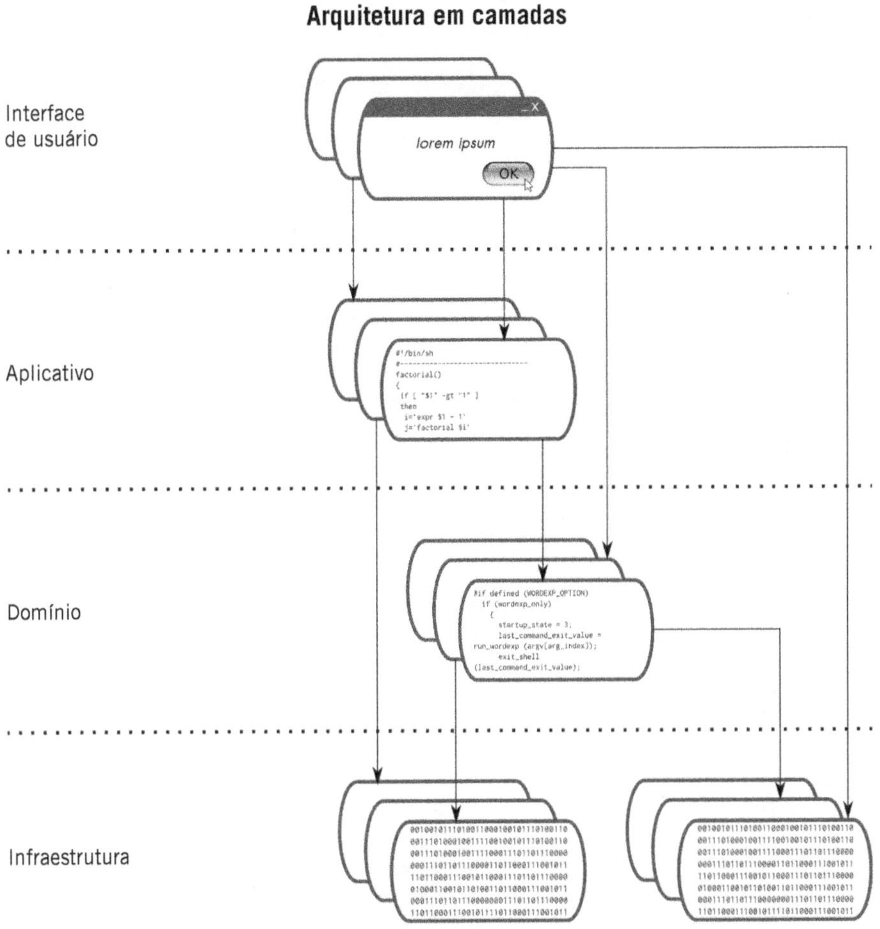

Arquitetura em camadas

▶ **Figura 10.2** Camadas propostas pelo domain-driven design.

10.4.5 Domain objects

O MDD sugere alguns estereótipos de objetos para trabalharmos com linguagens orientadas a objetos. A Figura 10.3 expressa quais são os objetos e como eles se relacionam.

O model-driven design é isolado através de uma arquitetura em camadas, sua camada correspondente é a camada de Domain, na qual os objetos referentes ao negócio estão.

O MDD sugere alguns estereótipos para utilizarmos em nosso design. Podemos utilizar os conceitos de Entities, Value Objects e Services. Os conceitos do negócio podem facilmente ser expressos utilizando os estereótipos de domain object sugeridos pelo MDD.

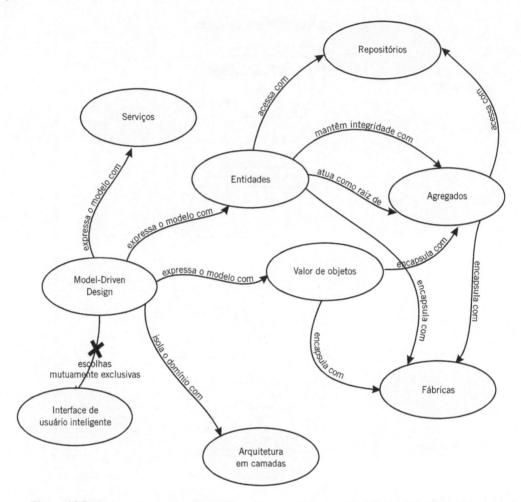

▶ **Figura 10.3** Iteração entre os domain objects.

Entities e Value Objects

Uma entity representa diretamente um conjunto único de informações do domain. Dessa forma, fica fácil identificar o que é uma entity e o que não é.

As entities e os value objects representam informações, dados do domain, em uma linguagem com o paradigma de orientação a objetos. Essas informações são expressas através de atributos dos objetos.

Imagine um software para customer relationship management. Temos, então, um customer e orders como sendo objetos de nosso domain. Podemos expressar isso da seguinte forma:

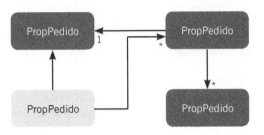

▶ **Figura 10.4** Diagrama representando entities e value objects.

Nesse exemplo, quais objetos podem ser expressos utilizando uma entity? Para resolvermos esse dilema, a pergunta correta a se fazer é: Qual desses objetos tem atributos que o caracteriza como sendo um conjunto único de dados? Para que um customer seja uma entity, é preciso que seus atributos por si só o diferenciem de qualquer outro customer do sistema.

Imagine que customer, nesse momento, tem a seguinte especificação:

Customer
property: name
property: age

Há algo nessa especificação que nos diz que um customer é um conjunto único de dados? Ao que parece, não. A não ser que algo esteja implícito, é totalmente possível termos dois customers com o mesmo nome e idade. E se acrescentarmos alguns campos a mais?

Customer
property: name
property: age
property: document_number
property: address
property: mother's name

E agora? É possível termos dois customers com mesmos nomes, idade, número de documento, endereço e com uma mãe com o mesmo nome? Provavelmente não.

É importante perceber que esses atributos que definem se um objeto é único ou não devem surgir do domain e ser validados junto aos *domain experts*. É o domain que define se o conjunto de dados é único ou não. Veja este exemplo:

Customer
property: name, unique
property: age

Agora, nosso objeto tem os mesmos dois atributos que antes, porém foi especificado, por um domain expert, que o nome deve ser único e não pode se repetir no sistema. Isso define que todos os customers terão nomes diferentes, transformando o objeto em uma entity. Devemos, então, definir uma operação, algum método que seja capaz de diferenciar as instâncias de cada uma dessas entities.

Qualquer objeto que não possua essas características, mas que representem informações presentes no domain, são value objects. Os value objects representam um conjunto de dados não únicos no sistema. Isso significa que, na maioria dos casos, um value object estará ligado a uma entity, caso contrário esse objeto se perde no sistema. Se um value object não tem identidade, como faríamos para buscá-lo em um repositório?

Operações também podem ser expressas em entities e value objects por meio de métodos ou funções, porém, é importante notar que apenas as operações de negócio que emergiram no domain devem compor esses objetos. Também é preciso certificar-se de que as operações presentes em cada objeto pertencem mesmo àquele objeto, zelando pela boa divisão de responsabilidades no design da aplicação.

Services

Services são objetos que não possuem estado, ou seja, não contem informações. Algumas vezes, as operações não se encaixam em nenhuma entity ou em nenhum value object e, para esses casos, utilizamos os services. Um service é um conjunto de operações correlacionadas.

Alguns conceitos do domain não podem ser modelados naturalmente para objetos. Forçar uma funcionalidade do domain a ser de responsabilidade de uma entity ou de um value object distorce a definição de um domain object ou acrescenta objetos sem significado para o domain.

Um detalhe importante em relação aos services é que devemos ser capazes de distinguir quais services pertencem à camada de domain e quais não pertencem. Outras camadas também possuem services, pois esse é um termo muito comum em design patterns de todos os tipos. Nesse caso, devemos tomar cuidado para manter os conceitos de negócio dentro da camada correta, o que requer certa experiência. Veja alguns exemplos:

▶ Funds Transfer App Service
- Pertence à camada de application
- Trata entrada de dados (um request XML)
- Envia mensagens para os services dos domains
- Espera uma confirmação

▶ Funds Transfer Domain Service
- Pertence à camada de domain
- Interage com os objetos do domain (Account) realizando operações de débito e credito
- Fornece confirmação do resultado (transferência permitida ou não)

▶ Send Notification Service
- Envia emails, cartas e outros tipos de notificações conforme requerido pela aplicação.

Considerações sobre os domain objects

A seguir estão algumas dicas que irão ajudar a entender os conceitos necessários:

▶ Não lute contra o paradigma de implementação. Há sempre uma nova forma de pensar sobre o domain.
▶ Baseie-se na linguagem ubíqua.
▶ Não supervalorize a UML. Muitas vezes, um projeto falha por focar demais a ferramenta e pouco o resultado.
▶ Seja minimalista. Não utilize uma tecnologia apenas porque ela existe. Questione a real necessidade e considere as vantagens e desvantagens de uma tecnologia.

10.4.6 O ciclo de vida dos domain objects

A vida de um domain object no sistema começa quando seus dados entram no sistema, seja por meio de uma UI (User Interface) ou de uma importação

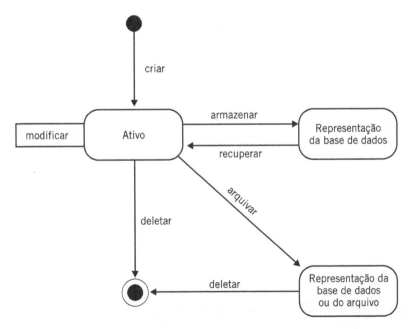

▶ **Figura 10.5** Ciclo de vida de um domain object.

qualquer, e termina quando os dados são removidos do sistema ou transformados. Precisamos, então, atentar para as regras e os detalhes desse ciclo de vida.

O MDD sugere alguns padrões para cuidar do ciclo de vida de um domain object. Esses padrões são Aggregates, Factories e Repositories.

Aggregates

É comum que os domain objects se relacionem uns com os outros. É preferível e desejável manter essas associações o mais minimalistas possível, porém há casos mais complexos que precisam de uma atenção especial. Para tais casos, o MDD sugere a aplicação do padrão Aggregate.

Imagine que você queira apagar uma entity do sistema. O que acontece com os value objects relacionados àquela entity? Ao remover um customer, removemos junto a ele as orders que pertencem a ele? E se quisermos remover uma order, o que faremos com o customer que referencia aquela order?

É difícil manter a integridade em um modelo repleto de associações complexas. Precisamos de uma abstração que encapsule as referências dentro do modelo. Um aggregate é um grupo de objetos associados que tratamos como uma unidade única para questões de alterações nos dados.

Cada aggregate possui um root e um limite. O limite define quais são os objetos que pertencem àquele aggregate e é uma entity específica contida dentro do aggregate e é o único objeto que pode ser referenciado fora do aggregate. O objetivo é simplificar a iteração entre os objetos, limitando os acessos externos à entity root.

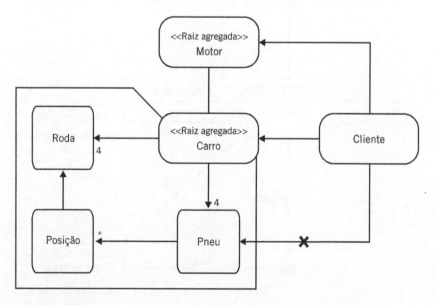

▶ **Figura 10.6** Diagrama representando um aggregate e suas relações com outros objetos.

Tomemos um carro como exemplo. Um carro é um objeto de um sistema automatizado de reparos. Ele é uma entity, e podemos utilizar o número de identificação do chassi para diferenciar um carro específico de qualquer outro carro no mundo. Nesse sistema, podemos querer rastrear a quilometragem dos pneus de cada uma das quatro rodas. Para saber qual pneu pertence à qual roda, talvez seja preciso diferenciar os pneus uns dos outros, resultando que os pneus são entities também. Porém, não nos importamos com a identidade dos pneus fora do contexto desse carro em particular. No contexto desse sistema, ninguém vai querer buscar um pneu para saber qual carro está nele. Portanto, o Carro é a entity root deste aggregate, cujo limite inclui a entity Pneu.

Em um aggregate, podemos definir regras para manter a integridade e consistência dos dados.

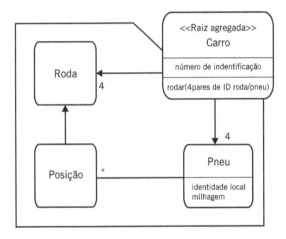

▶ **Figura 10.7** Diagrama representando um aggregate.

Aggregates podem se relacionar com factories e repositories quando necessário.

Factories

A criação de um domain object pode ser simples ou complexa. O MDD sugere a aplicação do padrão Factory para encapsular essa operação. Há alguns tipos diferenciados desse padrão, variando desde métodos simples para a construção dos objetos até classes abstratas e suas implementações que definem estratégias diferentes para a criação de um objeto dependendo dos dados recebidos.

De modo geral, uma factory é responsável pela operação de criação dos domain objects ou até mesmo de aggregates completos, por certificar-se de que o objeto seja criado com todos os dados obrigatórios, por realizar conversões de dados e até por realizar validações de formato.

As factories são objetos individuais, sem estado, que possuem uma ou mais estratégias de criação de um objeto, nos casos em que a criação de um objeto requer uma operação mais complexa. Em casos em que a criação é simples, um simples método construtor é suficiente.

Factories não são domain objects e, portanto, não estão presentes explicitamente no domain.

Repositories

Pense sobre o significado da palavra repositório. Segundo o dicionário, um repositório é um local onde se guarda alguma coisa. Sendo assim, um repositório de clientes é um local onde os clientes são "guardados".

Trazendo isso para o mundo do design de softwares, podemos dizer que um repositório é um objeto que representa (abstrai) um local onde guardamos os domain objects, simples assim.

Uma vez que criamos os objetos por meio das factories, eles passam a fazer parte do nosso sistema. Se precisarmos armazená-los em algum momento, o MDD sugere que utilizemos um repository para isso. Quando precisamos recuperar esse objeto, vamos até o repository e pedimos que ele nos entregue aquele objeto.

A implementação de um repository irá variar dependendo da infraestrutura do seu sistema. O repository serve para abstrair o acesso a dados e encapsular a lógica de busca e armazenamento. Para realizar a persistência dos dados, seja por meio de gravação em disco, cache em memória ou qualquer outro tipo de persistência, o repository faz uso da camada de infraestrutura.

Para cada tipo de objeto que precise de acesso global, cria-se um objeto que passe a ilusão de uma coleção in-memory de todos os objetos daquele tipo. Disponibilizam-se métodos de acesso, adição e remoção. Esses métodos, assim como o objeto completo do repository, estarão acessíveis para as camadas superiores do software.

O objetivo principal do repository é encapsular e esconder a complexidade dos detalhes técnicos de persistência. É importante evitar ao máximo contaminar os domain objects com dados, metadados ou inteligência de persistência.

Um CustomerRepository funciona como uma coleção de Customers e permite, assim, a adição, remoção e busca de referências a objetos do tipo Customer. Se Customer for a raiz de um aggregate, provavelmente não precisaremos de mais nenhum tipo de repository para o orders, supondo que Order está dentro dos limites do aggregateCustomer. Ao obter o Customer, teremos acesso a todos os Orders pertencentes àquele Customer. Isso normalmente basta, porém, há alguns casos em que será necessária a criação de um repository para um membro do aggregate. Nesse caso, esse repository deverá ser acessado somente por objetos que compõem o aggregate.

A relação dos repositories com o *domain model* é similar à das factories. Eles não são parte do domain, apenas cuidam do ciclo de vida de um domain object. Uma factory cuida do começo da vida de um domain object, um repository cuida do meio e do fim da vida desse objeto.

▶ 10.5 BUSCANDO UM INSIGHT MAIS PROFUNDO

Devemos constantemente nos preocupar com o fato de que podemos não ter entendido o domain da forma correta, o que estará sempre nos forçando a continuar buscando mais informações para um entendimento mais profundo a respeito dele.

Dentro do domain-driven design, a busca por evoluir e aprender sobre os conceitos do negócio deve ser uma constante e estar presente em todas as ações do time.

É preciso atentar para alguns detalhes pertinentes em relação ao processo do domain-driven design que fazem parte do crescimento e da evolução.

10.5.1 Breakthrough

Um bom exemplo é quando "cai a ficha". Quando iniciamos o aprendizado de um novo domain conforme o domain-driven design, é natural que o time fique perdido em meio a informações não técnicas. Os primeiros passos serão os mais difíceis, e a "dor" do aprendizado aparecerá logo no começo. Essa dificuldade só passará quando "cair a ficha" de como o domain realmente é. Esse conceito é chamado de breakthrough. Isso deve acontecer naturalmente em algum ponto do processo e não precisa ser forçado.

10.5.2 Expondo conceitos implícitos

Durante o processo do domain-driven design, é preciso tomar algumas precauções para assegurar-se de que conceitos implícitos sejam expostos, com o intuito de tornar o domain mais completo e verdadeiro. A seguir estão algumas dicas para ajudar nisso:

Ouça a linguagem. Preste atenção nos detalhes do que é falado nas discussões sobre o domain. Procure por pontos que não estão muito claros e que são repetidos constantemente.

Destrua a estranheza. Alguns detalhes no domain podem soar estranhos. Evite deixar que isso continue. Se algo está estranho, procure entender melhor como aquilo funciona, a fim de esclarecer aquele ponto.

Contemple as contradições. Se há uma contradição no sistema, pare por alguns momentos para pensar sobre ela. Verifique se as duas declarações contraditórias são mesmo verdadeiras.

MÉTODOS ÁGEIS

Leia livros. Ao longo de um projeto, para que os desenvolvedores possam entender melhor o domain, pode ser válido ler um livro sobre o assunto, a fim de ganhar conhecimento e tornar-se mais capaz nas conversas com os *domain experts*.

Tente e tente novamente. Alguns conceitos são difíceis de serem compreendidos por um desenvolvedor, mesmo após algumas conversas com os *domain experts*. Ser persistente nesse caso é uma virtude. Tente mais uma vez, a fim de entender.

10.5.3 Supple Design

Supple Design, ou design de suporte é, na verdade, um conjunto de práticas técnicas que favorecem a expressão do domain no código. Essas técnicas são simples e objetivas, além de extremamente úteis. Elas fazem a diferença na busca por tornar o código mais claro.

Intention revealing interfaces

Consiste em definir a interface dos objetos de forma que seus métodos expressem sua intenção. Isso quer dizer que seu nome e seus parâmetros devem deixar claro o que eles realizam, sem que seja necessário ler o conteúdo ou a implementação do método.

Pense que a interface de um objeto é composta pelas operações que ela disponibiliza. Sua interface é a única forma de alterar seu estado interno, portanto é necessário que a interface seja bem clara ao expressar o que faz.

Side-Effect Free Functions

Para criar uma boa interface, precisamos de operações simplificadas e sucintas. Isso é possível aplicando o conceito de Side-Effect Free Functions, ou funções sem efeito colateral.

Ao criar suas funções, certifique-se de que suas ações não afetem o estado de objetos externos. Para alterar objetos externos, utilize a interface desses objetos. Mesmo assim, é preciso ter o cuidado de evitar operações complexas que chamam outras operações e assim por diante.

Podemos categorizar as operações de um software em dois tipos: Queries e Comandos. Queries são operações que apenas buscam e retornam o valor encontrado. Comandos são operações que realizam cálculos para identificar o resultado.

Ao implementar uma operação, evite chamar comandos. Procure por queries. O objetivo é criar uma função, operação que retorna sempre o mesmo valor quando recebe os mesmos parâmetros.

Assertions

Em operações de mais alto nível, e principalmente com as operações presentes em services, o side-effect é inevitável. Para esses casos, é recomendada a utilização de Assertions.

Uma assertion é uma verificação. Certifique-se de que um determinado efeito colateral acontece da forma que você espera, em uma espécie de prova real, para que fique explícito o conceito do domain que implica naquele efeito colateral.

Algumas linguagens possuem o conceito de assertion que pode ser acrescentado diretamente no código de produção e habilitado em modo de desenvolvimento e desabilitado em modo de produção. Para as linguagens que não possuem essa funcionalidade, devemos utilizar testes automatizados para verificar um determinado comportamento.

Contorno conceitual

Algumas vezes, é inviável criar uma classe ou um método para cada mínimo conceito de um domain. Outras vezes, não fazer isso pode gerar mal-entendido e obscurecer os conceitos que deveriam ser expressos. Esse tipo de problema acontece com mais frequência no início do projeto.

O desenvolvedor deve decidir qual das duas opções se encaixa melhor em cada situação, deixando bem claro, por meio da interface, uma definição do conceito em questão.

A utilização das técnicas do supple design irá facilitar esse trabalho e suportar essas decisões, mas algumas vezes o resultado ideal será alcançado conforme o entendimento e o aprendizado evoluem. Busque definir claramente o contorno conceitual em seu código.

Decomponha os elementos do design (operações, interfaces, classes e Aggregates) em unidades coesas, levando em consideração sua intuição em relação às divisões importantes do domain. O objetivo é um conjunto simples de interfaces que se combinam logicamente para compor declarações da ubiquitous language.

Classes independentes

Criar classes independentes umas das outras é fundamental para um bom design. Evite interdependência entre as classes que representam os domain objects. Isso diminui o acoplamento e deixa o design mais flexível.

O nível de acoplamento de um sistema é diretamente proporcional à dificuldade de modificar partes desse sistema. Como em agile e em DDD estamos constantemente aprendendo sobre o domain e sobre o escopo, um design flexível é primordial.

MÉTODOS ÁGEIS

Quanto menos relacionamentos entre as classes, melhor. Um relacionamento faz com que o desenvolvedor seja obrigado a analisar duas classes para entender uma. No entanto, alguns relacionamentos são inevitáveis e necessários. É preciso agir com bom senso e cautela.

Utilizar o conceito de Value objects para armazenar as operações mais complexas do sistema ajuda bastante. Os aggregates também ajudam a reduzir a rede de relacionamentos de forma significativa.

Closure of Operations

Obviamente, haverá dependência entre objetos, e isso não é ruim quando a dependência é fundamental para o conceito. Forçar interfaces que só lidam com tipos primitivos é errado, mas é preciso evitar dependências desnecessárias.

Onde pudermos, temos de definir operações cujo tipo do retorno é igual ao tipo dos argumentos. Se utilizarmos o estado interno do objeto que contém a operação em questão, então se pode dizer que esse objeto é um argumento dessa operação e, portanto, o tipo do retorno pode ser o mesmo tipo desse objeto. Tal operação está restrita (closed) àquele tipo de objeto.

Normalmente, esse padrão é aplicado à Value Objects, pois as operações de uma entity têm um significado maior dentro do domain, e retornar frequentemente um objeto do mesmo tipo não será satisfatório.

▶ 10.6 DESIGN ESTRATÉGICO

Os conceitos do Model-Driven Design são válidos para todo tipo de design. Porém, para sistemas muito grandes e complexos, talvez você questione sua modularidade. Há também a questão da integração entre os módulos. É aqui que entram os conceitos do Design Estratégico .

Design Estratégico (Strategic Design) é um conjunto de diretrizes para orientar o trabalho em sistemas muito complexos e/ou muito grandes envolvendo várias equipes ao mesmo tempo. Essas situações de interação entre equipes e/ou domain externos podem ser desastrosas, por isso o design estratégico sugere alternativas radicais dependendo do caso.

O primeiro passo em direção a uma boa solução é decompor o problema. Devemos dividir para conquistar, quebrando o sistema em pequenas partes, tanto em termos de conceitos quanto em termos de implementação. Contudo, como alcançar a modularidade sem perder os benefícios da integração?

Os princípios do Design Estratégico devem guiar as decisões do time para reduzir a interdependência entre as partes e aumentar a interoperabilidade e a sinergia.

A figura a seguir mostra os padrões de integração e como eles interagem.

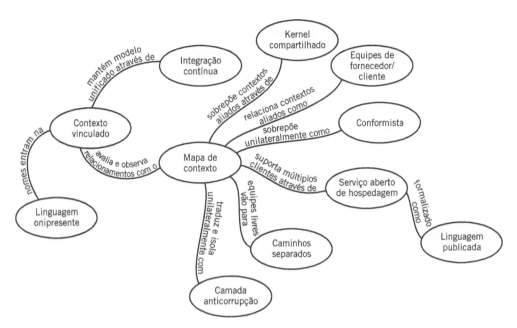

▶ **Figura 10.8** Diagrama explicando as estratégias de design.

10.6.1 Bounded context

Imagine que cada parte do sistema é uma célula e que cada célula possui componentes internos responsáveis pelo bom funcionamento desta. Os componentes internos de uma célula só interagem com outros componentes internos da mesma célula, mas cada célula possui uma membrana que permite o contato e a troca de recursos com outras células. Essa membrana determina quais tipos de recursos podem entrar ou sair de cada célula. Todas as células juntas formam um sistema complexo.

O design de uma grande aplicação deve funcionar exatamente como essa analogia. Cada parte deve possuir uma membrana protetora que define o que entra e o que sai. Os componentes internos de cada parte só interagem com outros componentes da mesma parte. Assim, temos interoperabilidade sem acoplamento.

No domain-driven design a "membrana" de cada parte é chamada de *bounded context*, uma interface que permite a iteração daquela parte com outras partes, delineando assim uma divisão clara de conceitos e responsabilidades. Cada bounded context é independente, ou seja, pode funcionar sem depender do comportamento de outro bounded context.

Cada bounded context trabalha com um *domain model* próprio. Cada contexto deve possuir um nome, que compõe a linguagem ubíqua do sistema como um todo.

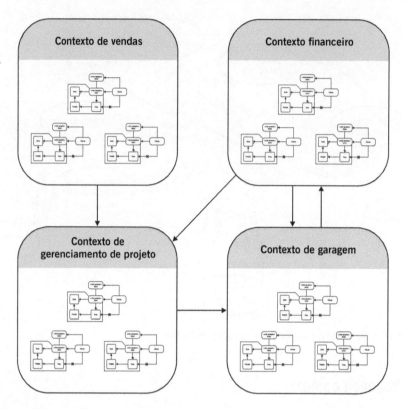

▶ **Figura 10.9** Mapa de contextos (Context Map).

É preciso ter muito cuidado e evitar o reuso de código entre diferentes contextos. Código de regras de negócio é um mal que precisa ser evitado. Isso permite que times de desenvolvimento separados possam evoluir individualmente.

10.6.2 Integração contínua

Em um sistema complexo, com mais de um contexto, é comum os contextos funcionarem perfeitamente nos testes individuais, mas falharem quando colocados em interação um com o outro. Isso acontece por diversas razões, mas a principal é o fato de serem tão independentes que as alterações na interface e no cálculo dos resultados não levam em consideração as alterações dos contextos externos.

A solução para isso surge de uma prática ágil chamada de integração contínua. Essa prática consiste em integrar continuamente as alterações realizadas nos contextos, testando para verificar se ambos funcionam juntos.

Há diversas formas de se realizar integração contínua, e veremos mais adiante a forma mais ágil para isso, lançando mão de testes automatizados de integração. Contudo, basicamente, integrar é unir o código a cada alteração e executá-lo para verificar se tudo funciona conforme o esperado. A integração contínua mantém os contextos unificados e garante o seu funcionamento.

10.6.3 Mapa de contextos

Quando temos mais de um contexto para compor um sistema, olhar para um contexto de forma individual não nos dá uma visão do todo. Para tal, devemos lançar mão de um mapa de contextos (Context Map). Podemos utilizar tais mapas como orientação para a evolução e também para criação de contextos novos em nossa aplicação. Para isso, descreva os pontos de contato entre os modelos de cada contexto, destacando explicitamente qualquer tipo de tradução na comunicação e qualquer compartilhamento.

Você pode pensar que mapear a comunicação entre os contextos pode dar muito trabalho. Isso não é verdade. Lembre-se de que o objetivo é manter os contextos os mais fechados possíveis, com o mínimo de pontos de acesso externo. Para isso, é necessário definir uma interface clara e simples. Isso quer dizer que os pontos de contato não devem ser tantos assim e só estarão lá caso sejam realmente necessários.

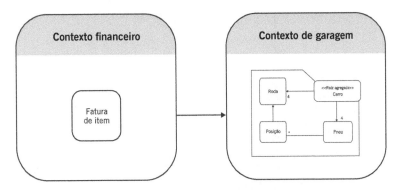

▶ **Figura 10.10** Detalhes de iteração entre contextos e seus aggregates.

10.6.4 Relacionamento entre contextos

Os padrões a seguir sugerem formas de lidar com a integração entre diversos contextos em situação diferentes. Veja na Figura 10.11 quais são esses padrões.

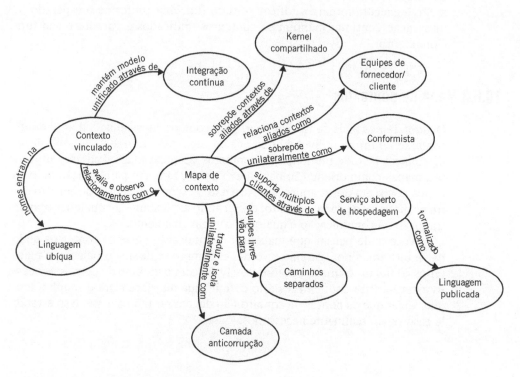

▶ **Figura 10.11** Diagrama explicando as estratégias de design.

Kernel compartilhado

Em alguns casos, a melhor possibilidade de integração é unir forças. Para isso, equipes diferentes que trabalham com conceitos muito similares podem definir uma pequena parte de seus contextos para trabalharem juntos nela, de forma compartilhada. Considere a Figura 10.12.

Trabalhar em um kernel compartilhado (shared kernel) oferece as vantagens de aproveitar ao máximo a linguagem comum e diminuir a necessidade de integração contínua com o contexto externo, que pode significar um incômodo overhead. A quantidade de integração contínua dentro da própria equipe deve ser mantida, mas, como a parte importante faz parte do seu código, é possível eliminar problemas de integração constantemente.

Ao realizar alterações nos kernel compartilhados, é necessário se comunicar com o outro time, ou seja, há a necessidade de comunicação constante.

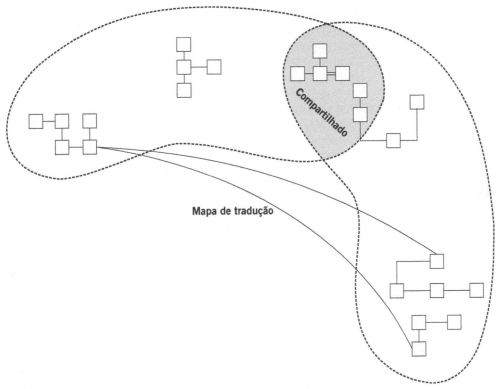

▶ **Figura 10.12** Explicação de kernel compartilhado.

Customer/Supplier teams

O padrão Customer/Supplier define que uma equipe fará o papel de consumidor e a outra equipe, de fornecedor. O objeto de troca, nesse caso, são alterações na interface de integração do contexto do fornecedor.

Para as situações mais complexas, o modelo do Customer/Supplier é mais simples e razoável. A equipe consumidora pede que a equipe fornecedora programe os métodos de integração necessários.

Um possível cenário para esse padrão é quando dois contextos se diferenciam em termos de tecnologia ou complexidade, tornando inviável a aplicação do shared kernel. Uma camada de tradução pode ser a resposta, mas seu sucesso depende do relacionamento político entre as duas equipes.

Esse modelo ainda exige um grau de comunicação razoavelmente grande.

Conformista

Há casos em que o relacionamento entre as duas equipe é distante e politicamente difícil. Isso é comum em grandes empresas, em que as equipes pertencem a hierarquias gerenciais diferentes e a comunicação é dificultada. Nesses casos, a equipe do sistema fornecedor não tem motivação para gastar esforço com a equipe consumidora.

O padrão sugerido pelo Strategic Design para essa situação é o padrão conformista. Ele pode ser aplicado a casos em que a qualidade do *domain model* superior não seja tão ruim, pois nesse caso podemos simplesmente aderir à nomenclatura e às definições externas, poupando-nos o trabalho de uma camada tradutora. Dessa forma, utilizando-se de altruísmo, é possível ainda conseguir alguma ajuda e informações da equipe externa.

Camada anticorrupção

Este talvez seja um caso mais extremo. Imagine que o contexto em que você e sua equipe trabalham foi feito com muito cuidado e carinho. O código é elegante e coerente e expressa o domain de forma clara e convicta.

No entanto, seu contexto se comunica com outro, desenvolvido de forma estranha e desconexa. Muitas vezes, isso não é culpa da outra equipe, é apenas um subprojeto que não foi tão bem-sucedido e cuja causa pode ser variada.

Para não contaminar o seu contexto com conceitos confusos, dados não íntegros e formatos desconhecidos, você pode criar uma camada anticorrupção (anti-corruption layer). O objetivo dessa camada é proteger o seu contexto do mundo externo, atentando para que os métodos ruins e problemas externos não afetem a qualidade do seu contexto. Veja um exemplo na Figura 10.13.

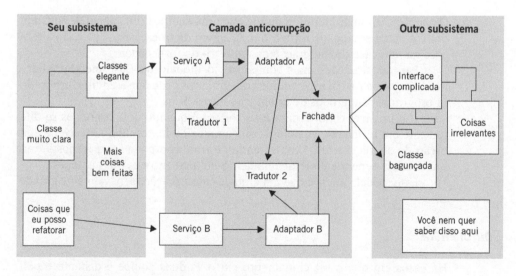

▶ **Figura 10.13** Exemplo de uma camada anticorrupção.

A camada anticorrupção deve traduzir os dados e as operações de forma bidirecional. É preciso que essa camada rompa com as dependências entre os dois contextos, facilitando inclusive a escrita de testes automatizados, por meio da dublagem dessa camada.

Ao criar uma camada desse tipo, a equipe pode ainda incrementar as funcionalidades disponíveis para seu próprio consumo, mantendo essa como uma ótima opção a ser seguida.

Caminhos separados

Algumas vezes, simplesmente não vale a pena integrar. Há casos em que a integração exigirá um esforço grande e os benefícios serão pequenos demais. Nesses casos, o melhor é não integrar e trilhar em caminhos separados (separate ways).

Se duas partes diferentes não utilizam funcionalidades uma da outra e nem objetos em comum, a integração possa ser desnecessária. Nem todas as funcionalidades que estão relacionadas por user stories, ou casos de uso, precisam estar relacionadas no código.

Em algumas situações, pode parecer que a repetição de código irá acontecer, mas se for um código de pouca expressão dentro do domain, é melhor deixar que cada equipe encontre uma solução simples e adequada à sua necessidade. O trabalho da integração pode poluir desnecessariamente ambos os contextos.

Open Host Service

Imagine que seu contexto precise se integrar com diversos sistemas externos, uma quantidade indefinida de sistemas consumidores. Esses sistemas consumidores podem ser desenvolvidos dentro de sua própria equipe, fora dela ou até mesmo fora de sua empresa. Nesses casos, utilize o padrão Open Host Service.

O Open Host Service é um dos padrões com o qual temos mais contato atualmente. Ele consiste em uma API que pode ser consumida como serviços através de protocolos de rede.

Para implementar esse padrão, basta definir qual o protocolo a ser utilizado e como é possível escalar esse protocolo. Cria-se, então, uma camada que disponibiliza operações e um modelo de autenticação baseado neste protocolo.

Linguagem publicada

Quando se está trabalhando na equipe que fornece uma interface de integração para seu contexto, seja qual for o padrão utilizado, é necessário definir uma linguagem de acesso específica para que os consumidores possam saber como executar operações e obter dados. Este é o intuito de uma linguagem publicada (published language).

Pense nessas aplicações que disponibilizam API de dados, como o Google Maps, um sistema acessado por milhões de pessoas e cujos desenvolvedores nem sequer se conhecem. Isso só é possível porque a equipe que desenvolveu essas aplicações disponibilizou serviços e documentação adequada para os consumidores. A API do Google para acesso ao Google Maps é uma combinação de Open Host Service com linguagem publicada: uma combinação explosiva!

10.6.5 Considerações sobre Design Estratégico

É importante entender que os padrões e as técnicas sugeridas devem ser adaptadas à realidade de sua empresa. Não devemos sair aplicando padrões apenas porque vimos em um livro ou em um curso. No entanto, para o caso do Design Estratégico, invariavelmente nos enquadraremos em alguns de seus padrões. Basta parar para pensar que será possível identificar qual padrão se está utilizando.

As aplicações dos padrões do Design Estratégico dependem da capacidade de comunicação entre as equipes envolvidas. Como essa capacidade é dinâmica ao longo de um projeto, aumentando e diminuindo constantemente, é possível que, em algum momento, surja a necessidade de troca de padrão. Não se deixe levar facilmente.

Antes de trocar de padrão, procure solucionar a alteração na comunicação e verificar o que piorou ou melhorou e se essa mudança é permanente. Você não vai querer ficar mudando a forma de trabalhar sempre que algo der errado, pois isso afeta diretamente o código que está sendo desenvolvido. Analise também a possibilidade de mesclar padrões, criando uma forma de trabalhar adequada à sua realidade.

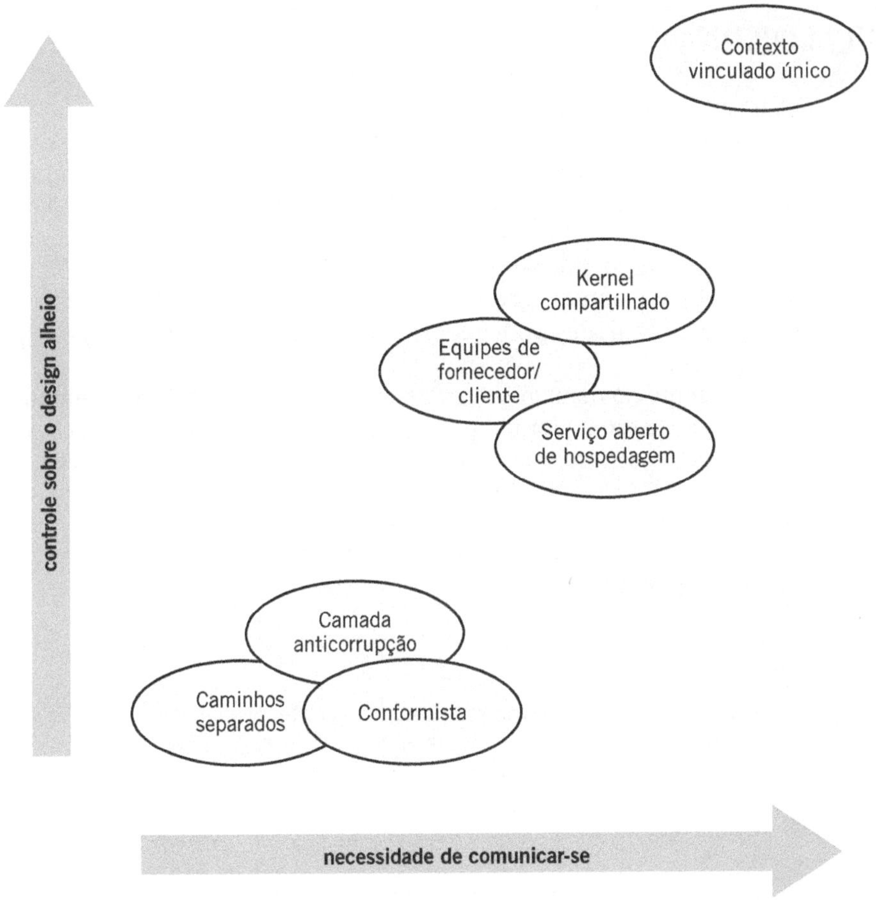

capítulo 10 ▶ DOMAIN-DRIVEN DESIGN

▶ **Figura 10.14** Trade-off entre comunicação e controle para cada estratégia de design.

▶ 10.7 CONCLUSÃO

O domain-driven design oferece diversas opções e abrange inúmeras fases do nosso projeto. Ele determina como uma equipe deve se comportar quando busca um design flexível e um código de mais expressão. Como todo tipo de práticas e processos, ele requer cuidado em sua aplicação, podendo ser decisivo para o sucesso ou fracasso do projeto.

No caso do domain-driven design, há ainda a necessidade de sinergia entre os diversos modelos de gestão para projetos de software. Os mais sinérgicos para com seus princípios são os modelos aderentes aos princípios do Manifesto Ágil.

O assunto do domain-driven design vai muito além do apresentado neste capítulo e deve ser explorado por aqueles que querem se tornar mais capazes na criação e no design de sistemas flexíveis e de maior valor para seus clientes.

▶ REFERÊNCIAS

EVANS, E. *Domain-driven design*: tackling complexity in the heart of software. Boston: Pearson, 2004.

DOMAIN. In: DICTIONARY.com. [S.l: s.n.], c2014. Disponível em: <http://dictionary.reference.com/browse/domain>. Acesso em: 7 abr. 2014.

11

Test-Driven Development

BRUNO PEDROSO

O desenvolvimento orientado a testes (TDD, *Test-Driven Development*) foi inicialmente proposto por Kent Beck como parte integrante da metodologia Extreme Programming (XP). Ele reflete os princípios da metodologia nos níveis mais internos e concretos da atividade de desenvolvimento e constitui um de seus pilares.

Martin Fowler[1] destaca o TDD como uma prática central na metodologia, sendo um dos fatores que a torna viável. Isso porque, dentre outros fatores, ele ajuda a manter controlado o crescimento do custo das mudanças ao longo do projeto – talvez a premissa maior por trás de XP. Em outras palavras, a prática do TDD (dentre outras) mantém a solução mais facilmente modificável durante o desenvolvimento, permitindo revisões constantes e viabilizando a estratégia adaptativa como um todo.

Este capítulo apresenta a técnica. Espera-se que, ao terminar esta leitura, o leitor seja capaz de compreender a importância da automação de testes para o processo de desenvolvimento de software e que consiga discernir com clareza seus objetivos, elementos básicos, classificações e outros aspectos fundamentais. Por fim, espera-se que seja possível visualizar de perto o processo do TDD e compreender os benefícios de utilizar a automação de testes como ferramenta de design e organização pessoal.

▶ 11.1 REVISÃO HISTÓRICA

A técnica hoje conhecida como TDD surgiu dentro da metodologia XP com o nome de Teste a Priori ou Teste Antes (*Test-first*), em alusão à proposta estranha de se testar o código antes mesmo de escrevê-lo.

---

[1] Fowler, M. *Is Design Dead?* [s. l.]. Martin Fowler, 2004. Disponível em: <http://martinfowler.com/articles/designDead.html>. Acesso em: 31 mar. 2014.

MÉTODOS ÁGEIS

Com alguns anos de amadurecimento da técnica (e cooperação de Ward Cunningham), Beck (2003) decidiu publicar um livro sobre a prática, passando a chamá-la de *Test-Driven Development*. A técnica ganhou, então, vida própria e consolidou sua forma e seus princípios, dos quais vale destacar o ponto firmemente defendido em um artigo científico, publicado poucos anos antes (Beck, 2001), de que o TDD trata-se de uma técnica de design, e não de testes.

Desde então, a técnica ganhou muita popularidade. Foi centro de discussões acaloradas em listas de discussões, comunidades e blogs, passando pela publicação de diversos livros técnicos e chegando até os congressos e as publicações científicas mais importantes da área.

A automação mudou radicalmente o papel dos testes no contexto do processo de desenvolvimento como um todo. Kaner a classifica como uma das grandes "descobertas" na área de testes nos últimos anos (Kaner, 2004). Assim como assistimos os ambientes de desenvolvimento (IDE's) incorporarem o processo de compilação automática do código ao se salvar um arquivo, estamos assistindo o mesmo em relação aos testes. Já são populares ferramentas que executam novamente os testes a cada vez que se salva o código, dando feedback quase instantâneo sobre o resultado das últimas alterações. É quase como se os editores pudessem sublinhar o trecho de código defeituoso, como já fazem com erros de compilação, só que dessa vez detectando defeitos de lógica! (Assustador, não?)

A execução de testes automáticos também passou a fazer parte de outras atividades no desenvolvimento de software, como o processo de construção (build) do programa executável final, nos momentos que precedem as entregas, ou sempre que algum programador integrar seu trabalho à base central de código (Integração Contínua). Nesse contexto, eles estabelecem um critério mínimo de qualidade que precisa ser cumprido, sem o qual não se consegue sequer gerar os executáveis!

Em 2007, o IEEE dedicou uma edição inteira da revista *Software* ao tema, despertando ainda mais o interesse acadêmico pelo assunto. O conceito da técnica está de tal forma vivo, em evolução, que mal a ciência começou a investigar suas implicações e já se veem surgir propostas profundas de reformulação, envolvendo até mesmo o nome da técnica. *Behaviour Driven Development* é exemplo de uma releitura do TDD, que enfatiza questões peculiares (porém fundamentais) sobre a natureza da técnica, ampliando consideravelmente seu conceito e sua aplicação. (Essa reflexão é tão importante que se achou por bem dedicar um capítulo inteiro deste livro para apresentá-la.)

▶ 11.2 CONCEITOS FUNDAMENTAIS

11.2.1 Definição

Seria possível colecionar várias definições diferentes para a técnica. Cada texto apresenta uma versão ligeiramente diferente, ressaltando um ou outro aspecto. Beck (2001, tradução nossa) apresenta a seguinte: "Desenvolvimento dirigido por testes é um conjunto de técnicas [...] que encorajam design simples e suites de teste que inspiram confiança".[2] Essa definição destaca muito bem alguns efeitos percebidos da técnica, mas não é muito eficaz em comunicar a natureza da prática para iniciantes. Vamos tentar complementá-la.

Inicialmente, vejamos como o mesmo autor analisa a execução do TDD. A técnica consiste, segundo ele, em criar o código em iterações muito curtas. Tão curtas quanto se queira, sendo normais ciclos de poucos segundos. Esses ciclos são compostos pelas seguintes etapas:[3]

- ▶ Escreva um teste automatizado, antes de escrever qualquer código de produção.
- ▶ Remova duplicações.[4]

Tente imaginar a sequência de atividades que se sucede. Em particular, note que os testes são escritos e executados antes do código que será testado. Embora isso pareça estranho, não há nada de tão excêntrico nessa abordagem, se considerarmos a natureza flexível e abstrata do software. Escrever um teste para uma funcionalidade que ainda não existe é uma atividade relativamente bem simples, como veremos.

O segundo passo, "remova duplicações", é também conhecido como Refatoração (*Refactoring*) e consiste no processo pelo qual se melhora o design de um código já funcional sem, contudo, alterar seu comportamento externo. Trata-se de um assunto bastante amplo, além de um componente fundamental no processo do TDD e que será abordado mais adiante.

11.2.2 Testes automáticos

A automação dos casos de teste é uma característica fundamental da prática. A capacidade de colecioná-los e executá-los (todos) em poucos segundos, com o apertar de um botão, torna a suite de testes de tal forma acessível aos programadores que é normal (e comum) que seja executada várias vezes por minuto.

Abordaremos as consequências dessa abordagem adiante. Primeiramente vamos nos concentrar em alguns aspectos importantes envolvidos no processo da automação dos testes em si. Vamos partir de um pequeno exemplo para ilustrar e tornar as coisas mais palpáveis para quem está tendo o primeiro contato com a técnica.

---

[2] Em inglês, "Test-driven development is a set of techniques [...] which encourages simple designs and test suites that inspire confidence".

[3] Em inglês: "Write a failing automated test before you write any code. Remove duplication".

11.2.3 Um pouco de ordem

Um teste automático consiste em um pequeno exemplo, ou um caso, em que se exercita uma determinada situação, ou cenário, para a qual os resultados esperados são conhecidos de forma clara.

Considere o problema de desenvolver um algoritmo de ordenação. Espera-se que esse algoritmo consiga ordenar listas com 3 elementos. Podemos expressar isso – dentre infinitas outras formas possíveis – escrevendo um teste que execute nosso programa para a lista [2, 3, 1] e verifique se o resultado é [1, 2, 3].

```
def test_triple_list
  original = [2,3,1]
  ordered = Sorting.sort(original)
  assert_equal([1,2,3], ordered)
end
```

Esse é um teste muito simples, mas ilustra bem alguns pontos. Primeiramente, identifiquemos três fases distintas, que nesse código correspondem exatamente às três linhas que o compõem:

1. preparação
2. exercício
3. verificação

Essa é forma padrão, também conhecida como "forma canônica", de um teste automatizado como os que usaremos aqui.

Outro aspecto muito importante é o teste ser autocontido, ou seja, não depender de intervenção humana para decidir se foi satisfeito (se "passou"). Isso possibilita que os testes sejam colecionados e executados automaticamente, reportando apenas os casos não satisfeitos (ou "quebrados"). O teste declara explicitamente as condições que espera serem satisfeitas após a execução do código. O conjunto de pré-condições e resultados esperados caracteriza cada caso de teste, e seu significado deve estar expresso, o melhor possível, em seu nome – nesse caso, test_triple_list.

Existem frameworks de automação de testes para todos os gostos e para todas as linguagens. Os códigos apresentados aqui serão expressos em Ruby, apenas por essa ser uma linguagem simples e acessível. Em relação à natureza do problema usado como exemplo – o algoritmo de ordenação –, ele também foi escolhido apenas por sua simplicidade. No entanto, vale afirmar ainda que as questões técnicas envolvidas para aplicar o método a problemas e contextos diferentes, mais "realistas", já estão consideravelmente bem resolvidas para grande parte dos cenários corriqueiros.

11.2.4 Regressão

Um dos aspectos mais poderosos da automação de testes reside no fato de eles serem colecionados ao longo do tempo e poderem ser executados rapidamente, ou seja, a capacidade de se testar retroativamente o sistema completo a cada passo do desenvolvimento, garantindo que aquilo que funcionava continua funcionando após uma mudança.

Para isso, é fundamental que os testes executem e reportem resultados sem nenhum tipo de intervenção humana. Apenas um comando no shell ou o apertar de um botão (e às vezes nem isso) devem ser suficientes para informar ao programador se alguma coisa parou de funcionar. A facilidade em se executar os testes e a rapidez com que eles reportam os resultados são fundamentais para que sejam executados frequentemente.

Testes executados com frequência cultivam a confiança na equipe quanto à qualidade do sistema, assim como a coragem e a segurança para modificar o design, já que qualquer passo em falso será detectado imediatamente. Os testes funcionam como um mecanismo de rastreabilidade que detecta com precisão o impacto de cada mínima mudança no código, incluindo trechos escritos há muito tempo, ou por outras pessoas, e que de outra forma permaneceriam errados sem que ninguém percebesse. Com a coragem de mudar, diminuem-se as correções provisórias (as chamadas "gambiarras") e incentivam-se revisões constantes do design.

11.2.5 Escopo e classificação

O nome "unit test", ou testes unitários, é comumente confundido com "testes automáticos" e com TDD propriamente dito. Provavelmente, essa confusão é fruto do nome dado aos primeiros frameworks de automação de testes, que originaram a família conhecida como XUnit – JUnit, CPPUnit, NUunit, etc., cada um específico de uma determinada linguagem de programação. Porém, tratam-se de aspectos distintos, não necessariamente relacionados. Uma coisa é o fato de serem ou não automáticos; a outra é o escopo ou a abrangência dos testes realizados. É possível automatizar testes de unidade (isolando determinado aspecto de um pequeno componente). Também é possível (e comum) automatizarem-se testes de integração, envolvendo dois ou mais componentes, e testes funcionais (também conhecidos como "testes de aceitação"), que interagem com a interface externa do sistema e o avaliam do ponto de vista do usuário final.

Da mesma forma, não há relação direta entre esses conceitos e os termos "caixa preta" e "caixa branca", que se referem ao escopo considerado. Um teste de "caixa branca", do ponto de vista de um componente maior (assim

MÉTODOS ÁGEIS

classificado por levar em conta certos detalhes de funcionamento desse componente) pode exercitar um subcomponente ou procedimento interno sem considerar seus detalhes específicos, de onde poderia ser visto como um teste de "caixa-preta".

Todavia, sendo o TDD uma abordagem de desenvolvimento incremental, que evolui o código de pouco em pouco, é bastante comum associarem-se os testes escritos nessa metodologia com as classificações de teste "unidade" – por serem pequenos e localizados, especialmente nas fases iniciais – e caixa branca – por lidarem com um aspecto de cada vez, destrinchando o funcionamento de cada componente em detalhes.

11.2.6 Independência

Além de serem independentes de intervenção humana, é importante que cada caso de teste seja isolado dos demais. Esse cuidado evita que eles tenham efeitos colaterais uns sobre os outros, apresentando resultados diferentes a cada execução. Manter os testes independentes uns dos outros é fundamental para se que se possa colecioná-los nas já mencionadas suites de regressão.

Em geral, os frameworks de teste proveem facilidades para se definir procedimentos de inicialização e conclusão, executados antes e depois de cada teste. Esses mecanismos de set-up e tear down são utilizados para manter os testes isolados, preparando um cenário específico e "limpando" seus rastros para que todos os testes possam iniciar sua execução em um mesmo estado inicial, sem interferência.

A independência dos testes também se estende a recursos externos, como bancos de dados, serviços de diretórios e outros tipos de sistemas. Mais uma vez, a preocupação de isolamento representa o esforço para tornar os testes colecionáveis, rápidos e independentes de intervenção humana, o que é capital para manter sua característica regressiva.

Para tanto, é comum a utilização do que se conhece como "dublês" – componentes falsos que simulam recursos externos com respostas bem controladas e que permitem a verificação de algum comportamento isolado do que se está testando. *Mocks* e *Stubs*[4] são dois tipos de dublês bastante utilizados em linguagens orientadas a objetos.

11.2.7 Cobertura

Como medir a qualidade de uma suite de testes? Existem algumas propostas para isso, mas nenhuma pode ser considerada definitiva ainda. Uma forma bastante conhecida é medir o que se chama de cobertura de testes – ou a porcentagem do código que a suite de testes exercita.

---

[4] Fowler, M. *Mocks are not Stubs*. Disponível em: <http://martinfowler.com/articles/mocksArentStubs.html >. Acesso em: 31 mar. 2014.

Algumas variações dessa métrica são utilizadas para avaliar a qualidade dos testes gerados em um projeto ou em pesquisas acadêmicas sobre os efeitos da prática. São programas que analisam o código sendo testado e a suite de testes, avaliam sua estrutura e computam um valor baseado nas linhas de código, instruções ou ramificações possíveis do programa que o teste exercita.

Essas abordagens são úteis como informação complementar sobre o processo, mas devem ser usadas com cautela, especialmente quando a intenção é refletir visões objetivas e científicas ou avaliar os programadores, porque toda medição realizada acaba afetando o objeto medido e porque nenhuma refletirá com 100% de precisão o atributo de qualidade que pretende medir. Ou seja, ao adotar um sistema de medida do processo de testes – a cobertura, por exemplo – influenciam-se as pessoas para que obtenham melhores números, o que não necessariamente significa melhores testes. É possível escrever contraexemplos que atingem 100% de cobertura em qualquer critério, sem efetivamente testar nada!

Sendo essas medidas (e talvez qualquer outra) falíveis e manipuláveis, usar números brutos como guias pode representar um grande perigo para a real qualidade do código sendo produzido. O mito de que a manutenção de 100% de cobertura é suficiente (ou necessária) deve ser questionado com cautela. As métricas são úteis, mas limitadas. Use-as com parcimônia.

11.2.8 Testes automáticos versus testes manuais

Testes automáticos são mais efetivos que testes manuais em garantir a qualidade do sistema, uma vez que podem ser acumulados e re-executados com frequência. Eles não são, por outro lado, mais efetivos em encontrar erros. Bugs são inerentemente imprevisíveis, e testes automatizados são exatamente o oposto, uma vez que expressam aquilo **que se conhece** do sistema. Em outras palavras, testes automáticos não são bons para encontrar bugs, mas para evitá-los. No entanto, como não podem ser perfeitos nisso, é natural conciliá-los com a prática de testes manuais, especialmente os de fundo exploratório.

Sabemos que alguns contextos e situações são mais difíceis de serem testados automaticamente, o que é um obstáculo comum para equipes em fase de adoção da prática, por exemplo. É comum, nesses casos, a opção consciente de não enfrentar essas dificuldades, mantendo a garantia da qualidade de alguns aspectos atrelada apenas à efetividade de testes manuais.

Contudo, hoje já existem técnicas e ferramentas que permitem a automação de cenários diversos. Portanto, é importante confrontar com cuidado os benefícios e as dificuldades, antes de decidir manter algum caso desprovido de testes automatizados. Um pouco de pesquisa e alguma experiência são, em muitos casos, suficientes para se vencer tais obstáculos.

A automação completa e a independência de testes manuais devem ser encaradas como uma meta a ser atingida, mesmo sabendo que dificilmente se conseguirá alcançá-la. Ainda assim, a impossibilidade prática em se automatizar alguns casos não deve, de forma alguma, ser tomada como uma falta gravíssima. Achar o equilíbrio e o meio-termo será sempre a melhor opção.

11.2.9 Testes para quê?

Nesse ponto, é interessante parar e refletir um pouco sobre a natureza desses testes e seu significado no processo de desenvolvimento. Afinal, o que significa ter uma coleção de 500 testes como esse executando e sendo satisfeitos por seu código?

Não se espera que quantidade nenhuma de testes, sejam eles da natureza que forem, elimine os defeitos completamente. Sabemos que isso não é possível. Os testes automáticos não têm qualquer possibilidade lógica – assim como não têm pretensão – de serem comparados a métodos formais de verificação ou coisas do tipo. Matematicamente, o fato dos testes serem automatizados simplesmente não muda nada. Note, ainda, que os testes, sendo escritos por humanos (os mesmos que escreveram o código), estão sujeitos a erros. Portanto, não se pode esperar nenhum tipo de infalibilidade por parte deles. Não é a isso que eles se propõem nem é esse o ponto que os distingue.

Os testes aqui apresentados possuem função semelhante ao que conhecemos como "prova real" na Aritmética. Acredita-se que, ao resolver um problema por duas vias distintas e encontrar o mesmo resultado, as chances de se ter cometido o mesmo erro duas vezes seguidas é consideravelmente menor. Note: as chances são menores (bem menores), apenas isso.

De qualquer forma, o ponto crucial da técnica está, na verdade, sob o ponto de vista metodológico, influenciando os programadores e a forma como trabalham. Ao incentivar a escrita de testes antes de cada mudança no código, testa-se melhor e mais frequentemente. Mantendo alta a qualidade do sistema ao longo de todo o processo de desenvolvimento, mantém-se baixo o nível de stress, a afobação e a pressa. Dessa forma, cultiva-se o sentimento de suficiência de recursos, mantendo a equipe calma e atenta, com tranquilidade suficiente para sustentar a disciplina e manter o código cada vez melhor. Cria-se aí um ciclo virtuoso profundamente relacionado com os princípios Ágeis em geral.

11.2.10 Quem, como, quando?

Abordamos até aqui vários aspectos relacionados à automação de testes. Mas ainda não tocamos na questão mais importante relacionada a eles, do ponto de vista do TDD: quem automatiza os testes? Como isso é feito? Em que momento a automação é feita, dentro do processo de desenvolvimento como um todo?

Esse é o assunto central da segunda metade deste capítulo, que pretende dar uma visão prática de como as atividades de concepção, escrita de código e testes são realizadas segundo o processo aqui apresentado.

capítulo 11 ▶ TEST-DRIVEN DEVELOPMENT

▶ 11.3 SENDO GUIADO POR TESTES

Abordaremos alguns aspectos teóricos antes de entrarmos no exemplo prático, buscando manter o olhar preparado para os aspectos mais importantes do
que será mostrado a seguir.

Até este ponto, concentramo-nos apenas nos aspectos ligados à disciplina de testes. Contudo, como mencionado no início deste capítulo, a essência
da prática (ou pelo menos boa parte dela) está no processo de organização
das ideias e seu desenvolvimento durante a concepção da solução.

Imagine o processo de organização da cozinha de um grande restauran-
te. Chegam pedidos a todo momento e a equipe é grande. Se não existir um
processo de organização mínimo, pedidos serão perdidos, trocados e mistu-
rados e provavelmente haverá muito desperdício de comida e sujeira pelos
cantos. O mesmo acontece quando desenvolvemos software. A cada passo,
aprendemos algo a respeito do que estamos construindo. Surge um novo requisito, ou o detalhamos melhor, compreende-se mais a fundo a natureza do
problema, visualiza-se melhor a estrutura dos dados e dos processos envolvidos. Tanto as mudanças no negócio como o aprendizado proveniente do uso
das versões intermediárias costumam desvendar novos requisitos ao longo do
caminho. Enfim, são demandas demais, e elas são inevitáveis! Portanto, é preciso manter a cozinha em ordem.

Nosso foco, a partir de agora, será a ordem das atividades e as consequências disso no processo de entendimento do problema e no desenho da solução.

O ciclo do TDD, já apresentado anteriormente, é composto pelas seguintes etapas:

1. Escreva um teste falhando.
2. Escreva apenas o código suficiente para satisfazer o teste.
3. Refatore.

Essas etapas são também conhecidas pela sequência vermelho-verde-re-
fatore (*red-green-refactor*), fazendo alusão ao estado da suite de testes em cada um dos momentos. Ao escrever um teste falhando, os testes estão "quebrados", o que é representado pela cor vermelha; ao satisfazer o teste, ou fazê-lo
"passar", a suite passa a indicar a cor "verde". Nesse ponto, analisa-se e mo-
difica-se o código para torná-lo mais simples, porém sem alterar seu comportamento (sem quebrar nenhum teste).

O TDD pode ser visto como um pequeno ciclo PDCA (Capítulo 12, Planejamento). Escreve-se código em microiterações, dentro das quais define-se uma
meta (um teste falhando), cumpre-se a meta (ao escrever o código que satisfaz
o teste) e, por fim, reflete-se sobre os resultados e adapta-se à nova visão (análise e refatoração do código). A comparação entre os dois ciclos é apresentada
na Figura 11.1.

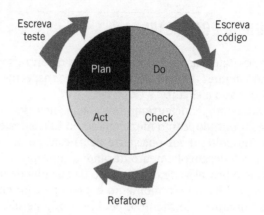

▶ **Figura 11.1** TDD como um ciclo PDCA.

Esse processo focaliza o esforço e a atenção do programador em uma tarefa de cada vez, de forma bem distinta, ajudando na organização do trabalho. Essas tarefas, detalhadas e organizadas em listas, explicitam o microplanejamento do programador. Isso deixa claro o que já está pronto e o que ainda precisa ser trabalhado, facilitando o acompanhamento das tarefas e ajudando na escolha do que é prioritário a cada passo.

11.3.1 *Design*, não testes

Testes automáticos são mais efetivos que testes manuais em garantir a qualidade do sistema. No entanto, na forma como são usados aqui, possuem mais característica de especificação, ou entendimento de requisitos, do que de testes propriamente ditos. Eles servem para expressar intenções de design e esboçar ideias, para reduzir o ciclo de feedback entre a tomada de uma pequena decisão e a avaliação de seu resultado e para manter a confiança do programador e encorajar revisões frequentes no design. Em outras palavras, os testes escritos antes do código servem mais para auxiliar no processo de concepção (ou descoberta) do design da solução em que se está trabalhando do que para encontrar erros.

Vejamos como isso funciona na prática.

11.3.2 Começando no vermelho

A primeira etapa expressa bem a natureza orientada a metas curtas e explícitas, inerente aos processos baseados no ciclo PDCA. A escrita do teste *a priori* representa o ato de tornar explícita a próxima pequena meta a ser cumprida. O teste deve expressar bem a intenção do programador a cada investida no código. Tornar explícita essa intenção é a estratégia do TDD para influenciar o programador a se concentrar em apenas uma coisa de cada vez.

capítulo 11 ▶ TEST-DRIVEN DEVELOPMENT

Testes automáticos são pequenos exemplos de como se espera que o código funcione. No geral, começa-se com os casos mais simples, seguindo o princípio de *baby-steps*. Segundo Beck (2003), essa abordagem de design não representa o caminho "de dentro pra fora", nem o "de fora pra dentro", nem tampouco "de cima pra baixo" ou seu contrário. Representa o caminho "do mais conhecido para o menos conhecido". Isso significa que se deve começar a explorar o problema a partir dos pontos que nos são mais claros, tentando não antecipar as complexidades que surgirão logo adiante.

Vejamos um exemplo do que poderia ser um caso bem óbvio e simples para começarmos a desenvolver nossa solução de ordenação:

```
def test_unitary_list
    original = [1]
    ordered = Sorting.sort(original)
    assert_equal(original, ordered)
end
```

Este teste expressa de forma clara a suposição de que a lista unitária, ordenada, deve ser idêntica à original. É um exemplo trivial, mas bastante útil para começar. Ele funciona como a especificação precisa de como aquele código deverá se comportar quando estiver implementado. Ajuda a organizar o trabalho de implementação agora e ajudará a documentar o sistema e mantê--lo funcionando no futuro.

É importante ressaltar a regra de que o teste recém-escrito deve falhar! Se não falhar, permanecemos nessa etapa, alterando o código do teste. O fato de o teste não falhar pode significar duas coisas: ou a funcionalidade que o teste expressa já está implementada no sistema sendo testado ou o teste de fato não está sendo efetivo em testar o que deveria.

Essa abordagem é igualmente válida para atividades de manutenção de código, não somente para as de criação. Nesse caso, mudanças de concepção do sistema, que irão se refletir em mudanças no código, devem ser expressas primeiro por meio de um teste ou pela mudança nos testes que expressavam o requisito original, fazendo quebrar o teste que antes passava. Somente depois disso é que se parte para modificação do código e sincronização do que os dois expressam.

A princípio, no ponto em que estamos em nosso exemplo – tendo acabado de escrever o teste –, ele nem ao menos compila,[5] visto que a classe `Sorting` e o método `sort()` ainda nem foram criados. Isso faz parte do processo. O teste que não compila é considerado como se estivesse executando e falhando (vermelho).

Muitas decisões de design importantes são tomadas ainda nessa etapa. A interface externa do componente é o ponto de partida do processo. No

---

[5] Ou seu equivalente em linguagens interpretadas. Os termos "compilar" e "interpretar" passarão a ser utilizados daqui em diante sem essa preocupação, já que desempenham o mesmo papel dentro do contexto aqui apresentado.

momento em que escrevemos o primeiro teste, imaginamos o programa em uso e definimos, nesse caso, que o algoritmo pode ser bem modelado como um método `sort()` em uma classe chamada `Sorting`. Olhar do ponto de vista do código cliente, que utilizará o componente sendo projetado, torna mais palpável a decisão sobre qual deve ser sua interface externa.

Eis aí um dos primeiros pontos em que o processo auxilia a atividade de design: oferecendo um meio próprio para esboçar e experimentar ideias quanto ao funcionamento do componente. Vejamos como essa história continua.

11.3.3 Rumo ao verde

A partir desse ponto, e até que o teste seja satisfeito, os erros apresentados pelo compilador e pelos resultados dos teste funcionam como um sistema de lembretes que sempre indica precisamente qual é o próximo passo. Em nosso exemplo, o próximo passo na direção do verde é criar a classe `Sorting` e fazer o teste compilar, já que esse é o erro que o interpretador nos indica:

```
1) Error: test_unitary_list(SortingTest):
            NameError: uninitialized constant
SortingTest::Sorting
```

Ao criarmos a classe `Sorting`, o teste passa a reclamar da inexistência do método `sort()`.

```
1) Error: test_unitary_list(SortingTest):
            NoMethodError: undefined method `sort' for
Sorting:Class
```

Depois de criar o método, o teste já pode ser executado, mas ainda não é satisfeito, visto que o código ainda está "vazio".
Teste:

```
class SortingTest < Test::Unit::TestCase

    def test_single_list
        original = [1]
        ordered = Sorting.sort(original)
        assert_equal(original, ordered)
    end

end
```

Código do programa:

```
class Sorting

    def self.sort(list)
        return nil
    end

end
```

Desta vez, o erro passa a nos ser reportado pelo framework de testes, e não mais pelo compilador:

```
1) Failure: test_unitary_list:6
    <[1]> expected but was <nil>.
```

Nossa tarefa ainda é bem clara: precisamos fazer o teste passar. Nesse ponto, o conselho da prática é para que se escreva o código mais simples possível que faça o teste passar.[6] E apenas ele! Nenhuma complexidade desnecessária deve ser incluída no código, a menos que esteja sendo explicitamente requisitada pelo teste. Nesse caso, sendo esse nosso primeiro teste, o código mais simples é retornar apenas a lista que o teste espera.

Teste:

```
class SortingTest < Test::Unit::TestCase

    def test_single_list
        original = [1]
        ordered = Sorting.sort(original)
        assert_equal(original, ordered)
    end

end
```

Código do programa:

```
class Sorting

    def self.sort(list)
        return [1]
    end

end
```

---

[6] Da famosa frase *The simplest solution that could possibly work.*

Tal solução pode ser um tanto simplista para quem não está acostuma-do, afinal isso não parece um algoritmo de ordenação ainda. Contudo, é uma solução interessante aqui, por ser bastante emblemática (talvez até caricatu-ral). Sendo levemente exagerada, ela ilustra muito bem o princípio de design que a justifica: simplicidade e pragmatismo.

Se observarmos bem, a implementação sugerida é bastante coerente com a suite de testes que especifica seu comportamento. Para uma especifica-ção trivial, nada mais simples e pragmático do que uma solução também tri-vial. O que nos incomoda nessa implementação não é falta de código, é fal-ta de testes!

Seria possível, nesse ponto, em vez de escrever um programa simplista, escrever logo todo o algoritmo de ordenação que se tem em mente. Isso satis-faria o teste da mesma forma. No entanto, nesse caso, chegaríamos a um có-digo desproporcionalmente mais complexo do que a suite correspondente – uma anomalia, do ponto de vista do TDD. Nosso código vai chegar lá, mas aos poucos e em sincronia com a suite que o sustenta.

O princípio conhecido como YAGNI ("*You Ain't Gonna Need It*") defen-de que não se deve adicionar hoje código de uma funcionalidade que só será útil amanhã. Essa disposição talvez seja o coração da prática, responsável pe-la tangibilização de vários princípios ágeis no contexto prático do design de software: *Não adicionar código que não esteja sendo explicitamente requisitado pelo teste.* Ela visa a contrabalancear uma tendência que o ser humano parece ter de criar mais complexidade do que o estritamente necessário (o que pare-ce ser ainda mais forte entre Engenheiros e Analistas, "com letra maiúscula"). Interiorizar esse princípio costuma ser uma tarefa difícil, pois desafia vários hábitos e predisposições arraigadas à nossa formação tradicional. É aqui tam-bém que se encontra um dos pontos mais difíceis (e, no entanto, cruciais) do aprendizado da técnica: a disciplina.

11.3.4 Mais um teste

Continuando nosso exemplo, agora nos caberia analisar se o código pode ser simplificado ou melhorado em algum sentido, como, por exemplo, para elimi-nar alguma duplicidade. Como nosso código ainda está muito simples, vamos nos contentar com ele por enquanto e escrever mais um teste (ou seja, especi-ficar mais um pedacinho de funcionalidade a ser implementada):

Teste:

```ruby
class SortingTest < Test::Unit::TestCase

    def test_single_list
        original = [1]
        ordered = Sorting.sort(original)
        assert_equal(original, ordered)
    end
```

```
    def test_double_list
        original = [2,1]
        ordered = Sorting.sort(original)
        assert_equal([1,2], ordered)
    end

end
```

Código do programa:

```
class Sorting

    def self.sort(list)
        return [1]
    end

end
```

Esse teste explicita a fragilidade que nos incomodava até a versão anterior: o código está retornando um valor fixo! Agora sim, é hora de corrigir esse problema, mas não da forma definitiva ainda.

Teste:

```
class SortingTest < Test::Unit::TestCase

    def test_single_list
        original = [1]
        ordered = Sorting.sort(original)
        assert_equal(original, ordered)
    end

    def test_double_list
        original = [2,1]
        ordered = Sorting.sort(original)
        assert_equal([1,2], ordered)
    end

end
```

Código do programa:

```
class Sorting

    def self.sort(list)

        if (list.size == 1)
            return list
        else
            return list.reverse
        end

    end

end
```

MÉTODOS ÁGEIS

Explicando: se a lista tiver apenas um elemento, a lista ordenada é ela mesma. Senão, a lista ordenada é o inverso da que foi passada. Isso faz com que nossos dois testes passem e, ao mesmo tempo, deixa-nos com muito assunto para discussões sobre as diversas possibilidades que poderiam ter sido utilizadas no lugar dessa (o que, infelizmente, não temos espaço para fazer aqui). A questão é que cada um possui um senso de simplicidade diferente, e, no fim das contas, não importa muito a solução específica dada, e sim o método utilizado. Essa proposta de código foi escolhida por razões didáticas. Na vida real, outros critérios podem ser mais importantes.

O ponto sobre a simplicidade é que mais uma vez nossos instintos reagem contra esse código simplista. Ele nos parece errado, uma vez que só funciona para alguns casos. Para ser mais específico, só funciona para listas unitárias e listas binárias em ordem invertida. No entanto... não é justamente isso que nossa suite de testes expressa?!

11.3.5 Refatore

Estando nossa suite de testes toda satisfeita, verde, devemos aproveitar a oportunidade para melhorar nosso código. A avaliação da estrutura do código feita depois, em contato com o código já pronto e funcional, possui a grande vantagem de contar com mais informação do que se tinha antes de escrever o código. Agora, podemos olhar para o código e ver como ficou. Além disso, temos um critério claro de avaliação e uma ferramenta que nos dá feedback imediato sobre a corretude das mudanças que venhamos a fazer. Isso possibilita, por exemplo, que se experimentem novas soluções, que podem ser corrigidas ou desfeitas com a mesma facilidade com que foram feitas, caso algum teste quebre.

É nesse momento que se concentra a maior quantidade de esforço consciente aplicado em design, durante a prática do TDD. É o momento em que se analisa o código construído até então e se procuram oportunidades para melhorá-lo (de acordo com o critérios de qualidade de cada um).

A repetição de código é um sinal classicamente citado que se deve tentar eliminar durante a aplicação de refatorações. Além desse, existem vários outros padrões de refatoração conhecidos e catalogados, aos quais não se deve ficar limitado, tampouco. Muitos deles, aliás, já se fazem automaticamente na maioria das IDE's modernas. Em nosso exemplo, vamos identificar uma oportunidade bem simples de melhoria.

Uma vez que as listas unitárias, se invertidas, permanecem as mesmas, não há necessidade em distinguirmos os dois casos presentes no código, por meio da instrução `if`. Podemos simplesmente reduzi-lo a:

```
class Sorting

    def self.sort(list)
        return list.reverse
    end

end
```

Isso o torna indiscutivelmente mais simples e não quebra nenhum dos testes de nossa suite, ou seja, nossa reformulação não diminui a funcionalidade que o programa já tinha, nem faz parar de funcionar nenhuma das características que a suite de testes verifica até então. Também não adicionamos, nesse processo, funcionalidades que o código ainda não tivesse. Não resolvemos, por exemplo, o problema de o algoritmo só funcionar para listas binárias invertidas. Poderíamos ter inserindo um `if(list[0] > list[1])` para detectar se a lista está mesmo invertida antes de trocarmos a posição de seus elementos. Entretanto, pela suite de testes que temos, ainda não precisamos disso.

Vamos repetir o ponto fundamental que caracteriza o processo de refatoração: *melhoria do* design *do código, a posteriori, sem contudo alterar seu comportamento externo.*

Perceba que estamos agora, depois da refatoração, em uma situação consideravelmente melhor para adicionarmos novas funcionalidades ao código, como o `if(list[0] > list[1])` sugerido. Seria muito mais fácil incorporá-lo agora, com o código mais simples. Da mesma forma, note que teria sido mais difícil realizar a refatoração que fizemos depois que esse código já tivesse sido incorporado. A manutenção constante da simplicidade do código, feita a cada pequeno passo, tem a intenção de manter o código sempre limpo e fácil de mudar.

Esse processo visa a equilibrar a deterioração que parece ocorrer naturalmente em qualquer código com o passar do tempo. Isso sempre acaba acontecendo à medida que pequenos ajustes e adaptações vão se sucedendo, até que alguém decida finalmente investir em uma revisão mais profunda (muitas vezes, uma reescrita completa).

O exemplo aqui apresentado foi curto e denso em explicações, pois a intenção é que ele servisse apenas como uma introdução. Muito poderia ter sido feito de forma diferente, o que seria com certeza uma discussão bastante rica. Conforme aconselhado no final deste capítulo, é preciso compreender que *sempre* haverá o que aprender e melhorar. Esse exemplo deve ser visto, portanto, apenas como um primeiro contato, sem qualquer pretensão de representar a forma "certa" ou a "melhor" abordagem (se é que isso existe). Analise a solução proposta, critique, experimente, proponha a sua e compartilhe com os outros. Todos só têm a ganhar!

▶ 11.4 EFEITOS E BENEFÍCIOS

Agora que já tivemos um primeiro contato com a técnica, vamos discutir alguns aspectos relevantes sobre abordagem, dentre eles seus efeitos e benefícios.

A visão da ciência

Podemos dizer que as pesquisas científicas sobre os efeitos de TDD ainda estão em suas fases iniciais. Os primeiros estudos empíricos começaram a ser publicados em 2002 e se intensificaram com o passar dos anos, chegando a cerca de 30 ou 40 em 2010.

Como resumo geral das pesquisas, podemos considerar como fonte mais atual a Revisão sistemática publicada por diversos autores em 2010 como capítulo do livro "Making software: What really works, and why we believe it" (Oram; Wilson, 2010). A síntese, em poucas palavras, sugere o seguinte:

- A técnica exige um esforço moderadamente maior que a abordagem tradicional.
- O código produzido com TDD possui uma quantidade de bugs consideravelmente menor.
- Poucas conclusões emergiram ainda a respeito dos efeitos da técnica sobre a qualidade interna no design do código.

Provar resultados definitivos em Engenharia de Software não é um objetivo nada simples. Quando observamos cientificamente uma técnica como TDD, devemos considerar o fator humano, o psicológico, a experiência dos participantes e vários outros aspectos complicadores. Além disso, são necessários muitos estudos até que se possa delinear uma conclusão com segurança.

Essa talvez seja a conclusão mais constante em relação a todos os estudos: ainda temos muito o que aprender e melhorar no tocante às metodologias de pesquisa empírica, e ainda precisamos de muito mais estudos.

11.4.1 Qualidade embutida

Escrever o teste antes de escrever o código possui um primeiro benefício bastante evidente: se formos disciplinados em testar cada funcionalidade antes do código, pela lógica, terminaremos por cobrir o código completamente com testes. Muito embora isso não seja tão simples na prática , já que poucas equipes conseguem manter o código 100% coberto, o processo sistemático de criação de testes resulta em códigos consideravelmente mais bem testados do que a abordagem tradicional.

Manter o código lado a lado com seus testes é mais ou menos como ter a garantia da qualidade do sistema embutida no próprio sistema. Isso difere profundamente da forma como a Qualidade costuma ser encarada nos processos tradicionais, nos quais é vista como responsabilidade de outra pessoa ou de um departamento específico.

A prática do TDD pressupõe que o programador é o responsável pela qualidade de seu próprio código, o que deve estar expresso na suite de testes que acompanha seu código. O programa traz, dentro de si, o critério de avaliação de sua própria corretude. Caso o sistema seja modificado de forma indevida, ele mesmo avisa. Não é preciso consultar mais ninguém.

11.4.2 Design evolutivo

A prática de refatorações não se limita a mudanças simples na implementação de métodos, como no exemplo da seção anterior. Uma revisão estrutural pode ser identificada, por exemplo, relacionada à decisão que tomamos no início do nosso exercício, quando escrevemos o primeiro teste: a interface externa do programa. A decisão tomada naquele momento foi a de encapsular a funcionalidade de ordenação em um método de uma classe dedicada apenas à ordenação. Alguém poderia concluir agora que essa não foi uma boa solução. Uma ideia melhor poderia ser concebê-la como uma operação própria da classe Array, de modo a poder ser utilizada da seguinte forma:[7]

```
[2,3,1].sort()
=> [1,2,3]
```

Essa parece ser uma solução mais simples e coesa (especialmente considerando as características dinâmicas da linguagem que estamos utilizando). O fato de termos optado inicialmente por outra solução (não tão boa) não é, no entanto, um problema se estivermos utilizando TDD. Na verdade, esse tipo de reformulação é bastante frequente e até desejável na prática, já que reflete a coragem em se aplicar um aprendizado real obtido durante o desenvolvimento. Um aprendizado proporcionado, em grande parte, exatamente pelo fato de ter-se escrito o código e experimentado uma solução "não tão boa".

Esse é o centro dos princípios do design incremental e da melhoria contínua, defendidos pelo XP. Não se espera que o melhor design seja conhecido de antemão, ou que se analise o problema até que ele seja descoberto. A prática pressupõe que todas as decisões poderão ser revistas em breve, quando haverá mais informações para tal. Em vez de investir em acertar o design de primeira, procuramos manter a solução sempre pronta e fácil de adaptar, quando do tivermos certeza de qual design queremos.

11.4.3 Adaptabilidade

A abordagem iterativa e incremental, um dos princípios mais importantes da filosofia ágil, baseia-se fortemente na postura adaptativa, segundo a qual vale mais a pena investir na qualidade do código aos poucos, à medida que a solução vai se desenhando.

A automação de testes é considerada uma prática habilitadora da metodologia XP, exatamente por viabilizar a abordagem de design evolutivo, que acabamos de discutir. O desenvolvimento guiado por testes ajuda a quebrar um dos paradigmas mais antigos e determinantes da engenharia tradicional: a ideia de que, ao longo de um projeto, o custo das mudanças cresce exponencialmente com o tempo. Quando se tem uma boa suite de testes em torno do código, fazer modificações estruturais que facilitem incorporar novas funcionalidades não é nenhum sacrifício. A maior parte do esforço para se realizar uma mudança está justamente na investigação de seus possíveis impactos ou efeitos colaterais. Uma vez que os testes detectam o impacto da mudança

---

[7] Desconsidere por um momento o fato de que esse método já existe na linguagem Ruby.

MÉTODOS ÁGEIS

com precisão, o esforço para mudar o código passa a se limitar ao de editar cada arquivo impactado, o que é proporcionalmente desprezível. A estratégia defendida pela prática é, portanto, a de investir em adaptabilidade agora (escrevendo testes) para colher em adaptabilidade depois, quando inevitavelmente será necessário mudar o sistema.

Além disso, advoga-se pelo investimento gradativo e contínuo na qualidade do sistema. Ao invés de gastar muito tempo analisando o problema e discutindo a melhor solução, ataca-se a questão de forma simples e prática, resolvendo o problema que temos hoje, e adapta-se a solução depois, melhorando-a quando o problema for melhor conhecido ou quando precisarmos mudá-la.

11.4.4 Fluxo

O TDD é provavelmente a única abordagem sistemática proposta até hoje para se abordar a atividade de programação em seus mínimos detalhes. Dessa forma, ele pode ser visto como uma metodologia de organização pessoal, que orienta o processo de raciocínio, exploração do problema, esboço e acabamento da solução.

O ciclo red-green-refactor acontece em um ritmo constante e relativamente fluido, em questão de poucos minutos, no qual todas as atividades de criação são realizadas pela mesma pessoa: análise do problema, especificação, projeto, programação e testes (não necessariamente nessa ordem). Com uma sistemática bem definida, o programador raramente se perde em meio às várias ideias e aos casos excepcionais que afloram durante as atividades de programação.

Ao longo do processo, mantém-se o código sempre funcionando, com todos os testes satisfeitos, reduzindo-se ao máximo os períodos de instabilidade. Isso deixa o programador seguro, consciente e concentrado em um ponto de cada vez. Ao mesmo tempo, marca-se bem o compasso do trabalho, reservando momentos explícitos dedicados à reflexão e à melhoria contínua do que está sendo construído.

11.4.5 Vale a pena?

Aprender e adotar a técnica do TDD é reconhecidamente difícil porque propõe uma mudança profunda na forma de resolver problemas e porque exige do programador uma boa dose de disciplina, o que é uma dificuldade comum para equipes iniciantes. É pertinente, portanto, refletir um pouco sobre o real custo-benefício da técnica. Quanto esforço a mais é necessário para se criar um código com testes automáticos? Quanto desse esforço será realmente compensado depois, e de que forma esse retorno se dará?

Se analisarmos a questão por um momento, chegaremos à conclusão de que o esforço para automatizar os testes não é tão maior assim. No fim das contas, nenhum bom programador dá um código por terminado sem antes testá-lo minimamente. E, se ele for uma pessoa ética e organizada, isso deverá se aplicar a cada pequeno trecho de seu código.

Ninguém adiciona um mísero `IF` em seu código (e consegue dormir em paz) sem executar o programa sequer uma vez para ter certeza de que a mudança foi efetiva e de que não teve efeitos colaterais. É bastante comum criar trechos de código desconexos do resto da aplicação, cuja única finalidade é a de executar uma parte do programa que acabamos de modificar. Na prática, o que acontece é que aquele tempo que seria utilizado para automatizar o teste acabará sendo gasto de um jeito ou de outro. E, se não o for, será simplesmente por desorganização, esquecimento ou desleixo do programador.

Se por um lado, o esforço para se automatizar os testes não é muito maior do que testar manualmente, por outro, seus benefícios são notáveis. Quando surge a necessidade de se mudar o código (e ela sempre surge!), a suite de testes acusa imediatamente os pequenos erros e efeitos colaterais que dificilmente seriam detectados manualmente. Descobertos na hora, esses erros não causam qualquer transtorno. Contudo, se passam despercebidos durante a mudança (como normalmente acontece sem testes), acabam custando um tempo desproporcional para serem encontrados e corrigidos depois.

Só o fato de evitarem a propagação desses erros já é motivo mais que suficiente para justificar o esforço adicional de se automatizar os testes. Porém, conforme já dito, os benefícios ligados à testabilidade do programa são apenas uma pequena parte dos benefícios dessa prática. Os ganhos ligados à simplicidade do código gerado e à manutenção da confiança em mudar o código suplantam, em muito, esse esforço inicial.

O grande problema, infelizmente, é que esses benefícios não costumam ser percebidos de imediato, o que desmotiva a equipe iniciante e costuma criar certa dificuldade na adoção. Durante os primeiros contatos com a técnica, é preciso cultivar uma boa dose de disciplina e determinação para vencer essa preguiça inicial. Vencida essa primeira fase, dificilmente se volta a programar como antes.

▶ 11.5 DICAS PARA EQUIPES INICIANTES

Conforme exposto na seção anterior, uma das grandes dificuldades em se aprender e adotar TDD está em vencer um período inicial de disciplina quando ainda não são claros os benefícios da prática. É totalmente contraintuitiva a ideia de se "perder tempo" com algo "inútil".

Sendo assim, uma estratégia útil para iniciantes é reduzir um pouco a exigência sobre a qualidade dos testes, diminuindo a sensação de perda de tempo. Dessa forma, aumentamos as chances de a equipe permanecer motivada até que os primeiros benefícios dos testes possam ser colhidos. Uma forma simples de fazer isso é começar escrevendo apenas testes de integração, que exercitam vários componentes de uma vez. Eles são mais rápidos de se escrever e cobrem bastante código com pouco esforço. Além disso, dispensam a complexidade conceitual de objetos falsos (*mocks*, *stubs*) e outras técnicas mais abstratas.

MÉTODOS ÁGEIS

Um exemplo comum e fácil de entender, aplicável a sistemas web, com arquitetura em camadas, é escrever testes que exercitem, de uma só vez, a camada de negócio e a persistência com banco de dados. São testes bastante palpáveis, já que formam o vocabulário de serviços básicos da aplicação. Além disso, são fáceis de automatizar, pois não costumam necessitar de muitas mudanças no código nem da aplicação de técnicas avançadas de teste. Por fim, servem bem para cobrir minimamente o código, detectando uma quantidade razoável de erros.

Outra sugestão é permitir a escrita dos testes automáticos depois de se escrever o código. A intenção, mais uma vez, é diminuir as dificuldades conceituais no início, para que a equipe possa experimentar a automação de testes e comece a perceber logo seus benefícios.

Esses conselhos são apenas artifícios para facilitar os primeiros passos. Não estamos aconselhando a displicência gratuita com aspectos que consideramos importantes. A ideia é diminuir o investimento inicial e acelerar o retorno de curto prazo, para tentar conquistar a equipe com os benefícios mais imediatos. É como prender rodinhas à bicicleta da criança ou colocar boias em seus braços para que ela perca o medo e aprenda a nadar. Ainda assim, à medida que o tempo passa e o interesse da equipe cresce, é fundamental refletir a respeito da forma como está sendo praticada a técnica e melhorá-la. Quanto antes se aposentarem as muletas, mais cedo se conquistará autonomia para andar sozinho, permitindo experimentar os pontos realmente relevantes da prática.

▶ 11.6 DICAS PARA EQUIPES EXPERIENTES

À medida que se ganha confiança com a técnica e se é convencido quanto ao seu retorno de investimento, é preciso se conscientizar quanto à natureza gradativa e contínua de seu aprendizado. Sempre haverá formas de melhorar a suite de testes e seu processo de escrita.

Com a prática, procure testes menores, isolados uns dos outros e localizados, facilitando a detecção da causa do problema quando o teste eventualmente falhar. Organize a suite de testes de forma clara, refletindo a estrutura do próprio código. Use nomes significativos, que expressem a intenção do que se está testando. Focalize seus testes no comportamento externo esperado do componente, mantendo-os isolados dos detalhes de implementação e facilitando sua refatoração. Enfim, são muitos os pontos a se melhorar.

Uma cultura que tem crescido bastante pelo mundo é a organização de grupos de estudo conhecidos como *Coding Dojos*.[8] Trata-se de grupos que se reúnem periodicamente para programar juntos, experimentar, discutir e desenvolver suas habilidades com a técnica. É um movimento que expressa muito bem a necessidade de aprimoramento contínuo, por meio da prática por iniciativa espontânea e do compartilhamento de informações. Procure um *Dojo* em sua cidade e pratique!

---

[8] Coding Dojos. Disponível em: <www.codingdojo.org>. Acesso em: 31 mar. 2014.

Duas leituras recomendadas, ao final do capítulo, são leituras avançadas bastante relevantes, que discutem a técnica sob um ponto de vista prático, em contextos realistas. Ambas vão bem além do básico, discutido aqui, e portanto são um ótimo caminho para aprofundamento.

▶ 11.7 CONCLUSÃO

A prática do desenvolvimento orientado a testes representa muito bem a mudança profunda de paradigma que a cultura ágil estabeleceu em nossa indústria. Através da releitura completa dos conceitos e pressupostos mais fundamentais da Engenharia de Software, reformulam-se os critérios de importância dados aos mais diferentes aspectos que a circundam, como está muito bem expresso no Manifesto Ágil.

Os conceitos aqui apresentados pretendem formar um corpo uniforme e conciso, mas não têm, de modo algum, a pretensão de ser uma referência completa ou definitiva. Há muito mais informação para ser absorvida, e temos consciência de que o assunto ainda tem muito para amadurecer. As pesquisas científicas sobre os reais efeitos da prática ainda estão se delineando. Ainda temos muito o que observar até começarmos a entender todas as consequências que isso terá na forma como desenvolvemos software.

Enfatizamos, portanto, a recomendação de que o leitor complemente o que foi explicado aqui com outras leituras e que confronte todas essas informações com sua própria experiência. Assim como tudo o que constitui a cultura ágil, o que se expõe aqui deve ser tomado apenas como referência e ponto de partida concreto para se compreender o que realmente importa por trás do todo: os princípios e os valores.

▶ REFERÊNCIAS

BECK, K. Aim, fire. *IEEE Software*, California, p. 87-89, Sept./Oct. 2001. Disponível em:<http://www-public.it-sudparis.eu/~gibson/Teaching/CSC7302/ReadingMaterial/Beck01.pdf>. Acesso em: 03 abr. 2014.

BECK, K. *Test driven development by example*. Boston: Addison-Wesley, 2003.

IEEE SOFTWARE. California: IEEE, 2007. Disponível em: <http://www.computer.org/csdl/mags/so/2007/index.html>. Acesso em: 04 abr. 2014.

KANER, C. *The ongoing revolution in software testing*. [S.l.: s.n.], 2004. Disponível em: <http://www.kaner.com/pdfs/TheOngoingRevolution.pdf>. Acesso em: 03 abr. 2014.

ORAM, A; WILSON, G. (Ed.). *Making software*: what really works, and why we believe it. [S.l]: O'Reilly Media, 2010.

▶ LEITURAS SUGERIDAS

FEATHERS, M. *Working effectively with legacy code*. Upper Saddle River: Prentice Hall, 2004.

> *Um livro muito útil em contextos reais, em que é preciso conviver durante o desenvolvimento com código desprovido de testes - o que o autor toma como definição para o termo código legado. Apesar de não se tratar de um livro exclusivamente sobre TDD, a prática possui um papel tão fundamental sobre o que é explicado, que não temos nenhum receio de indicá-lo aqui como um livre sobre TDD.*

FOWLER, M. *Refactoring*: improving the design of existing code. Boston: Addison-Wesley, 2001.

> *Nesse livro, Martin Fowler, em colaboração com outros autores, cria um verdadeiro catálogo de padrões de refatorações de código, de modo semelhante ao que se fez no famoso livro sobre Design Patterns. É uma leitura complementar bastante recomendada.*

FREEMAN, S.; PRYCE, N. *Growing object oriented software*: guided by tests. Boston: Addison-Wesley, 2009.

> *Nesse livro, a prática do TDD como ferramenta de design é abordada de forma bastante profunda, e aplicada a situações realistas. Vários aspectos práticos relevantes são pela primeira vez discutidos de forma sistemática e profunda. Altamente recomendado para equipes já relativamente confortáveis com a técnica, em processo de amadurecimento.*

Parte III

Práticas Gerenciais

12

Planejamento

FABIANO MILANI E HEITOR RORIZ

A nossa ideia aqui não é explicar em detalhes como funciona um planejamento de projetos no modelo tradicional da gestão de projetos baseado no PM-Bok, mas dar uma introdução de como tal planejamento é e como ele funciona, buscando evidenciar as diferenças existentes entre os dois modelos e com isso facilitar o entendimento do leitor a respeito das vantagens de um planejamento de projeto ágil.

O "gerenciamento de projetos modernos" teve seu início quando as pessoas envolvidas em trabalhos como controle dos custos, desenvolvimento do trabalho, compra e procura de recursos e avaliação dos riscos para uma gama grande de projetos em áreas como arquitetura, engenharia civil, automobilística, pavimentação, dentre outras, tinha uma aplicabilidade para todas elas. Nesse movimento, a *produção de software*, que também possui características de "projeto" entrou nesse "bolo". Projeto é uma forma de trabalho que vem sendo aplicada desde a construção das pirâmides do Egito e, precisamos admitir, os egípcios possuíam um excelente gerenciamento de projetos em sua época.

Atualmente, temos clientes cada vez mais exigentes solicitando cada vez mais serviços, com mais agilidade e produtos de melhor qualidade, o que nos leva a buscar uma grande eficiência para atender à velocidade que o mercado demanda suas necessidades.

No livro *A Guide to the Project Managment Body of Knowledge* – PMBoK (*Project Management Institute*, 2008), Gerenciamento de Projetos é a aplicação de conhecimentos, habilidades, ferramentas e técnicas nas atividades do projeto a fim de atender aos requisitos do projeto. O grupo de cinco processos – Iniciação, Planejamento, Encerramento, Execução e Monitoramento e Controle – explica melhor o processo composto pelas suas nove Áreas de Conhecimento – Gerenciamento da Integração do Projeto, Gerenciamento do Escopo do Projeto, Gerenciamento do Tempo do Projeto, Gerenciamento dos Custos do Projeto, Gerenciamento da Qualidade do Projeto, Gerenciamento dos Recursos Humanos do Projeto, Gerenciamento da Comunicação do Projeto, Gerenciamento dos Riscos do Projeto e Gerenciamento dos Fornecimentos de Bens e Serviços do Projeto.

MÉTODOS ÁGEIS

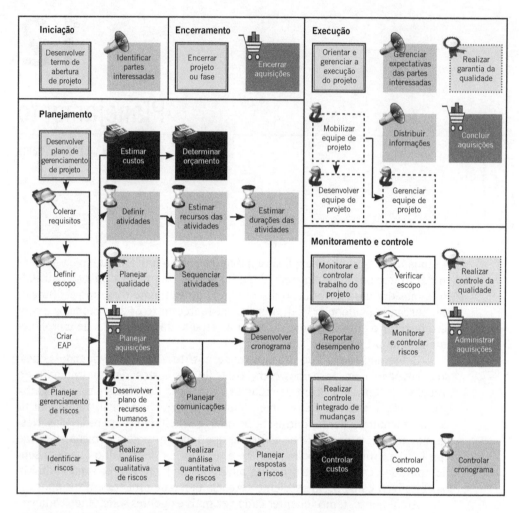

▶ **Figura 12.1** Processos de gerenciamento de projetos segundo o PMBoK.
Fonte: Project Management Institute (2008).

Dentro do grupo dos cinco processos, temos o *Planejamento*, que, para nós, é o que interessa para um melhor entendimento deste capítulo. No processo Planejamento, desenvolvemos um *plano* de gerenciamento de projetos. Inicialmente, realizamos a "Coleta de Requisitos" buscando todas as informações necessárias do cliente sobre a sua necessidade no produto. Vale destacar aqui que, nesse momento inicial de um projeto de desenvolvimento de software, nosso cliente precisa levantar tudo que quer em seu produto em detalhes; porém, nesse instante, ele (cliente) possui apenas uma "visão" do que ele precisa de produto. Teremos também nessa fase o "Termo de Abertura do Projeto" e o "Registro das partes interessadas".

Essa coleta é realizada por meio de ferramentas como entrevistas, oficinas, questionários e pesquisas, protótipos, dinâmicas de grupo, dentre outras,

capítulo 12 ▶ PLANEJAMENTO

tendo como resultado um documento de requisitos, um plano de gerenciamento de requisitos e uma matriz de rastreabilidade dos requisitos.

Feita essa coleta, partimos para o Escopo do Projeto, que servirá de base para seu desenvolvimento. Esse escopo precisa ser claramente definido seguindo um processo formal, identificando o escopo explícito e o escopo implícito, o que gera a necessidade de um controle desse escopo.

Essa definição do escopo, por garantia, deve ser registrada e assinada, proporcionando um acordo dos desejos e das expectativas do produto, isentando-nos, no futuro, de uma possível discordância sobre o que foi registrado (sabemos que na maioria das vezes há discordância). Existe o fator da interpretação de um documento por outra pessoa, dando margem a diversos entendimentos daquela escrita; por fim, acabamos usando esse "registro de definição do escopo" como proteção, atestando que o que desenvolvemos é justamente aquilo que está escrito no documento ignorando o fato de uma interpretação errônea de um documento lido muitos meses depois da sua criação.

O Gerenciamento do Escopo irá contemplar todos os processos necessários para identificar o trabalho que será incluído no projeto para garantir seu sucesso, contemplando: Documentação de Requisitos e o Ativos de Processos Organizacionais. Por meio das ferramentas de análise do produto, identificação de alternativas, opiniões especializadas e oficinas, obtemos os resultados com uma Declaração do escopo do projeto e das Atualizações dos documentos do projeto. A principal técnica para a definição do escopo é criar a EAP (Estrutura Analítica do Projeto).

Para a criação da EAP, precisamos desenvolver o escopo levantando a Estimativa de Custos que nos proporcionará a definição do Orçamento. Este será registrado através da Linha de Base do Desempenho de custos, dos requisitos de recursos financeiros do projeto e das atualizações dos documentos do Projeto.

Também iremos desenvolver um Planejamento de Qualidade do produto que será produzido, um Plano de Recursos Humanos para os envolvidos no projeto e um Cronograma que será criado por meio das Definições de Atividades, que possibilitarão a estimativa dos recursos, duração e sequência das atividades. Por fim, faremos o Planejamento de Aquisições e o Planejamento das Comunicações. Ainda assim, sempre há uma grande preocupação com os riscos do projeto e, com isso, criamos um Planejamento de Riscos, que terá como tarefa a Identificação dos riscos, proporcionando a realização de uma análise qualitativa e quantitativa de riscos, dando embasamento para construir um Planejamento de respostas a riscos que também irá compor o Desenvolvimento do Cronograma.

Todas essas etapas têm como saída uma série de informações necessárias para a garantia do processo. Para não nos estendermos muito nesse assunto, abaixo seguem algumas dessas informações:

▶ Listas de atividades
▶ Atributos de atividades
▶ Lista de marcos
▶ Requisitos de recursos de atividades
▶ Estrutura analítica dos recursos

- Diagrama de rede do cronograma do projeto
- Estimativa de duração das atividades
- Estimativa de custos
- Base de estimativas
- Linha de base de desempenho de custos
- Requisitos de recursos financeiros do projeto
- Plano de gerenciamento de riscos
- Registro dos riscos
- Plano de recursos humanos
- Plano de gerenciamento das comunicações
- Plano do gerenciamento das aquisições

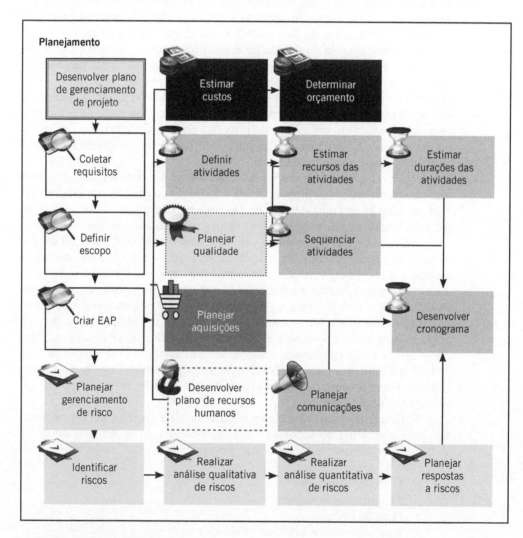

▶ **Figura 12.2** Tarefas do planejamento.

capítulo 12 ▶ PLANEJAMENTO

- ▶ Declarações do trabalho das aquisições
- ▶ Decisões de fazer ou comprar
- ▶ Documentos de aquisições
- ▶ Solicitações de mudança

Por fim, a organização e a definição do escopo total do projeto (em seus detalhes) gera um agrupamento de componentes de projeto chamado de Estrutura Analítica do Projeto (EAP), que é frequentemente usado para criar ou ratificar o entendimento comum do escopo do projeto. Todo o trabalho que está fora da EAP está fora do escopo do projeto e, assim, podemos dizer que realizamos todo o planejamento de nosso produto e que correrá tudo conforme o planejado.

▶ 12.1 POR QUE OS PLANEJAMENTOS FALHAM?

O conceito que acabamos de ver no modelo tradicional de planejamento, em que a estrutura da EAP é seguida em um roteiro prescrito de atividades, sendo acompanhado pelo controle do término de cada uma delas, infelizmente, muitas vezes, não traz o resultado esperado pelo cliente. Esse modelo baseia-se no princípio que o desenvolvimento de software é uma atividade previsível e que, desenvolvendo no início do projeto todos os requisitos de negócio, eles permanecerão estáveis e não haverá alteração de escopo nas etapas seguintes. Porém, trabalhamos em um ambiente de constantes mudanças, o que resulta em quase 2/3 dos projetos ultrapassando a estimativa de custo e/ou tempo. Além disso, em média 64% de tudo que foi desenvolvido, em todos os projetos avaliados, são funcionalidades nunca ou raramente utilizadas.

Um dos pontos fracos na cultura do modelo tradicional de gestão de projetos é que, ao final das atividades, para compormos e finalizarmos a fase de concepção dos requisitos (planejamento), o cliente, maior interessado em saber como está sendo gasto o dinheiro que ele está investindo no produto, não conseguirá mensurar o valor de negócio agregado ao produto nos artefatos de saída dessa fase. Por quê? O que ele recebe na saída dessa fase é uma porção de documentação, protótipos, casos de uso, cronogramas, etc; isso não tem valor algum para o cliente, não permitindo nem mesmo mensurar o ROI (Retorno sobre Investimento) no seu produto. O maior agravante disso é que, por questões óbvias em um mundo de projetos, hoje o contato mais próximo do cliente com o produto termina quando a EAP é finalizada, e ele só irá receber outro feedback do produto apenas ao final, quando realizada a entrega do seu produto.

Temos um grande risco nesse cenário; afinal, a incerteza de nosso cliente sobre o que ele realmente quer/precisa em seu produto é muito alta. Isso é extremamente compreensivo, pois nesse momento inicial do projeto o nosso cliente possui apenas uma "visão" não muito clara, muito menos detalhada do que ele realmente precisa. Acredita-se que a análise inicial de requisitos nos levou a uma especificação completa e perfeita no sentido de atender à real necessidade de nosso cliente.

Agora, perguntamos ao leitor: somos capazes de especificar toda e qualquer necessidade de negócio necessária para o sistema que será desenvolvido sem nenhum gap, com uma descrição perfeita e completa, eliminando a necessidade de uma comunicação verbal para um bom entendimento de todos os itens que serão desenvolvidos? Não. Desconsideramos que, para conseguirmos atender à real necessidade do nosso cliente, precisamos atentar para o fato de que irão ocorrer mudanças nas mentes dos clientes, com novas ideias para melhor atender às suas necessidades de negócio, com refinamento de opiniões, novas facilidades para o dia a dia de trabalho dos usuários do sistema, mudanças de legislação, mercado financeiro, dentre tantas outras mudanças que podem ocorrer durante o período de desenvolvimento do projeto.

O tempo também é um problema para o modelo de planejamento tradicional. Por exemplo, caso se identifique que não se utilizará todo o tempo previsto para desenvolver a atividade, poderá haver a expansão do trabalho para preencher o tempo estimado ou, ao contrário, o início do trabalho mais perto do fim do prazo. Se surgir uma implementação que não foi prevista, haverá a necessidade de mais tempo para desenvolvê-la, colocando em risco o prazo de entrega. Quando o prazo de entrega está comprometido, a maioria das empresas infelizmente enfatiza o desenvolvimento das atividades e abre mão da qualidade na programação do produto; dessa forma, a documentação ficará desatualizada e o manual acabará não sendo mais alimentado.

Um fenômeno comum nas empresas que utilizam abordagens tradicionais de planejamento é a multitarefa. Isso significa que uma mesma pessoa trabalha simultaneamente em duas ou mais tarefas. A multitarefa exige um grande esforço de quem está executando, pois há um desgaste mental em razão da necessidade de alternância de raciocínio entre as tarefas. Isso gera maior stress e deixa o desenvolvedor exposto a cometer mais erros, levando o profissional a uma baixa produtividade.

Outra dificuldade apresentada no cenário tradicional é não conduzir de forma consistente aquilo que acredito ter, para o cliente, um alto valor agregado. O plano não é priorizado pelo valor de negócio. Assume-se que tudo que foi planejado será concluído, dando margem para que a sequência e a priorização sejam executadas de acordo com a *conveniência do time de desenvolvimento*, o que leva à execução em função de uma ordem relativamente aleatória. Com o fim do projeto se aproximando, o time luta para conseguir cumprir o cronograma, ignorando características importantes para o sistema que poderiam trazer maior retorno ao negócio do que aquelas que foram desenvolvidas inicialmente no produto.

Resumindo, o que podemos observar é a ausência de definição clara sobre as funções pessoais, responsabilidades e requisitos, juntamente à falta de habilidade para acompanhar o que ocorre em cada um dos diferentes passos do ciclo de vida da aplicação. A comunicação entre as partes envolvidas no projeto (cliente, desenvolvedores, líderes, etc.) é muito fraca, e há falta de visibilidade do andamento real e dos problemas existentes nos projetos. Isso tudo somado acaba gerando projetos muito caros e que, na maioria das vezes, não alcançam o sucesso, provocando diversos conflitos entre as partes envolvidas.

12.2 QUAL É O PROPÓSITO DO PLANEJAMENTO?

O propósito do planejamento surge, primeiramente, da necessidade de reduzir os riscos do projeto. Um bom planejamento aumenta a probabilidade de sucesso do projeto, pois evidencia possíveis riscos que irão nos levar inclusive à decisão de se executar o projeto ou não.

Ao longo do projeto planejado de forma ágil, a equipe irá gerar novas funcionalidades do produto em curtos espaços de tempo, apresentado-as aos envolvidos (clientes). Isso proporciona um feedback constante, e podemos analisar se estamos na direção certa do objetivo do produto, gerando "novos" conhecimentos após sua avaliação. Não podemos ignorar essas novas ideias, pois elas contribuirão com o objetivo final do produto para o cliente, o que minimiza o risco mais crítico do projeto, em comparação à maioria dos projetos, que é o desenvolvimento do produto "errado".

Estabelecer confiança com o cliente é primordial para realizar planejamentos frequentes e estimativas confiáveis. Isso irá alinhar as expectativas a respeito das funcionalidades prometidas que serão entregues frequentemente.

O fato de se trabalhar em ciclos pequenos, focando planejamento de funcionalidades que serão entregues nesse curto espaço de tempo, permite que a equipe trabalhe em um ritmo sustentável, elevando a qualidade do código e reduzindo bugs. Isso, por sua vez, leva a equipe a realizar estimativas mais confiáveis, pois menos tempo será gasto em questões imprevisíveis como correção de bugs.

Um bom plano é aquele em que os interessados encontram informações suficientemente confiáveis que embasarão a tomada de decisão. Planos são documentos ou figuras que contêm informações sobre como se acredita que o projeto possa se desdobrar em um futuro incerto. Já o planejamento é uma atividade. O planejamento ágil muda a ênfase do plano para o planejamento, e sua ideia é equilibrar o investimento e a execução, ciente de que o plano será revisado dependendo do curso que o projeto tome para atender às prioridades do cliente. Em um plano ágil, partimos do princípio de que o plano sofrerá mudanças e ficamos ansiosos para isso acontecer. Não queremos mudar o plano simplesmente por uma questão de mudança, mas porque a mudança significa que aprendemos alguma coisa realmente importante ou que fomos preventivos, evitando um possível erro.

À medida que se descobrem novas funcionalidades para o sistema, o plano será diretamente afetado. Portanto, precisamos criar planos facilmente alteráveis. Por isso, vale a observação de que o planejamento se torna mais importante que o plano.

Não podemos afirmar que, pelo fato de termos aceitado mudanças no plano, as datas do projeto terão de ser alteradas. Isso não significa que mudanças no plano implicam necessariamente mudanças nas datas.

Definições a respeito do planejamento ágil:

- Concentra-se mais no planejamento que no plano
- Encoraja mudanças

MÉTODOS ÁGEIS

▶ Planos são facilmente alteráveis
▶ Está distribuído ao longo de todo o projeto

▶ 12.3 O VERDADEIRO PLANEJAMENTO POR ITERAÇÕES

O planejamento ágil foca intensamente a iteratividade e o replanejamento periódico. É importante ressaltar que algumas das assertivas em torno do planejamento tradicional são, na verdade, mitos. Atualmente, temos dois grandes mitos, ou mal-entendidos, que permeiam diversas discussões entre Agilistas.

O maior exemplo na área de Tecnologia da Informação é o Modelo Cascata, de Winston Royce. A publicação do artigo "Managing the Development of Large Software Systems", (Royce, 1970), em agosto de 1970 na IEEE WESCON, foi um passo importante na evolução do planejamento de projetos de software. Ironicamente, o modelo foi mal aplicado e, com o passar dos anos, tornou-se mal-entendido pela comunidade jovem de TI.

O modelo sugeria iterações não apenas após o último passo denominado "Operações", mas também sugeria, após cada passo, uma revisão do anterior. Além disso, após a finalização do primeiro ciclo, Royce (1970) recomendava que todo o ciclo fosse refeito ao menos duas vezes. É importante compreender que o planejamento e os Métodos Ágeis recomendam realizar todo o ciclo proposto por Royce em uma iteração e iniciar novamente. Sob esse ponto de vista, ambas as abordagens soam bastante similares. O grande diferencial é que os Métodos Ágeis recomendam iterações curtas, ao contrário de Royce.

Outro mito em torno das abordagens de planejamento está presente no contexto das boas práticas recomendadas pelo PMI (*Project Management Institute*, ou Instituto de Gerenciamento de Projetos). O guia PMBOK (*Project Management Body of Knowledge*, ou Guia do Conhecimento em Gerenciamento de Projetos) é a publicação do PMI mais conhecida e está em sua quarta edição (Project Management Institute, 2008). Em seu Capítulo 2, enquanto discorre sobre as fases de um projeto, o guia cita e recomenda o planejamento com fases iterativas.

Com tais exemplos, vemos que a ideia de planejamento iterativo não é nova. Porém, a abordagem ágil de desenvolvimento e de gerenciamento de projetos foi a única a realmente focar isso. Sendo assim, gostaríamos de deixar ao leitor as seguintes questões:

▶ Por que os Métodos Ágeis focaram e disseminaram o planejamento iterativo?
▶ Se o Modelo Cascata sugeria iterações, por que culminamos em tal falta de conhecimento sobre o modelo?
▶ Se as boas práticas do PMBOK recomendam fases iterativas, por que se fala pouco, ou nunca se fala, em tal abordagem?

Um verdadeiro agilista sabe que não temos três respostas diferentes para essas três perguntas. Na verdade, uma única resposta fundamenta os porquês das perguntas anteriores: *o foco em processos*. Os Métodos Ágeis lograram aplicar, amadurecer e disseminar o planejamento iterativo porque não focaram processos, mas pessoas (vide Manifesto para o desenvolvimento ágil de softwares). As outras metodologias focaram demasiadamente processos e ferramentas.

Os Métodos Ágeis, por sua vez, atrelaram às pessoas a responsabilidade por melhorias e por processos. Devido ao forte foco em processos, aqueles que optaram por utilizar metodologias como as boas práticas descritas no guia PMBOK acabaram por memorizar detalhes da metodologia e aprender as fases a ponto de, muitas vezes, não estarem presentes nos projetos em seus cotidianos. Eles subestimaram a interação e provavelmente nem atentaram para isso durante sua leitura do PMBOK.

▶ 12.4 PLANEJAR POR VALOR DE NEGÓCIO

12.4.1 A importância da priorização no planejamento ágil

A priorização no planejamento ágil ocorre em diversos níveis. A cada nível, teremos o principal conceito em torno da priorização em Métodos Ágeis: trabalho em atividades de maior valor de negócio. Em geral, esse conceito é mais visível na dinâmica do Backlog do Produto. Os itens que constam mais acima no Backlog deverão entrar no planejamento da iteração primeiro e, à medida que os itens vão sendo trabalhados e finalizados, novos itens vão subindo de prioridade. O trabalho de priorização deve ser realizado de forma colaborativa, próxima ao cliente. No Scrum, o Product Owner tem a responsabilidade de trabalhar o backlog no decorrer das iterações, preparando-o para o time de desenvolvimento do projeto. A forma de determinar a priorização deve ser gerenciada pelo Product Owner, tendo em vista o Retorno de Investimento, ou ROI.

12.4.2 Velocidade

A velocidade da equipe se resume a quanto a equipe é capaz de produzir em um Time-Box definido (uma iteração) e, consequentemente, em uma release. Ela serve para estimar o tempo e o que conseguimos entregar. Trata-se da capacidade produtiva da equipe.

No livro "Agile Estimating and Planning", de Cohn (2011), são citadas três formas para medir a velocidade da equipe:

1. Usar valores históricos da equipe
2. Executar uma iteração
3. Fazer uma previsão

Usar valores históricos da equipe

Essa é a melhor maneira para uma estimativa bem próxima de qual realmente será a velocidade da equipe. Devemos considerar os seguintes pontos quando usamos os valores históricos:

- ▶ O novo projeto utilizará a mesma tecnologia que a do projeto anterior?
- ▶ A equipe é a mesma? Se não, quais pessoas/competências não estão mais na equipe?
- ▶ O *Product Owner* é o mesmo?
- ▶ As ferramentas utilizadas serão as mesmas?
- ▶ O ambiente de trabalho é o mesmo do projeto anterior?
- ▶ As estimativas foram realizadas pelas mesmas pessoas?

Quando a maioria das respostas for "sim", utilizar os valores históricos da equipe é o mais apropriado. Haverá ajustes na velocidade no decorrer das iterações, porém serão muito pequenos. Em contrapartida, se algumas das respostas forem negativas, usar os valores históricos pode não ser uma boa escolha.

Vamos supor que, numa equipe de corrida para revezamento quatro por cem metros, há sintonia de trabalho e ritmo sustentável na pista onde os atletas treinam. Os resultados da mesma equipe na mesma pista são relativamente previsíveis, com pouca variação. Provavelmente, quando correm em outra pista, a velocidade dessa equipe irá variar. Haverá um impacto ainda maior se trocarmos um membro da equipe, o técnico da equipe e assim por diante. Mudanças implicam ajustes na velocidade de trabalho em uma equipe.

Executar uma iteração

Digamos que o cenário ideal seria se existisse a possibilidade de rodarmos uma iteração (ou mais) do novo projeto e, em seguida, estimarmos a velocidade da equipe. Nessas iterações serão desenvolvidas funcionalidades do novo projeto, agregando valor ao produto. Essa seria a melhor maneira de se obter a velocidade da equipe em uma iteração.

Com essa possibilidade, você poderá executar duas ou três iterações com a equipe antes de dar uma estimativa da velocidade para cálculo de quantidade de iterações e release do produto.

Vamos supor que na 1ª iteração, a equipe teve capacidade produtiva de 32 pontos. Na 2º iteração, a equipe bateu os 35 pontos e, na 3ª, fechou com uma velocidade de 36 pontos. Pode-se estimar a velocidade dizendo que a capacidade produtiva atualmente dentro de uma iteração varia entre 32 e 36 pontos.

Faça uma previsão

Em situações em que as formas de medição anteriores não podem ser adotadas, podemos utilizar a previsão de velocidade. Ela raramente é a primeira opção para avaliação da velocidade da equipe, porém é uma alternativa importante, e você deve tê-la no seu leque de ferramentas. Para isso, vamos precisar dos seguintes passos:

Estimar horas disponíveis. Precisamos avaliar quantas horas cada membro da equipe dedicará ao projeto. Considere que quase todo mundo terá algumas atividades fora do projeto e de sua responsabilidade, como reuniões, telefonemas, etc., e que a quantidade de horas dedicada a isso difere de pessoa para pessoa, de empresa para empresa, de projeto para projeto. Com isso, podemos afirmar que os participantes do projeto não dedicam 100% das suas horas trabalhando no projeto.

A maioria das pessoas envolvidas integralmente em um projeto passa em média de 4 a 6 horas por dia focadas no projeto, ou seja, de 55% a 70% de seu tempo. Há relatos que os engenheiros da Toyota, com seu processo altamente eficiente e enxuto, são capazes de dedicar 80% de seu tempo em seus projetos.

Estimar o tempo disponível em uma iteração. Feita a estimativa de horas disponível, o próximo passo é muito simples. A ideia é saber quanto tempo teremos para uma iteração. Para isso, vamos multiplicar o total de horas disponíveis pela quantidade de pessoas que irão compor a equipe e pelo total de dias úteis de cada iteração.

Imaginemos o seguinte cenário: uma equipe é composta por 3 programadores, 1 analista, 1 designer e 1 testador. Logo, são 6 pessoas na equipe. Cada uma dedicará 6 horas de trabalho por dia ao projeto, totalizando 36 horas/dia. Temos um total de 15 dias úteis por iteração. Ao multiplicarmos 15 dias por 36 horas de trabalho por dia, obtemos cerca de 540 horas de trabalho por iteração para o projeto.

Identificar a quantidade de funcionalidades dentro de uma iteração expandindo-as em tarefas. A ideia, nesse passo, é expandir uma funcionalidade em tarefas, ou seja, analisar uma funcionalidade que será executada no projeto e quebrá-la em várias tarefas. Quando todas as tarefas que compõem a funcionalidade forem concluídas, a funcionalidade em si estará pronta.

Estimam-se todas essas tarefas em horas até que atinja o total de horas calculado no passo anterior: 540 horas. Não precisamos necessariamente buscar funcionalidades de acordo com a prioridade de execução do projeto. Aconselha-se buscar tarefas que componham todas as competências das pessoas da equipe.

Converter a velocidade estimada na etapa anterior no intervalo da iteração. Iremos considerar todas as funcionalidades que foram quebradas em tarefas e estimadas em horas que totalizaram as 540 horas previstas no passo anterior e somar a quantidade de pontos de cada funcionalidade. Neste caso, pode-se utilizar qualquer técnica para estimar as funcionalidades em pontos.

Para o nosso caso, a funcionalidade X foi estimada em 5 pontos, a funcionalidade Y em 13 pontos, a Z em 8 e a W em 3, totalizando 29 pontos. Dessa forma, nossa estimativa para velocidade da equipe é de 29 pontos por iteração.

▶ 12.5 OS NÍVEIS DE PLANEJAMENTO

É muito comum a interpretação de que não existe planejamento em Métodos Ágeis. Na verdade, o planejamento está presente desde a concepção de um projeto até o trabalho diário. A Figura 12.3 ilustra os cinco níveis de planejamento ágil e a forte presença da iteratividade no planejamento. Os cinco níveis são: Visão, Roadmap do Produto, Plano de Entregas, Plano da Sprint e Plano Diário.

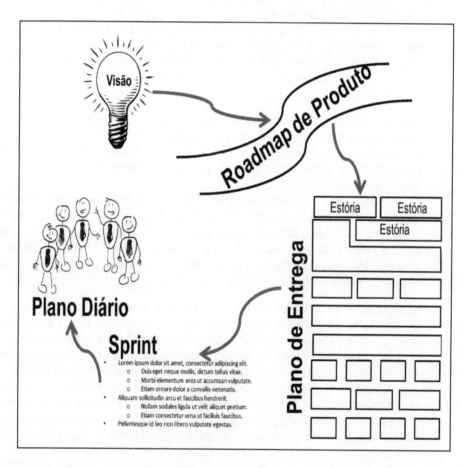

▶ **Figura 12.3** Os cinco níveis de planejamento ágil.

Ao final de cada fase do planejamento, teremos um determinado nível de imprecisão. Isso deve ser esclarecido com os stakeholders do projeto, de forma a evitar conflito nas expectativas do projeto. Em outras palavras, o grau de imprecisão do planejamento, advindo das estimativas (ver Capítulo 13), deve ser alinhado entre todos.

Dessa forma, ao final de cada fase, não são criadas linhas de base ou versionamento estrito de artefatos, mas artefatos simples que serão revistos iterativamente à medida que alguma atualização seja necessária. Vejamos agora uma descrição acerca de cada um dos níveis de planejamento.

12.5.1 Concepção e visão do produto ou serviço do projeto

Durante a concepção do produto, deve-se estabelecer uma visão do projeto, que descreverá aonde se quer chegar com as atividades a serem desempenhadas pela equipe do projeto. Nessa fase, é fundamental certificar-se de que todos no projeto tenham a mesma visão, de forma que estejam trabalhando em torno desta.

O responsável pela visão do projeto pode utilizar a característica lúdica dos Métodos Ágeis para compartilhar a visão do projeto. Atualmente existem diversas dinâmicas adequadas a isso. O site tastycupcakes.com possui algumas, inclusive em português.

12.5.2 Planejamento de iteração

Descendo um pouco mais no nível de abstração do planejamento ágil, chegamos ao planejamento da iteração. Durante o planejamento da iteração (no Scrum, conhecido como Sprint Planning ou Planejamento da Sprint), a equipe do projeto colabora em torno dos objetivos os quais irá se comprometer em entregar na iteração.

O planejamento da iteração pode gerar qualquer artefato relevante para a comunicação dentro do projeto. O artefato gerado no Scrum chama-se Sprint Backlog ou Backlog da Sprint e é o que menos sofre alterações no decorrer de uma iteração. Na verdade, idealmente, ele não deveria sofrer alterações, pois se assume que a equipe trabalhou com todas as informações necessárias para a sua criação. Além disso, interrupções são vistas como algo negativo durante uma Sprint. Mais informações sobre a dinâmica do planejamento de iterações no Scrum podem ser encontradas no Capítulo 3.

12.5.3 Planejamento do produto

Um roadmap consiste na entrada do produto no mercado. É semelhante a um planejamento de entregas, mas em um nível de abstração mais alto. Sendo assim, uma ou mais características desejadas para o produto são descritas para uma data específica. A Figura 12.4 mostra um exemplo de roadmap de produto.

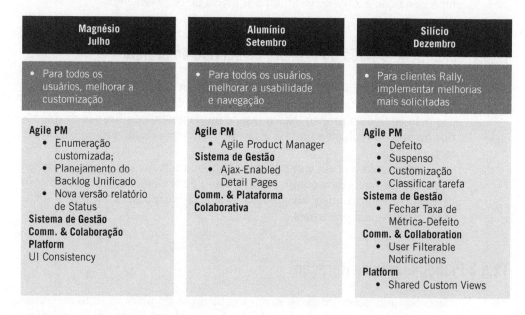

▶ **Figura 12.4** Exemplo de roadmap de produto.

12.5.4 Planejamento de release

O planejamento de entregas, ou release planning, é o momento no qual são delineadas as entregas para o cliente do projeto. Nesse nível de planejamento, entramos em mais detalhes sobre as características do produto a ser desenvolvido. Por exemplo, com Scrum, o planejamento de releases é o artefato que determina as features de um produto ao longo das sprints. Na prática, o PE (Planejamento de Entregas) é o conjunto das features produzidas por um determinado número de sprints. A essência do planejamento de releases está representada na Figura 12.5.

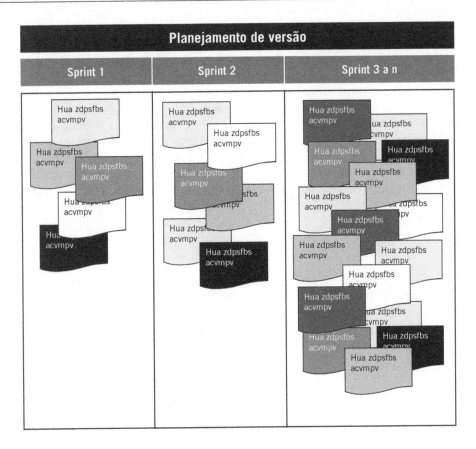

▶ **Figura 12.5** O conteúdo de um planejamento de releases.

12.5.5 Planejamento diário

O planejamento diário acontece em diversas cerimônias de frequência diária encontradas em métodos como Scrum e XP, por exemplo. No caso de Scrum, temos o Daily Scrum (ou Reunião Diária), durante o qual a equipe do projeto discute três perguntas:

- ▶ O que foi feito ontem?
- ▶ O que pode ser feito hoje?
- ▶ Existem obstáculo ao trabalho?

MÉTODOS ÁGEIS

Cada integrante da equipe de desenvolvimento do projeto responde a essas três perguntas sem aprofundar uma discussão: apenas iniciam-se possíveis debates acerca de soluções ou novas ideias. No momento dessa cerimônia, podem ser encontrados obstáculos impactantes tais que a equipe venha a tomar um novo caminho no decorrer do dia.

No caso de XP, temos como exemplo de planejamento diário a prática de Programação Pareada (Pair Programming). Nessa prática, a troca de experiência se estabelece entre uma dupla de desenvolvedores de software. Essa troca intensa de experiência tem influência direta na evolução do design do software e determina possíveis atividades a serem desenvolvidas diariamente, de acordo com as informações resultantes da interação entre a dupla.

▶ REFERÊNCIAS

MANIFESTO para desenvolvimento ágil de software. [S.l: s.n.], 2001. Disponível em: <http://www.agilemanifesto.org/iso/ptbr/>. Acesso em: 02 abr. 2014.

COHN, M. *Agile estimating and planning*. Upper Saddle River: Prentice-Hall, 2011.

PROJECT MANAGEMENT INSTITUTE. *A guide to the project management body of knowledge*. 4th ed. Newtown Square: PMI, 2008.

ROYCE, W. Managing the development of large software systems. *IEEE WESCON*, p. 1-9, 1970. Disponível em: <http://leadinganswers.typepad.com/leading_answers/files/original_waterfall_paper_winston_royce.pdf>. Acesso em: 03 abr. 2014.

▶ LEITURAS SUGERIDAS

COHN, M. *User stories applied for agile software development*. Upper Saddle River: Addison-Wesley, 2004.

HIGHSMITH, J. *Agile project management*: creating innovative products. 2nd ed. Upper Saddle River: Addison-Wesley, 2010.

SCHWABER, K. *Agile project management with Scrum*. Redmond: Microsoft, 2004.

13

Estimativas

RAFAEL PRIKLADNICKI, RENATO WILLI E RODRIGO DE TOLEDO

Como vimos no Capítulo 3, o Scrum propõe que a própria equipe estime o esforço do trabalho que será executado. Neste capítulo, analisaremos a questão das estimativas um pouco mais a fundo. Veremos as técnicas de estimativas mais populares utilizadas por Agilistas, bem como alguns conhecimentos relacionados a elas.

▶ 13.1 O QUE É ESTIMATIVA

Estimativa é uma aproximação, calculada ou não, de um resultado que pode ser usado como informação, mesmo sendo incompleto ou incerto.

Como há um grau de incerteza na informação, uma estimativa deveria ser apresentada sempre com uma margem de erro. Por exemplo: 5 a 9 dias ou 7 ± 2 dias, ou 7 dias com desvio de $\pm30\%$.

Utilizamos estimativas como base para planejarmos nossos projetos. Sem elas, não teríamos noção de tempo, esforço nem custo das tarefas. Logo, também não teríamos noção dessas informações do projeto como um todo e aí inicia nosso primeiro desafio em desenvolvimento de software.

▶ 13.2 POR QUE ESTIMAR?

Chris Leishman (Leishman, 2008) listou os 3 **Ps** que são a razão para estimar:

1. Previsão
2. Performance
3. Priorização

Ou seja, estimativas são feitas:

1. para prever o tempo de implementação de uma determinada demanda (ou, numa visão time-box,[1] o quanto se é capaz de produzir em um período fixo de tempo);
2. para identificar perdas e ganhos de desempenho baseado no histórico da velocidade;
3. para informar o custo de implementação para o Product Owner, de modo que ele decida a prioridade de execução das histórias, dado que estamos trabalhando num modelo de escopo flexível.

▶ 13.3 ESTIMANDO O PROJETO COMO UM TODO

A maioria dos contratantes de desenvolvimento prefere contratos de preço e tempo fixo, isto é, quer saber quanto custará o projeto e quando ele será entregue. Para isso, precisaríamos ter como base um escopo suficientemente detalhado e estimativas mais próximas da certeza para tal escopo.

O cliente entende muito bem sobre o problema que o projeto irá resolver, mas as formas de resolvê-lo são descobertas e melhoradas ao longo do desenvolvimento. As prioridades e necessidades também vão mudar, e é desejável que o projeto absorva essas mudanças naturalmente. Por isso, a previsibilidade sobre o escopo perde o sentido.

Mesmo se o escopo não sofresse alterações ao longo do tempo, teríamos falhas na sua especificação, o que já impactaria nas estimativas. Quando se define o escopo, normalmente não se conhecem todos os detalhes, cuja quantidade costuma ser bastante elevada e normalmente tem grande impacto em custo e prazo. Sistemas são complexos e podem gerar muitos comportamentos inesperados. A comunicação das informações é falha, isto é, nem todos as compreendem e interpretam de forma correta e uniforme.[2]

Por essas razões, muitos projetos de "escopo fixo" fracassam. As metodologias ágeis propõem contratos de escopo variável para uma melhor relação no desenvolvimento e para aumentar as chances de sucesso. Contudo, se não houver essa alternativa para sua empresa ou negócio, o que pode ser feito? Apresentamos algumas recomendações:[3]

Foque estimativas como competência estratégica crítica da empresa: invista em treinamentos, capacitação, livros e melhoria das estimativas e precificações.

Estime em intervalos: como dito na definição de estimativa, associe margem de erro às suas estimativas.

---

[1] Intervalo de tempo fixo e pré-definido.
[2] Contrato de Escopo Negociável. Disponível em: <http://improveit.com.br/xp/praticas/contrato>. Acesso em: 31 mar. 2014.
[3] Estimando e precificando projetos de software com contratos de preço fixo: o grande dilema. Disponível em: <http://josepaulopapo.blogspot.com/2008/12/estimando-precificando-projetos.html>. Acesso em: 31 mar. 2014.

Separe estimativa de preço: principalmente no momento da venda, há grande pressão para que as estimativa sejam alteradas para performances ou margens de erro otimistas, quando o que se deseja, na verdade, é um preço mais competitivo. Mantenha a estimativa e altere o preço conforme a estratégia da empresa para o negócio. O risco da execução do projeto deverá ser gerenciado depois, se as margens forem muito curtas ou se as performances forem consideradas muito otimistas.

Procure alternativas contratuais com oportunidade de aprendizado sobre o projeto antes de dar o preço como um todo: no início do projeto, temos menos informação sobre ele. Podemos errar na ordem de quatro vezes para mais ou para menos (Mcconnell, 2006). Portanto, se possível, negocie para realizar o projeto em iterações ou pedaços menores, ou divida-o em fases. Isso permite que se aprenda mais sobre o projeto e sobre o negócio, e que se ajustem as estimativas, diminuindo o risco.

Colete os dados históricos das estimativas e dos resultados dos projetos: é uma oportunidade de aprendizado e melhoria das estimativas e dos contratos posteriormente.

Documente e detalhe o máximo possível as premissas assumidas para geração das estimativas: caso elas mudem, as estimativas mudam, e o projeto deveria mudar também.

Procure flexibilizar o escopo mantendo o preço fixo, utilizando contratos por métricas: você pode dar um preço fixo para as métricas, como Pontos de Função ou Pontos de Caso de Uso, e o cliente pode adquirir uma quantidade qualquer dessas métricas. Existem diversos problemas inerentes ao trabalho com métricas, como falta de padrão, dificuldade para lidar com mudanças, funcionalidades que não geram pontuação, mas geram esforço, complexidade na mensuração, etc. Deve-se aprender também a lidar com os riscos inerentes a esse tipo de contrato e mensurações.

Gerencie seu portfólio de projetos como um portfólio de investimentos: de um ponto de vista realista, quando se estima um projeto inteiro muito no início, os resultados deverão variar muito e em vários graus, assim como ações na bolsa. Gerencie seu portfólio analisando riscos e retornos dos projetos levando em consideração essas variáveis, e o resultado como um todo terá uma variação menor.

A venda de projetos de software é de fato complicada. A questão de "como vender projetos com escopo variável" é considerada um dos calcanhares de Aquiles dos Métodos Ágeis. Vencida essa etapa, quais são as técnicas para se gerar estimativas durante o projeto?

▶ 13.4 PLANNING POKER

A técnica do Planning Poker é a mais difundida entre os profissionais que trabalham com Métodos Ágeis. Ela é bastante simples: durante uma sessão de estimativas, o cliente, analista ou Product Owner (o responsável pelo negócio, de uma forma geral) descreve uma determinada funcionalidade. Toda a equipe, em conjunto, estima o esforço para produzir aquela funcionalidade em uma unidade predeterminada. Todos revelam suas estimativas ao mesmo tempo, para que não haja influência de uns sobre outros. Quando há pessoas mais experientes ou mais influentes num determinado grupo, as demais costumam ser influenciadas por suas estimativas e deixam de levar em consideração questões racionais que até mesmo os mais experientes podem não ter considerado. A ideia é gerar uma discussão baseada em informações e na racionalidade, não apenas em sentimento e impressão. Em um grupo, é bastante provável que o conhecimento dos envolvidos se complemente, gerando uma estimativa mais acurada. A técnica segue o mesmo princípio da técnica de Delphi, descrita no PMBoK.

Outra questão a se destacar é que, de fato, não apenas os desenvolvedores devem estimar, mas todos aqueles que estiverem envolvidos para terminar a funcionalidade: analistas, testadores, documentadores, etc. Todo trabalho envolvido para terminar uma funcionalidade deve ser levado em consideração. O grupo aprenderá com os demais sobre seus trabalhos e melhorará suas estimativas como um todo ao longo do tempo. Muitas vezes, alguns esforços, como fazer o manual, implantar o sistema, etc., são deixados de fora. Estimar ou não esses esforços dependerá do que foi acordado com o cliente em relação à definição de Pronto para a funcionalidade.

A definição de Pronto pode variar por funcionalidade, sistema ou cliente – ela é *acordada* entre todos os envolvidos. A tendência é que a definição vá amadurecendo com o tempo e fique cada vez mais complexa e de maior qualidade. O ideal é que cada pedaço pronto do sistema gere incrementos que possam ser potencialmente colocados em produção.

Apresentadas todas as estimativas, o grupo discute as divergências com base em informações e conhecimentos dos presentes, e novas rodadas de estimativas são feitas até que se chegue a um acordo.

É comum que sejam usadas cartas (Fig. 13.1), por isso o nome Planning Poker, com as unidades dessas estimativas. A cada rodada de estimativa, cada membro escolhe uma carta e todos as apresentam ao mesmo tempo.

▶ **Figura 13.1** Exemplo do uso de cartas para Planning Poker.

Agora, imagine-se iniciando um projeto sem conhecer o código ou a equipe. Como começar a fazer essas estimativas? Qual é a base de esforço para cada funcionalidade?

Existem algumas técnicas que facilitam esse primeiro passo. Normalmente, as dimensões tornam-se medidas relativas para uma determinada equipe, em um determinado projeto. Então, a base para se iniciar rapidamente deixa de ser relevante. Com o tempo, a equipe descobrirá sua velocidade (quantidade de esforço por iteração) e terá informações suficientes para planejar quais funcionalidades serão feitas em cada ciclo. (Veja mais sobre velocidade e planejamento no Capítulo 10.)

O importante dessas técnicas não é gerar uma métrica precisa, mas ser capaz de planejar as iterações com realismo. As medidas não servirão para outras equipes ou sequer para outros projetos. Mudanças na equipe distorcerão as métricas, assim como trabalhar em partes distintas de um projeto. No entanto, a equipe deve sempre procurar estimar da forma mais realista possível, e existem técnicas de acompanhamento e reação quando o erro for grande demais (p. ex., gráfico de burndown). Vejamos algumas técnicas para se iniciar a dimensionar funcionalidades.

13.4.1 Dias ideais

São dias em que a equipe se imaginará trabalhando "em um mar de rosas": sem interrupções, sem dificuldades significativas ou maiores problemas, tendo o conhecimento suficiente para executar o serviço, em um ambiente preparado, com informação disponível, sem queda de energia, sem problemas pessoais, sem atrasos, etc. São dias de trabalho utópicos, 5 dias por semana, como ilustra a Figura 13.2. Por isso, alguma medida de perda deve ser utilizada para se estimar quanto se consegue fazer numa iteração.

Por exemplo, imagine apenas uma pessoa trabalhando numa iteração de 2 semanas, ou seja, 10 dias úteis – logo, 10 "pontos" em dias ideais. Como os dias não são ideais, vamos supor uma taxa de perda de 30%; logo, vamos estimar que ele trabalhará 10 (dias ideais) x 70% (perda de 30%) = 7 pontos em dias ideais para esta iteração. Portanto, escolheremos apenas funcionalidades que somem 7 pontos para aquelas 2 semanas. Se houvesse mais de uma pessoa, e pessoas trabalhando em tempo parcial, essas informações precisariam fazer parte do cálculo para se gerar a quantidade de trabalho potencial da equipe.

Exemplo: 3 pessoas em tempo integral e 2 em tempo parcial em 2 semanas teriam, em potencial: 3 (pessoas) x 10 (dias úteis) + 2 (pessoas) x (5 dias úteis devido ao meio período) = 40 pontos em dias ideais x perda de 30% = 28 pontos.

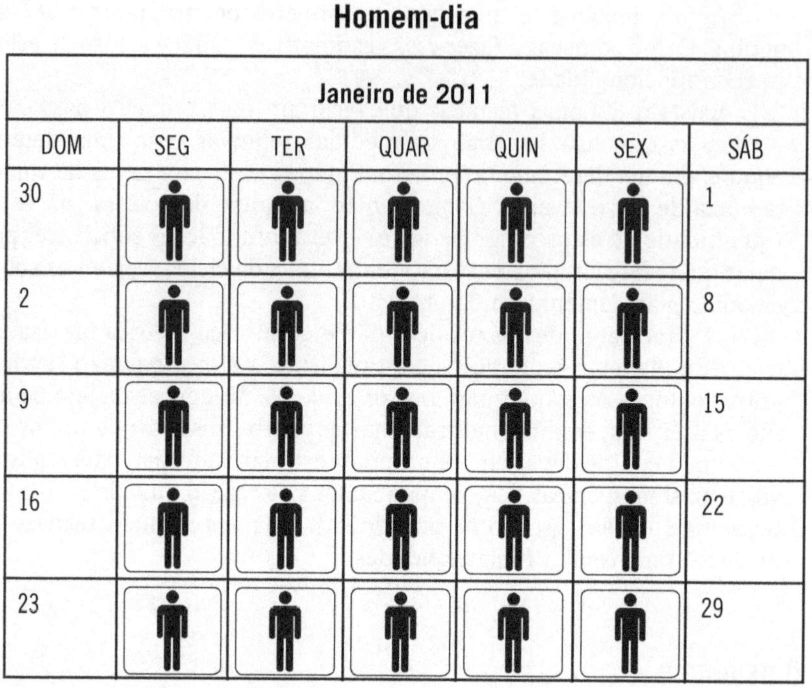

Homem-dia

Janeiro de 2011						
DOM	SEG	TER	QUAR	QUIN	SEX	SÁB
30						1
2						8
9						15
16						22
23						29

▶ **Figura 13.2** Homem-dia em dias ideais.

13.4.2 Começando pela mais simples

Essa técnica é bastante simples: consiste em escolher, dentre todas as funcionalidades apresentadas até o momento, aquela considerada por todos como a mais simples. Atribui-se a ela a menor unidade de pontuação, por exemplo, 1 ponto. As demais funcionalidades terão sua pontuação atribuída em comparação a essa mais simples como referencial. Assim, se a funcionalidade for duas vezes mais complicada ou trabalhosa, terá pontuação 2. Três vezes maior, terá 3 pontos atribuídos e assim por diante. Isso normalmente é suficiente para começar.

13.4.3 A técnica da sua equipe

Nenhuma das técnicas apresentadas será melhor do que aquela que sua equipe quiser utilizar e com a qual se sentir confortável. Portanto, sinta-se livre para inventar e adaptar qualquer técnica de estimativa para o projeto, desde que ela atenda à ideia de produzir informação realista e suficiente para o planejamento de suas iterações.

Quais unidades utilizar para estimar as funcionalidades? Apresentamos mais algumas sugestões, mas você continua livre para criar. O importante é escolher as unidades que reflitam a imprecisão na estimativa à medida que as funcionalidades crescem e tornam-se difíceis de estimar:

Sequência de Fibonacci: Inicia no 1 e cada número é resultado da soma dos 2 anteriores: 1 – 2 – 3 – 5 – 8 – 13 – 21... Reparem que, quanto maior for o número (logo, a funcionalidade), maior é o intervalo entre eles, refletindo a crescente imprecisão para funcionalidades grandes. Também é útil por permitir a quebra de funcionalidades em unidades intermediárias pertencentes à própria sequência. Há uma série de aparições curiosas dessa sequência na natureza, como números de pétalas em flores, indivíduos na reprodução de animais e fractais. Além disso, ela é bastante popular entre as equipes ágeis.

Potências de 2: Cada intervalo será o dobro do anterior: 1 – 2 – 4 – 8 – 16... Também reflete imprecisão incremental e permite quebra em funcionalidades menores ainda aproveitando unidades pertencentes à medida.

1, 2, 3, quebra: A primeira edição do livro do XP trazia esta ideia bem simples: você só podia atribuir 1, 2 ou 3 unidades a cada funcionalidade. Se fosse maior que 3, você deveria quebrá-la em funcionalidades menores de 1, 2 ou 3 pontos. Essa técnica é também conhecida, em inglês, como *T-shirt sizing*, ou seja, cada funcionalidade é estimada como P (pequeno), M (médio) ou G (grande), como ilustrado na Figura 13.3.

Grande parte da literatura aconselha a usar valores nos intervalos das unidades selecionadas, porque os desvios intermediários se compensarão no total das estimativas e porque não há conhecimento suficiente para tal precisão. Talvez no início de adoção das técnicas, realmente não seja boa ideia; mas, com o tempo e amadurecimento, se a equipe se sentir segura o suficiente para estimar nos intervalos, poderá fazê-lo. Se isso começar a gerar problemas, readapte-se rapidamente.

▶ **Figura 13.3** Medidas de tamanho de camisetas para geração de estimativas.

13.5 THE POMODORO TECHNIQUE

Essa é uma técnica de gestão pessoal de tempo inventada e batizada pelo italiano Francesco Cirillo quando estudava técnicas para melhorar sua produtividade nos estudos. O nome foi inspirado no timer de cozinha que utilizava, em forma de tomate (*pomodoro*, em italiano). Tal técnica auxilia a manter o foco e evitar interrupções, que são altamente prejudiciais a trabalhadores do conhecimento.

Além de lúdica, é propositadamente bastante simples. Suas regras são:

1. Escolha uma tarefa para cumprir.
2. Marque 25 minutos no tomate.
3. Trabalhe na tarefa até o fim do tempo no tomate.
4. Tire um descanso (5 minutos já são suficientes).
5. A cada 4 tomates, tire um descanso mais longo.
6. O tomate é indivisível. Não há 1/2 nem 1/4 de tomate.
7. Se um tomate iniciou, ele deve ir até o final.

    a) Se o tomate foi interrompido definitivamente, é considerado vazio e não deve ser marcado como cumprido.

    b) Se uma atividade é completada antes de o tomate acabar, continue revisando-a até o fim do tempo.

8. Proteja o tomate. Informe efetivamente, negocie rapidamente e reagende a interrupção, retorne a conversa com a pessoa que o interrompeu conforme acordado.
9. Se uma atividade levar mais de 5 a 7 tomates, quebre-a. Atividades complexas devem ser divididas em várias atividades.
10. Se uma tarefa levar menos de um tomate, agrupe-a. Tarefas simples podem ser combinadas.
11. Resultados são obtidos tomate após tomate.
12. O próximo tomate será melhor.

As cinco primeiras regras são suficientes para começar a utilizar a técnica.

Durante os tomates, deve-se evitar (e anotar) qualquer interrupção. Elas serão tratadas depois. Deve-se fazer de tudo para manter o foco e a concentração na atividade selecionada. Essa disciplina não é trivial. Ela vem com o tempo, se houver persistência, e é uma das maiores razões dos bons resultados da técnica.

Algumas equipes ágeis têm utilizado "tomates" para estimar funcionalidades e tarefas (cada tomate consistindo em 25 minutos de trabalho focado e 5 de descanso), fazendo-se a cada dia pequenos ciclos PDCA[4] das estimativas e tarefas.

Algumas técnicas consistem em desenhar os pequenos tomates nos cartões das funcionalidades e riscá-los a medida que são gastos (ou deixá-los

---

[4] Ciclo PDCA. Disponível em: <http://pt.wikipedia.org/wiki/Ciclo_PDCA>. Acesso em: 31 mar. 2014.

sem risco quando não são gastos). Ao se reestimar uma funcionalidade, tomates em formatos diferentes são desenhados. Por exemplo, inicia-se utilizando pequenos círculos e passa-se para pequenos triângulos ou quadrados. Assim, podem-se analisar as estimativas feitas para cada funcionalidade, verificar as que foram exageradas ou as que foram insuficientes, verificar as razões e aprender a estimar melhor. Há relatos de que as estimativas e a produtividade melhoraram muito com uso dessas técnicas.

No site The Pomodoro Technique[5] pode ser feito o download gratuito do livro (que traz informações mais detalhadas sobre seus objetivos e efeitos, técnicas de planejamento, de estimativa e seus resultados), assim como pode ser acessado um aplicativo de "timer" e outras fontes de discussão e colaboração.

▶ 13.6 DICAS PARA ESTIMATIVAS

Aqui seguem algumas dicas no uso dessas técnicas para geração de estimativas.

13.6.1 Uso de média no Planning Poker

Quando as sessões de Planning Poker não convergem, pode-se fazer uma média das estimativas. Porém, essa opção deve ser vista com muita cautela, uma vez que é uma saída fácil demais. Isso pode estar evitando discussões que trariam grandes benefícios, algum dos lados pode não estar sendo ouvido, além de poder haver disfunções, como membros estimando a mais para que a média fique elevada.

De qualquer maneira, não é preciso que todos concordem com apenas um número ou que cheguem a uma estimativa única. Se houver um valor que todos possam concordar que é suficientemente bom, ele pode ser usado, e é bom que a questão seja revisitada depois de pronta.

13.6.2 Story points x horas

O uso do tempo como medida de estimativa muitas vezes é a opção adotada por responder diretamente à pergunta: "quando ficará pronto?". Porém, existem algumas desvantagens no uso de medidas baseadas em tempo (De Toledo, 2009).

A principal desvantagem é decorrente da Lei de Parkinson. Essa lei, escrita originalmente em 1957 por C. N. Parkinson (Parkinson, 1957), é um problema clássico no gerenciamento de pessoas. A lei sentencia que "o trabalho

---

[5] The Pomodoro Technique. Disponível em: <www.pomodorotechnique.com>. Acesso em: 31 mar. 2014.

se expande para preencher o tempo disponível para sua realização", ou seja, se for atribuído cinco dias para a realização de uma tarefa, a pessoa responsável por ela utilizará todo o tempo estipulado, mesmo se tudo pudesse ter sido feito em um dia. Isso é resultado de duas possíveis situações: atraso no início da realização, também conhecido como síndrome do estudante, quando o executor supõe poder concluir a tarefa apenas nos últimos dias; ou a realização de quase toda a tarefa no início do prazo, mas a postergação do executor na sua entrega para caprichar em detalhes nem sempre úteis ou mesmo para fazer tarefas paralelas. A lei de Parkinson pode ser evitada se usarmos pontos em vez de tempo nas estimativas, pois se desacopla a execução de uma história a uma data exata de término. Esse fenômeno é a explicação do porquê dos atrasos em projetos mesmo quando são inseridas as "gordurinhas".

Ao estimar com medidas de pontos, faz-se necessário o uso de uma base histórica para responder à pergunta "quando ficará pronto?". A base histórica, nesse caso, revela a velocidade esperada do time em pontos de história por iteração. Por exemplo, para saber quando uma determinada release será entregue, usa-se o somatório de pontos das histórias e divide-se pela velocidade, obtendo o total de iterações necessárias. Cohn (2005) se aprofunda em cálculos mais detalhados que usam o histórico de velocidade para calcular a data mais provável, a data mínima e a data máxima. Calcular essas três datas é condizente com a incerteza da área de software, ou seja, prever uma data única e absoluta para fim de um projeto é totalmente ilusório. Além de realizar a previsão como uma faixa de tempo, é importante que essa previsão seja revista e ajustada ao longo de todo o projeto, especialmente porque o escopo é aberto e as alterações sempre podem impactar.

13.6.3 Conversão entre APF ou PCU e story points

Essa é uma questão bastante recorrente, mas o fato é que não há conversão direta entre Pontos de Caso de Uso ou Pontos de Função e story points. As story points são relativas e só servem num determinado momento para uma equipe em um projeto. Não servem nem mesmo para a mesma equipe em outros projetos. Servem somente de base para planejar as iterações. É uma medida frágil demais para servir de base para mensuração ou cobrança do software. Quando equipes trabalham com métricas de mercado, como APF ou PCU, fazem uma contagem a parte do software que é produzido.

▶ REFERÊNCIAS

COHN, M. *Agile estimating and planning*. Upper Saddle River: Prentice Hall, 2005.

DE TOLEDO, R. *Por que usar story points?* [S.l.: s.n.], 2009. Disponível em: <http://www.rodrigodetoledo.com/publications/Agile/StoryPoints.pdf>. Acesso em: 03 abr. 2014.

LEISHMAN, C. *The 3 ps of estimation*. [S.l.: s.n.], 2008.

MCONNELL, S. *Software estimation*: demystifying the black art. Redmond: Microsoft Press, 2006.

PARKINSON, C.N. *Parkinson's law*. Boston: Houghton, 1957.

▶ LEITURA SUGERIDA

KNIBERG, H. Scrum e XP direto das trincheiras. *InfoQ*, São Paulo, dez. 2008. Disponível em: <http://www.infoq.com/br/minibooks/scrum-xp-from-the--trenches>. Acesso em: 03 abr. 2014.

14

Gestão Visual

PAULO CAROLI

Imagine que estivesse disponível a você uma ferramenta ágil que permitisse estabelecer uma visão compartilhada entre os membros da equipe, fornecer um ponto único de comunicação, destacar os pontos engarrafados do processo, gerenciar o fluxo de trabalho, monitorar a carga de trabalho da equipe e comunicar o andamento do projeto. Você usaria essa ferramenta?

Este capítulo é sobre o gerenciamento visual e a razão pela qual as equipes ágeis colocam cartões na parede. Até agora, abordamos a agilidade e diversos dos seus princípios, práticas e ferramentas. A partir daqui, vamos focar paredes de cartões e princípios que são as raízes do gerenciamento visual.[*]

▶ 14.1 A PAREDE DE CARTÕES

Cartões colados na parede, em sua essência, são uma ferramenta de comunicação rápida para adquirir e disseminar conhecimento entre os membros de uma equipe. Conforme será abordado no Capítulo 15 sobre Coaching e Facilitação, o objetivo principal de uma ferramenta de comunicação é fornecer a todos uma visão comum do estado atual do fluxo de trabalho. Para essa finalidade, a parede de cartões tem representações para pessoas, etapas e atributos relacionados ao trabalho, como tamanho, complexidade, ordem, grupo, prioridade, limite e retroalimentação (feedback).

A parede de cartões colabora com o reajuste da programação e do planejamento. Ao olhar para ela, você sabe de imediato em qual etapa do fluxo de trabalho um determinado cartão se encontra. Essa simples inspeção visual possibilita a identificação de qualquer cartão que esteja se desviando do plano com antecedência suficiente para tomar uma decisão a respeito.

---

[*] As figuras deste capítulo seguem o padrão preto e branco do livro. Para visualizá-las a cores, busque pelo livro no site do Grupo A, www.grupoa.com.br.

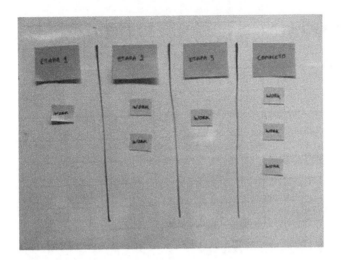

▶ **Figura 14.1** Etapas como colunas.

Paredes de cartões representam o fluxo de trabalho da equipe e o trabalho propriamente dito. Os títulos das colunas são as etapas do fluxo, e o trabalho em si é representado por cartões que se movem pelas etapas do fluxo. Cada cartão representa um pequeno bloco de requerimentos. A user story (Cohn, 2004) é a escolha mais comum entre equipes ágeis para definir e organizar os pequenos pedaços de funcionalidade.

▶ 14.2 FERRAMENTAS, EQUIPE, PROCESSO

A parede de cartões é, sem dúvida, uma ferramenta de ampla utilização entre equipes ágeis. No entanto, é muito mais do que uma ferramenta: é a maneira como as equipes comunicam o progresso diário do seu trabalho. A parede retrata o fluxo exato de processo e torna visíveis as atividades do projeto. Você pode pensá-la a partir da perspectiva de ferramenta, de equipe, de processo e de muitos outros conceitos ágeis.

Um dos seus maiores benefícios é a possibilidade de engajar os membros da equipe por meio da participação ativa na melhoria do trabalho. Com uma clara visibilidade das atividades e dos impedimentos, a parede de cartões é uma ferramenta que catalisa a colaboração do time.

Segundo Poppendieck e Poppendieck (2003), "[...] pessoas engajadas, que pensam, proporcionam a mais sustentável vantagem competitiva.". Acredite que os membros da sua equipe darão o máximo no trabalho. Estimule-os a atacar qualquer variação do fluxo. Encoraje-os a encontrar maneiras de melhorar o trabalho e o processo de desenvolvimento de software. A parede de cartões é uma ferramenta de gerenciamento visual simples, claramente voltada para a valorização do trabalho em equipe.

▶ 14.3 DESENVOLVEDORES GOSTAM DE CARTÕES

A utilização de cartões CRC (Classe-Responsabilidade-Colaboração) foi uma prática comum na década de 90. Esses cartões eram utilizados em Orientação a Objetos para a identificação das classes e suas responsabilidades. A equipe de desenvolvimento do primeiro projeto XP (projeto C3) utilizou cartões CRC para decisões durante a concepção do projeto. Curiosamente, a mesma equipe iniciou o uso dos cartões para algo novo: user story, um bloco de funcionalidades que, de alguma maneira, faz sentido para o cliente.

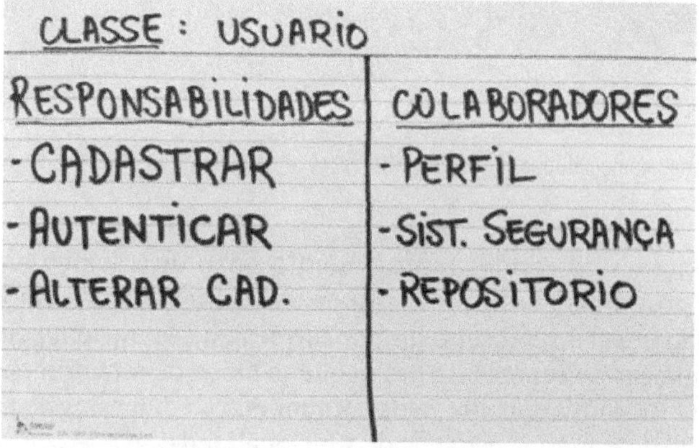

▶ **Figura 14.2** Exemplo de cartão CRC.

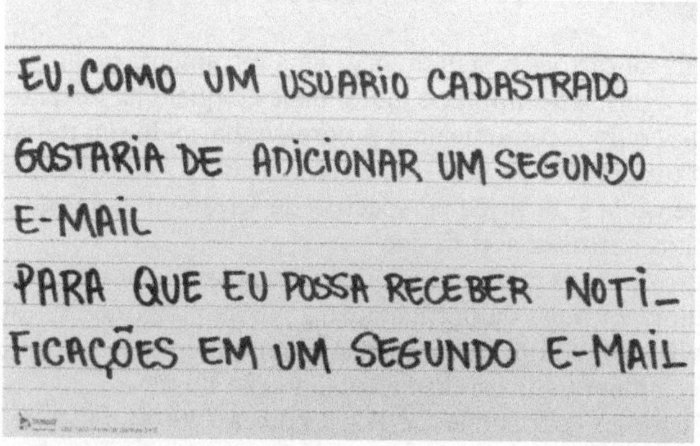

▶ **Figura 14.3** Exemplo de user story.

Como a equipe cresceu, e todos precisavam saber quem estava trabalhando em qual user story, os cartões foram para a parede e, neles, foram colocados os nomes (ou fotografias) de quem estava realizando o trabalho. A gestão do desenvolvimento de software ficou mais visual.

Isso já era bom, mas não o suficiente. Também era necessário saber em qual etapa a user story estava: Análise? Projeto? Desenvolvimento? A equipe escreveu as etapas de desenvolvimento que cada user story seguia na parede. As etapas geralmente eram escritas em cartões de cores diferenciadas e posicionadas como o título de uma coluna.

Todavia, as etapas não são pré-definidas para todas as equipes. Cada uma decide suas etapas de desenvolvimento. As figuras a seguir ilustram duas equipes que seguem etapas diferentes. A sequência das etapas representa a linha de produção de software de cada time.

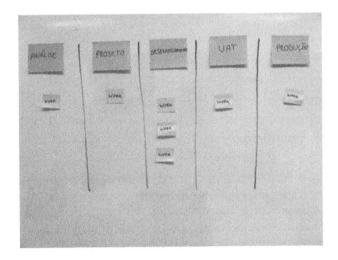

▶ **Figura 14.4** Exemplo de etapas 1.

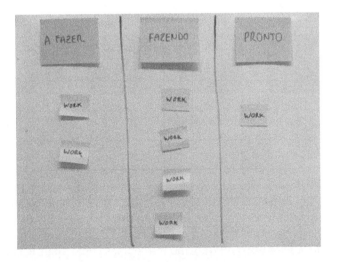

▶ **Figura 14.5** Exemplo de etapas 2.

▶ 14.4 CONCEITOS FUNDAMENTAIS

14.4.1 Fluxo de trabalho

Um fluxo de trabalho é uma sequência de etapas e atividades realizadas por uma pessoa ou por uma equipe a fim de alcançar um objetivo específico. Um fluxo de trabalho sequencial é quando cada etapa depende da etapa anterior. Nesse caso, a conclusão das atividades numa etapa anterior de trabalho controla o avanço para a próxima etapa. A Figura 14.6 representa um fluxo de trabalho sequencial. Neste livro, fluxo de trabalho deve ser entendido como sinônimo de fluxo de trabalho sequencial.

▶ **Figura 14.6** Fluxo de trabalho sequencial.

Um fluxo de trabalho costuma ter um ciclo de realimentação (feedback) entre as etapas de trabalho adjacentes, um mecanismo eficaz para melhorá-lo. A etapa posterior funciona como um consumidor do trabalho produzido pela etapa anterior; portanto, a etapa posterior é a melhor fonte de realimentação para o trabalho que consome.

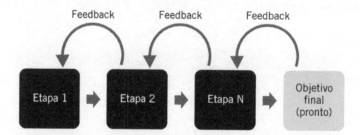

▶ **Figura 14.7** Fluxo de trabalho sequencial com feedback.

Uma linha de produção industrial de um avião é um exemplo de um fluxo de trabalho. O trabalho (a aeronave em construção) se move lentamente ao longo de uma linha de montagem, passando por todas as etapas de trabalho, no qual diversas atividades são realizadas por uma pessoa ou equipe. Peças, equipamentos e ferramentas estão disponíveis em cada etapa.

Outro exemplo de fluxo de trabalho é a criação de um site de comércio eletrônico. Esse fluxo de trabalho tem etapas como análise, codificação, testes e implantação. As atividades envolvidas são diversas. Alguns exemplos devem ser familiares a você: esclarecer requisitos, escrever código funcional, escrever testes, escrever e executar scripts ou validar o produto contra os seus requisitos.

O acompanhamento desses dois fluxos é muito diferente. O avião é construído numa linha de montagem que se move fisicamente. Equipe de trabalho, peças, equipamentos e ferramentas são disponibilizadas a cada etapa necessária, e o item em produção – a aeronave – move-se fisicamente através dessas etapas. Você pode literalmente ver o trabalho se movendo ao longo do fluxo de trabalho.

Já o fluxo de trabalho da criação do website de comércio eletrônico não tem partes físicas que se deslocam ao longo de uma linha de montagem. Ainda assim, é possível torná-lo visível: isso é exatamente o que as paredes de cartão fazem pelas equipes ágeis.

História do fluxo de trabalho

A história moderna do fluxo de trabalho pode ser traçada até Frederick Taylor. No final do século XIX, ele criou a abordagem do Gerenciamento Científico (também conhecida como taylorismo). Essa abordagem destina-se a melhorar a organização do trabalho e a produtividade laboral analisando e estabelecendo processos de fluxo de trabalho. Ela foi documentada e aplicada principalmente no contexto da indústria manufatureira.

Desde sua criação, o taylorismo teve enorme impacto sobre a estrutura organizacional, a gestão e a força de trabalho. No entanto, foi muitas vezes criticado por enfatizar o indivíduo em lugar de grupos ou equipes, não deixar espaço para preferências individuais ou iniciativas, tratar as pessoas como máquinas e separar o planejamento da execução. Como resposta a algumas dessas críticas, novas e melhoradas teorias de fluxo de trabalho foram implementadas no ambiente de trabalho moderno. Entre elas: Six Sigma, Gestão da Qualidade Total, Reengenharia de Processos de Negócios e LeanThinking.

As ideias do taylorismo também influenciaram o desenvolvimento de software e a forma como o trabalho em projetos de software é dividido, planejado e executado. Ao mesmo tempo em que as novas e melhoradas teorias de fluxo de trabalho começaram a emergir no setor da indústria tradicional, o Movimento Ágil estava surgindo no desenvolvimento de software, sendo uma reação da comunidade de desenvolvedores à aplicação das práticas industriais tradicionais que têm sido norma desde os anos 70.

14.4.2 Pequenos pedaços de requisitos

O Movimento Ágil promove uma abordagem incremental, em que apenas uma pequena parte dos requisitos é tratada de cada vez. Cada um desses pedaços de requisitos é analisado, projetado, codificado, integrado e validado antes de sair do fluxo de trabalho.

MÉTODOS ÁGEIS

O objetivo final de uma entrega é semelhante em Métodos Ágeis e modelos tradicionais de desenvolvimento: completar o desenvolvimento para o conjunto completo de requisitos. No entanto, o caminho para chegar lá é diferente. Nos Métodos Ágeis, é essencial dividir um grande conjunto de requisitos em pedaços pequenos e viáveis. A sequência a seguir mostra como, em Métodos Ágeis, as pequenas partes do trabalho realizado (quadrados pequenos mais escuros) se unem para formar o conjunto completo de requisitos (quadrado grande mais claro).

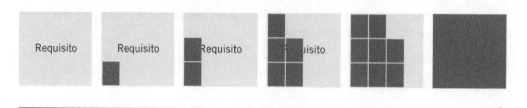

▶ **Figura 14.8** Completando pequenas partes do trabalho.

Em essência, um requisito grande e complexo é fracionado em uma série de pequenos requisitos simples. Como resultado, os requisitos são completados e disponibilizados para o usuário final de forma incremental. Nesse caso, o usuário final (ou quem quer que esteja validando o software) fornece um feedback com base no incremento disponibilizado. Esse feedback é essencial por duas razões:

- ▶ correções e mudanças podem ser feitas numa etapa inicial do projeto em vez de só aparecerem no final;
- ▶ a complexidade do trabalho de análise é reduzida.

A equipe e os usuários finais têm acesso antecipado ao software funcional produzido a cada incremento. Assim, o trabalho de análise decorrente baseia-se em trabalho concluído (ou parcialmente concluído) em lugar de tomadas de decisão concebidas previamente sobre o software. Trabalhar pequenos incrementos vale para todas as etapas típicas do fluxo de trabalho do desenvolvimento de software, incluindo análise, desenho, codificação, teste, integração e implantação.

14.4.3 Desenvolvimento sequencial e simultâneo

A definição de sequencial, de acordo com o dicionário Priberam da Língua Portuguesa:

> Que se faz ou ocorre em sequência; em que há sequência.

A figura abaixo mostra uma sequência simples de cinco etapas:

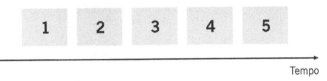

▶ **Figura 14.9** Sequência de cinco etapas.

O desenvolvimento de software segue uma ordem sequencial. Normalmente, um projeto de software passa pelas seguintes etapas em sequência: análise, desenho, codificação, testes e implantação. A Figura 14.10 ilustra essas etapas de desenvolvimento de software através de sua ordem sequencial típica. Na imagem, a primeira letra é usada para identificar cada etapa de desenvolvimento: análise, projeto, codificação, validação e implantação.

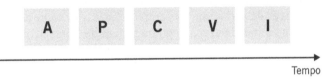

▶ **Figura 14.10** Etapas (sequenciais) de desenvolvimento de software.

Vamos nos aprofundar em uma diferença muito importante entre o desenvolvimento de software ágil e o tradicional: a forma como o trabalho é entregue. As equipes tradicionais focam a entrega de todos os requisitos no sistema final, geralmente depois de meses de desenvolvimento. Se não estiver tudo pronto até a data marcada originalmente, geralmente o lançamento é adiado. As equipes ágeis entregam software mais cedo e com maior frequência. O sistema torna-se cada vez mais completo por meio de ciclos de lançamento de curta duração. Nas equipes ágeis, o sistema é construído e entregue de forma incremental, ao passo que no processo de desenvolvimento tradicional há somente a entrega no final.

Outra grande diferença entre os dois métodos é a forma como o trabalho é distribuído entre as etapas de desenvolvimento. Uma equipe ágil trabalhará em todas as etapas do desenvolvimento, a qualquer momento. A equipe simultaneamente analisa, projeta, codifica, testa e implanta, e isso só é possível porque os requisitos nos Métodos Ágeis são atacados em partes pequenas.

Para um projeto de software tradicional típico, os requisitos movem-se como um bloco através de cada etapa de desenvolvimento. Cada etapa do trabalho continua por muito tempo, algo na ordem de semanas ou meses. O sistema só fica disponível ao final da última etapa. A Figura 14.11 mostra quando o software está completo. Essa figura sobrepõe a representação sequencial de etapas de desenvolvimento de software ao gráfico de funcionalidade em

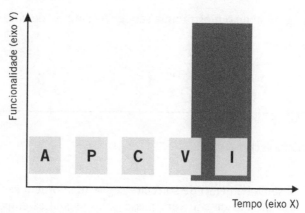

▶ **Figura 14.11** Gráfico de funcionalidade *versus* tempo.

relação ao tempo. O eixo X mostra o tempo decorrido, enquanto o eixo Y mostra a quantidade de funcionalidade entregue.

No desenvolvimento ágil, as user stories estão constantemente se movendo através de cada uma das etapas. Cada user story passa um curto período de tempo em cada etapa, algo na ordem de horas ou dias. O sistema é disponibilizado de forma incremental. A Figura 14.12 representa os pequenos pedaços de requisitos e as etapas de desenvolvimento no gráfico de funcionalidade em relação ao tempo.

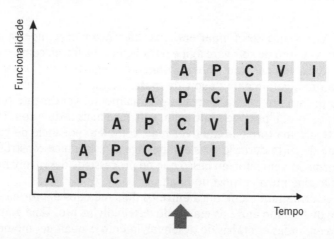

▶ **Figura 14.12** Time ágil trabalhando simultaneamente.

Essa figura ilustra a natureza do time ágil trabalhando simultaneamente. Considere o momento no tempo apontado pela seta no gráfico. Naquele momento, existem cinco pequenos pedaços de requisitos sendo trabalhados, e cada um deles se encontra em uma etapa de desenvolvimento diferente. A equipe está trabalhando simultaneamente.

As imagens a seguir mostram alguns exemplos de paredes de cartões com os quais já trabalhei. Note que os títulos das colunas representam as etapas do fluxo de trabalho seguido pelo time. Os times usam cores distintas para representar tipos e agrupamentos de cartões: na Figura 14.14, as user stories de uma mesma funcionalidade são descritas em cartões da mesma cor, na Figura 14.15, cartões azuis representam user stories, enquanto cartões rosados são utilizados para representar as tarefas da user story. Não esqueça: é possível consultar as fotografias em cores no site do Grupo A, www.grupoa.com.br. Busque pelo livro e acesse livremente o material online.

▶ **Figura 14.13** Exemplo de parede de cartões 1.

▶ **Figura 14.14** Exemplo de parede de cartões 2.

▶ **Figura 14.15** Exemplo de parede de cartões 3.

▶ 14.5 DICAS PARA EQUIPES INICIANTES

14.5.1 Criando tarefas

Os cartões podem representar funcionalidades, casos de uso, user stories ou qualquer gênero de requisito confortável para um time. Normalmente, os cartões na parede representam um montante de tarefas com duração de algumas horas a alguns dias de trabalho. Um cartão pode e deve ser dividido em tarefas menores. Cabe à equipe decidir a granularidade do trabalho que está na parede. Algumas equipes decidem não manter tarefas muito granulares, mantendo a informação mais concisa. Outras gostam de ver as tarefas detalhadas na parede.

Sugere-se quebrar tarefas em pedaços menores. Primeiramente, a atividade de tarefas encoraja uma conversa detalhada sobre o trabalho em produção. Depois, com as tarefas detalhadas, os programadores podem encontrar maneiras de trabalhar em paralelo, reduzindo o tempo que um cartão leva para se mover por uma etapa, melhorando o rendimento. A menos que todas as pessoas saibam todas as tarefas de forma inquestionável, sugere-se a visibilidade: mostre-me as tarefas em sua parede.

É interessante ver user stories e tarefas na mesma parede. A parede de tarefas é um exemplo disso. Também existem paredes com funcionalidades. O ponto é: o trabalho é dividido em pedaços menores de trabalho, e a divisão é visível na parede. Por experiência própria, isso funciona para uma ou duas unidades de trabalho muito bem definidas, como: funcionalidades e user stories; user stories e tarefas; apenas funcionalidades; apenas user stories ou apenas tarefas. Não é recomendável haver mais de duas granularidades de trabalho na mesma parede de cartões (como cartões de funcionalidade, user story e tarefa na mesma parede) ou unidades de trabalho que variam muito de granularidade (como uma tarefa que leva uma hora próxima a uma tarefa que demora 30 dias).

14.5.2 Puxe, não empurre

Assim como explicado no Capítulo 7 sobre Lean e no Capítulo 8 sobre Kanban, o benefício central de usar uma ferramenta visual como a parede de cartões é, portanto, a mudança de gestão de projetos: ao invés de empurrar o trabalho, os colaboradores são encorajados a puxá-lo. Ao invés de empurrar para iniciar cada user story o mais cedo possível e, em seguida, empurrá-la para a conclusão, a equipe puxa mais trabalho (user story) sempre que houver uma vaga visível na parede. A parede Kanban deixa isso muito claro, limitando WIP (Work in Progress) em cada etapa do trabalho. Com ou sem limites, a parede de cartões faz com que essas informações fiquem muito visíveis, permitindo às equipes aderirem ao sistema de puxar trabalho.

O objetivo de usar uma parede de cartões não é apenas tornar o WIP visível, mas também promover a mudança de comportamento durante a execução do projeto. Paredes de cartões são, portanto, como uma verificação da realidade: o trabalho se move de acordo com a execução real, e não de acordo com atividades de trabalho planejadas de forma especulativa.

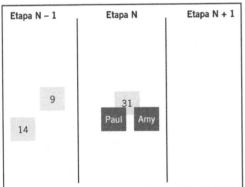
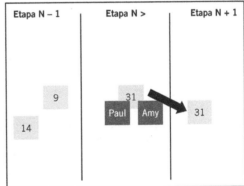
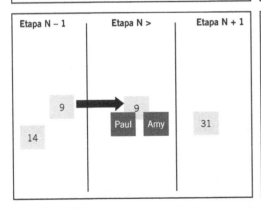
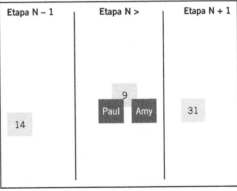

▶ **Figura 14.16** Puxando trabalho.

14.6 DICAS PARA EQUIPES EXPERIENTES

Melhorar o seu processo de projeto não serve apenas para medir quanto trabalho você consegue fazer, mas também para examinar a forma como esse trabalho é realizado – como ele flui através da parede de cartões. Ao melhorar esse fluxo, você pode melhorar o processo como um todo.

14.6.1 Taxa de transferência

É a taxa com que itens passam por um sistema ou processo. Podemos ver de que forma o nosso trabalho flui ao verificar com que taxa os cartões atingem a última etapa da parede de cartões. Essa taxa de transferência também pode ser medida em cada etapa do processo por meio da medição da taxa com que os cartões deixam cada etapa na parede de cartões.

14.6.2 Velocidade e taxa de transferência

Muitas equipes ágeis medem a velocidade como sendo a quantidade de trabalho realizado no final de um determinado período de tempo. Para melhorar o processo, precisamos transferir o foco da velocidade para a taxa de transferência. A velocidade certamente tem valor: ela ajuda no planejamento e é útil para ajustar o escopo do trabalho e para a preparação de futuras iterações (caso você esteja trabalhando em iterações). Por outro lado, trabalhar a favor de uma taxa de transferência melhor irá ajudá-lo a nivelar o seu fluxo.

O conceito de velocidade é abordado com detalhes em vários livros sobre Métodos Ágeis. Aqui, vamos compará-lo à taxa de transferência. Examinemos dois cenários de exemplo, que ilustram a importância de medir (e melhorar) a taxa de transferência em vez de se concentrar apenas na velocidade.

Considere duas equipes igualmente competentes, com a mesma capacidade e conjunto de habilidades e que precisam entregar a mesma quantidade de trabalho: 5 cartões, cada um com uma quantidade relativamente igual de trabalho. Ambas as equipes seguem uma iteração semanal que inicia na segunda-feira. A seguir estão as paredes de cartões das duas equipes ágeis, da forma como elas progridem ao longo da semana.

As paredes de cartões do exemplo têm quatro etapas: *Backlog, In Dev, InQA* e *Signed Off*. Neste exemplo, as etapas estão em inglês. Note que Signed Off significa passar pela etapa de In QA.

Depois de comparar os dois cenários, considere que você é membro de uma dessas equipes. Imagine que é manhã de sexta-feira e sua equipe está fazendo o scrum diário em frente à parede de cartões. Segunda-feira de manhã será apresentada uma demonstração para o cliente, e o objetivo é ter todos os cartões testados e completos. De qual time você preferiria fazer parte?

A menos que goste de trabalhar no final de semana, você seria mais feliz sendo um membro da equipe B. Os cartões da equipe A moveram-se todos juntos para a etapa "In QA" e essa sexta-feira parece uma situação de tudo ou nada.

A seguir, estão as paredes de cartões para ambas as equipes na segunda-feira. Em nosso exemplo, as duas equipes terminaram de trabalhar em todos os cartões. Neste cenário, as duas equipes têm a mesma velocidade, mas sua taxa de transferência é muito diferente.

O trabalho realizado pelas duas equipes é o mesmo: 5 cartões. Logo, a velocidade é de 5 cartões por iteração.

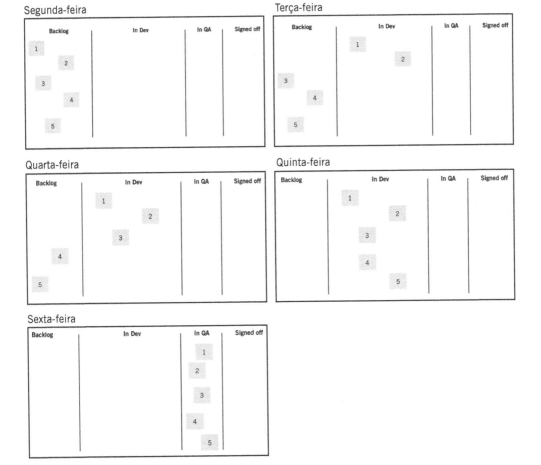

▶ **Figura 14.17** A parede de cartões da equipe A no momento do scrum diário para cada dia da semana.

No entanto, a taxa de transferência da equipe A é muito diferente da taxa de transferência da equipe B. Por exemplo, no caso da equipe A, a taxa de transferência do trabalho realizado foi de 0 cartões/dia durante os primeiros quatro dias, e de 5 cartões/dia no último dia. Por outro lado, a taxa de transferência do time B foi de 1 cartão/dia.

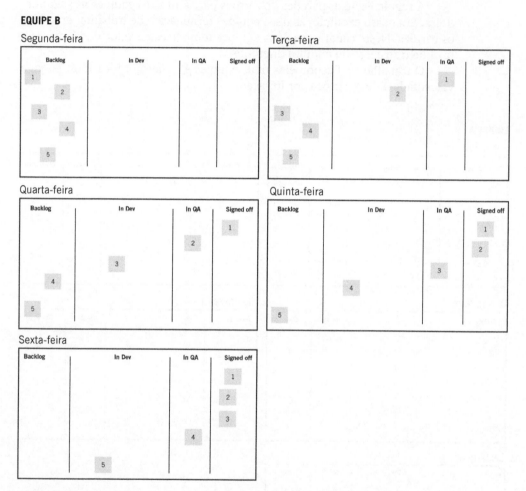

▶ **Figura 14.18** A parede de cartões da equipe B no momento do scrum diário para cada dia da semana.

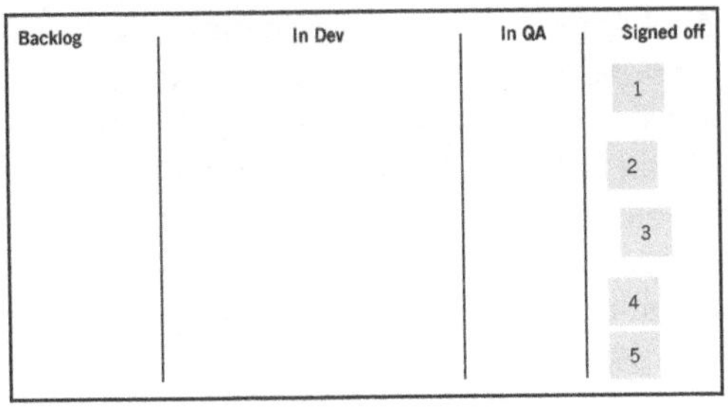

Backlog	In Dev	In QA	Signed off
			1
			2
			3
			4
			5

▶ **Figura 14.19** Equipe A ou B – Segunda-feira de manhã.

14.6.3 Fluxo de peça única

Uma maneira de garantir que você trabalhe como a equipe B é concentrar--se na conclusão de cada cartão individualmente. Isso significa que você deve evitar trabalho parcialmente concluído – qualquer coisa que tenha sido iniciada, mas não concluída. Trabalhos parcialmente concluídos podem ser requisitos que não foram codificados, códigos que não foram testados e implantados ou, ainda, defeitos que não foram corrigidos. Em lugar de deixar trabalho parcialmente concluído acumular em etapas intermediárias, o foco é concluir os trabalhos já iniciados. Essa abordagem chama-se "fluxo de peça única" (Single Piece Flow).

Do Lean, o fluxo de peça única é descrito como uma abordagem em que cada parte do trabalho passa por todas as etapas o mais rapidamente possível. No desenvolvimento de software, isso diminui a latência, reduzindo o tempo de espera e evitando que o trabalho parcialmente concluído seja estocado. Uma vez que o trabalho num cartão é iniciado, o foco é concluir o trabalho e tirar o cartão da parede.

A fim de manter um fluxo de peça única, é importante gerenciar cuidadosamente a quantidade de trabalho no sistema. Se o sistema tem muito trabalho, é impossível se concentrar em peças únicas e levá-las adiante. Limites WIP para a parede kanban tentam controlar a quantidade de trabalho em cada etapa, ajudando a equipe com o fluxo de peça única.

14.6.4 Variações no fluxo de trabalho

O foco principal da parede de cartões é o fluxo de trabalho eficiente por meio das etapas, e não as atividades individuais em cada etapa. O foco é melhorar a taxa de transferência do sistema global, em vez de tentar maximizar membros individuais da equipe ou a utilização das etapas de trabalho. Isso pode surpreender alguns gerentes tradicionais, mas planejar uma alta utilização normalmente cria um sistema com taxa de transferência mais baixa.

O desenvolvimento de software é empírico por natureza. Tentar planejar todas as atividades de trabalho, os horários de todas as etapas e a utilização da equipe para cada etapa é contraditório à natureza do desenvolvimento de software. Uma equipe ágil deve responder a variações no fluxo de trabalho. Planejar uma alta utilização em cada etapa de trabalho pode ser a principal causa da falta de capacidade de resposta de uma equipe. O caso típico de um planejamento de alta utilização é assim: todo mundo está individualmente ocupado com suas atividades planejadas, a equipe inteira é totalmente utilizada, mas ninguém pode responder a qualquer variação no fluxo de trabalho. E variações acontecem o tempo todo. O tempo de resposta é lento (pois todos estão ocupados, voltados integralmente a atividades planejadas), portanto a variação (ou o trabalho não planejado) terá de esperar, e a taxa de transferência global sofre.

Isto provavelmente parecerá contraintuitivo: o caminho para aumentar o rendimento e a taxa de transferência geral pode exigir cortes nas atividades planejadas e na utilização planejada. É contraditório apenas se você acreditar que um plano-mestre de um gerente junto a trabalhadores ocupados determina o sucesso do projeto. De fato, registros sobre o desenvolvimento de software tradicional já estabeleceram que isso não garante o sucesso.

Planejar a utilização de recursos é muito difícil se você está seguindo um Método Ágil. Ou, pior ainda, é um desperdício do seu tempo. Você quer que a equipe tenha capacidade de responder à mudança, e a capacidade de resposta requer recursos disponíveis para atribuição imediata. A maneira como Métodos Ágeis tratam disso (e é dessa forma que as práticas se complementam) é fazendo a equipe tomar decisões diariamente. Para as equipes seguindo Scrum, reuniões diárias de Scrum acontecem na frente da parede de cartões. Ali, naquele momento, a equipe decide a utilização de recursos de acordo com as atividades em curso. Mesmo se você planejar a utilização, reduza a taxa de utilização individual planejada: não planeje 100% de utilização para cada membro da equipe. Um tempo de folga é necessário, ir mais devagar é a única maneira de ir mais rápido. Desacelerar não significa ser lento ou desleixado. O trabalho da equipe vai se mover mais rápido se todos os seus membros estiverem:

- ▶ trabalhando para um objetivo comum;
- ▶ seguindo um ritmo sustentável; e
- ▶ sendo capaz de se adaptar e responder às variações empíricas do fluxo de trabalho de desenvolvimento de software.

▶ REFERÊNCIAS

COHN, M. *User stories applied*: for agile software development. Boston: Addison-Wesley, 2004.

POPPENDIECK, M.; POPPENDIECK, T. *Lean software development*: an agile toolkit. Boston: Addison-Wesley, 2003.

capítulo 14 ▶ GESTÃO VISUAL

▶ LEITURAS SUGERIDAS

ANDERSON, D. J. *Kanban*: successful evolutionary change for your technology business. Seattle: Blue Hole, 2010.

BELLIN, D.; SIMONE, S. S. *The CRC card book*. Reading: Addison-Wesley, 1997.

COHN, M. *Agile estimating and planning*. Upper Saddle River: Prentice Hall, 2005. *Apresenta, sinteticamente, a prática e o planejamento de projetos ágeis. Um excelente livro para iniciantes.*

KNIBERG, H.; SKARIN, M. *Kanban and Scrum*: making the best of both. [S.l.]: InfoQ, 2010. *Nesse livro você encontrará as orientações relevantes a times tentando fazer Scrum e Kanban coexistir. Esse livro descreve Kanban e Scrum em poucas palavras; faz uma comparação de Kanban e Scrum e outros Métodos Ágeis, e apresenta exemplos práticos e armadilhas.*

LADAS, C. *Scrumban*: essays on kanban systems for lean software development. Seattle: Modus Cooperandi, 2008.

15

Coaching e Facilitação de Times Ágeis

MANOEL PIMENTEL MEDEIROS

Coaching, por si só, é um assunto relativamente vasto, e seriam necessários vários livros para abordá-lo de maneira completa. Este capítulo tem por objetivo fornecer uma visão introdutória, porém, suficientemente abrangente, sobre a aplicação do processo de Coaching em equipes e líderes da área de desenvolvimento de software. Abordaremos os alicerces e a natureza do Coaching, bem como seus principais conceitos e técnicas.

▶ 15.1 ENTENDENDO O COACHING

Cada indivíduo que integra uma equipe já viveu ou está vivendo uma caminhada rumo aos resultados. Esses resultados são comumente chamados de metas, e o processo para alcançá-las não é simples, pois no meio do caminho surgem diferentes tipos de obstáculos que precisam ser vencidos.

Nesta complexa relação caminho/meta, entra o processo de Coaching, que tem como principal objetivo ajudar um indivíduo (ou um time) a percorrer o seu caminho rumo a uma meta e, principalmente, a remover possíveis obstáculos durante a caminhada.

Para Gallwey (1997), "Coaching é uma relação de parceria que revela/liberta o potencial das pessoas de forma a maximizar o desempenho delas. É ajudá-las a aprender ao invés de ensinar algo a elas [...]".

15.1.1 Contexto histórico

Não existe um marco de início do Coaching no mundo, tampouco há consenso sobre o local de origem do papel de Coach. O ponto de maior sinergia é a ideia de que a palavra "Coach", devido à sua etimologia, significa algo como: "Meio para o transporte de pessoas", ou seja, por natureza, um Coach é o meio facilitador para as pessoas alcançarem seus objetivos.

capítulo 15 ▸ COACHING E FACILITAÇÃO DE TIMES ÁGEIS

Inicialmente, o Coaching foi adotado em contextos exportivos, sendo aplicado como abordagem para despertar e desenvolver elementos, como disciplina, concentração, força de vontade, etc. Aos poucos, os resultados obtidos no esporte despertaram interesse no mundo dos negócios, para uma abordagem focada em melhorar a performance de profissionais no mundo corporativo.

É com essa propriedade de ajudar a performance profissional de um indivíduo, que o processo de Coaching é aplicado dentro de ágil. Isso ocorre pois os papéis sugeridos pela filosofia ágil são baseados em competências como facilitação, liderança servidora, gestão por metas, auto-organização, etc. Dessa forma, o processo de Coaching se enquadra perfeitamente como uma ferramenta para potencializar esse tipo de abordagem dentro dos contextos de times ágeis.

15.1.2 Papéis no processo de Coaching

Coaching é um processo que envolve descobertas, aprendizados e desenvolvimento para se alcançar determinado resultado. Esse processo de aprendizado e desenvolvimento acontece tipicamente entre dois papéis: o *Coachee* e o *Coach*.

O Coachee é o indivíduo responsável por uma determinada meta que recebe a ajuda do Coach para desenvolver as competências necessárias, para trilhar seu caminho. É possível uma equipe inteira atuar como Coachee num processo de Coaching.

O outro papel é o Coach, o profissional que fornece o processo de coaching. É comum que esse papel seja desempenhado por um profissional externo equipe, o que ajuda a criar uma visão externa dos comportamentos e dos resultados gerados.

No contexto da gestão de projetos, o papel de Coachee (cliente) pode ser desempenhado por um líder, Scrum Master ou gerente de uma equipe. Esse coaching para líderes ou gerentes de equipes é muito comum e bastante assertivo, pois permite ao Coach não ser invasivo na cultura do time, além de ajudar o líder ou gerente a ver por outro ângulo o seu desempenho, o que mudar, para que mudar e como causar a mudança.

No contexto dos Métodos Ágeis, o processo de Coaching também atua fortemente como uma competência fundamental para o papel do Scrum Master em um projeto gerenciado pela metodologia Scrum (assim como foi explicado no Capítulo 3, sobre Scrum).

15.1.3 O que não é Coaching

No mercado mundial, frequentemente há muitos enganos sobre o que é o processo de Coaching e, principalmente, sobre como o Coach atua nesse processo. Para alinharmos melhor o entendimento sobre o assunto, vamos listar rapidamente alguns conceitos sobre o que NÃO é Coaching:

METODOS ÁGEIS

- ▶ **Não é consultoria** O Coach não dá as respostas, ele ajuda o Coachee a descobrir as próprias respostas.
- ▶ **Não é aconselhamento** Igualmente ao item anterior, o Coach não dá conselhos nem soluções prontas.
- ▶ **Não é treinamento** O Coach não ensina o Coachee sobre as técnicas e ferramentas para percorrer um caminho. Esse é um ponto bem interessante, porque um Coach não precisa ser alguém mais capacitado do que o Coachee.
- ▶ **Não é mentoring** Tipicamente, um mentor ensina tudo o que sabe sobre um determinado assunto. Dessa forma, o limite de aprendizado do Coachee está naquilo que o seu mentor conhece. Nesse aspecto, é importante reforçar que o processo de Coaching pode ajudar um Coachee a ter sucesso num assunto que está além dos conhecimentos e das habilidades do próprio Coach. Um exemplo típico desse conceito é: um Coach não precisa ser um especialista em tênis para ajudar um tenista a ser campeão.
- ▶ **Não é tratamento psiquiátrico ou análise psicológica** É crucial tornar claro que o exercício da atividade de Coaching, apesar de buscar o entendimento da mente e do comportamento humano, não pode ser comparado a um tratamento feito por um psiquiatra ou psicólogo. O Coaching tem o foco no futuro, e não no passado; ou seja, não é papel do Coach buscar entender os motivos e os problemas do passado de um Coachee, mas sim ajudá-lo a caminhar de um ponto atual (no presente) para um ponto desejado (no futuro).

▶ 15.2 FACILITAÇÃO

O processo de Coaching atua por meio de sessões entre o Coach e o Coachee, em que o Coach aplica técnicas de facilitação para apoiar o processo cognitivo (pensamento) e metacognitivo (pensar sobre o pensar) do indivíduo.

Facilitação é uma abordagem que visa a oferecer meios para minimizar dificuldades (p.ex., timidez, individualismo, conflitos, falta de criatividade) que possam surgir durante a realização de um determinado evento para geração de ideias. Seu principal objetivo é conduzir um grupo ou indivíduo num processo de aprendizagem ou num processo de mudança durante esses eventos.

Para a facilitação, um evento é qualquer atividade realizada por uma ou mais pessoas (como reuniões e sessões) em um pequeno intervalo de tempo e com um objetivo bem definido.

A facilitação incentiva todos os membros a colaborarem com o processo criativo durante um evento, pois por meio dessa colaboração todos têm a chance de ter consciência e responsabilidade sobre determinado tema. Essa consciência e essa responsabilidade permitem que os membros suplantem as dificuldades e estejam totalmente focados no que acontece durante o evento.

De maneira geral, a facilitação busca simplificar as atividades inerentes a uma equipe. Com isso, é muito comum que existam práticas que trabalhem fortemente numa abordagem cognitiva e lúdica.

Ser cognitivo significa, em linhas gerais, que a abordagem se dá por meio da associação de ideias, proporcionando um fácil e rápido entendimento de outra ideia. Um exemplo disso é quando pensamos em uma palavra, como "banana". Note que, a partir dessa palavra, rapidamente nos lembramos de uma fruta e a associamos ao seu formato, cor, sabor, etc. Para estimular essa cognição, durante os eventos frequentemente utilizamos adesivos, cartolinas, flip-charts e cores com diferentes significados.

Ser lúdico significa que essas práticas proporcionam um sentimento prazeroso em seus envolvidos. A ideia de uma prática lúdica nos remete ao pensamento de que não há obstáculos (físico ou psicológico). Por isso, um evento facilitado é repleto de dinâmicas simples, a fim de proporcionar o estado lúdico e cognitivo mencionado.

15.2.1 Comunicação visual

Em um evento facilitado, é comum haver uma forte comunicação visual entre o grupo, para fazer com que as informações construídas por ele sejam visualizadas e compreendidas por todos.

A neurociência explica que nosso cérebro possui dois hemisférios: o lado direito é considerado emocional e o lado esquerdo é considerado racional. Com base nessa premissa, o uso de ferramentas para gerar uma comunicação visual proporciona uma espécie de harmonia entre esses hemisférios, fornecendo subsídios para ajudar o raciocínio lógico a materializar e organizar as emoções e os sentimentos peculiares à construção de novas ideias.

Além do aspecto explicado pela neurociência, também podemos citar outras vantagens do uso da comunicação visual:

- ▶ Um centro de atenção comum
- ▶ Nenhuma contribuição compartilhada será perdida durante o evento
- ▶ As discussões se tornam mais objetivas
- ▶ Os temas são estruturados e analisados mais facilmente
- ▶ Estimula a participação coletiva sobre um tema
- ▶ Incentiva o grupo a priorizar informações mais relevantes

15.2.2 Os seis chapéus para facilitar o pensamento

Uma das maiores dificuldades para a boa facilitação de algum evento (reunião) são as próprias características da personalidade de cada membro do grupo, pois na maioria das vezes as pessoas são acostumadas a realizar reuniões pautadas no pensamento argumentativo. Nesse tipo de pensamento, cada um expõe e defende sua opinião. Como existe uma carga emocional muito grande nessas opiniões (mesmo que não esteja evidente), é comum haver verdadeiras brigas de "ego" para competir sobre qual a opinião é a melhor ou mais forte.

MÉTODOS ÁGEIS

Para minimizar esse problema, uma das ferramentas que abordaremos neste capítulo é a técnica chamada de Os seis chapéus do pensamento, que foi publicado num livro com o mesmo nome (*Six Thinking Hats*, no original em inglês) na década de 80 pelo Dr. Edward De Bono. Um dos principais objetivos dessa técnica é ajudar a direcionar e organizar de forma mais coletiva os pensamentos de cada membro do grupo.

A técnica dos seis chapéus é baseada na ideia do pensamento paralelo. Esse tipo de pensamento estimula o trabalho em apenas um tipo de pensamento por vez de forma coletiva, ou seja, todos olham para a mesma direção ao mesmo momento, e essas direções vão mudando no decorrer da reunião. Com isso, no devido momento, todos podem expressar seus pensamentos e possíveis sentimentos.

A analogia com um chapéu adiciona uma característica lúdica ao evento, ao mesmo tempo que estimula uma abordagem cognitiva durante o processo de debate acerca de tema. Nessa analogia, cada chapéu é identificado por uma cor. Assim, os membros sabem que tipo de pensamento vai acontecer quando determinada cor for evocada (o que ocorre devido à associação de ideias).

As cores dos chapéus representam os seguintes pensamentos:

- ▶ **Cor Branca (Fatos e Informações)** Esse chapéu pode ser usado no início de uma reunião, com o objetivo de coletar informações iniciais acerca de uma tema. Com ele, são verificadas quais as questões a serem respondidas, quais os fatos, ou quais as informações disponíveis sobre determinado assunto. Então, esse chapéu servirá apenas para fornecer possíveis insumos para o objetivo da reunião.
- ▶ **Cor Vermelha (Sentimentos e Emoções)** Nesse momento, os membros podem expressar seus instintos, sentimentos de raiva, intuição ou qualquer tipo de pensamento sem explicação lógica.
- ▶ **Cor Preta (Julgamento Crítico)** Os membros podem identificar possíveis falhas, riscos, barreiras, inconsistências, medos e fraquezas acerca de uma ideia. Uma das características principais é que os pensamentos gerados sob esse chapéu devem possuir alguma fundamentação lógica.
- ▶ **Cor Amarela (Visão Positiva)** Com esse chapéu, os membros terão um momento para expressar, de maneira lógica, benefícios, qualidades, virtudes e forças positivas que existem acerca de um tema.
- ▶ **Cor Verde (Novas Ideias)** Com o chapéu verde, o grupo poderá usar de todo o seu potencial criativo com o objetivo de gerar provocações (estímulos) para buscar ações para resolver ou minimizar o julgamento crítico do Chapéu Preto ou a raiva, intuição e instinto do Chapéu Vermelho. Com este chapéu também podem ser feitas provocações para atitudes que implementem a visão positiva do Chapéu Amarelo.
- ▶ **Cor Azul (Consolidação)** Esse é o mais ativo dos chapéus e funciona como o pensamento sobre o pensamento. Ele atua como chapéu para organizar e conduzir os demais pensamentos. Também pode ser

aplicado durante todo o evento facilitado com a técnica dos seis chapéus ou adotado como chapéu final para promover uma consolidação (resumo) dos pensamentos já realizados naquele evento.

Para finalizar o tópico sobre os seis chapéus, é necessário ressaltar que, em um projeto ágil de desenvolvimento de software, esse tipo de técnica pode ser utilizado com bastante eficácia nas reuniões de planejamento da iteração e nas reuniões de retrospectivas. Contudo, é importante reforçar que a facilitação em si é um elemento constante durante o processo de Coaching, inclusive quando ele está sendo destinado a equipes que trabalham com Métodos Ágeis, pois estimula o uso de práticas lúdicas e cognitivas, envolvendo desde as atividades de elucidação dos requisitos até as reuniões diárias.

▶ 15.3 CONSCIÊNCIA E RESPONSABILIDADE

Está claro que, para o processo de Coaching funcionar bem, é necessário que o Coachee sinta-se dono da meta e dos caminhos para alcançá-la. É por esse motivo que o processo não deve funcionar como treinamento, mentoring, aconselhamento ou algo similar (conforme abordamos no tópico "O que não é Coaching").

Essa característica é apoiada na premissa de que dificilmente um indivíduo desenvolve esse senso de responsabilidade quando uma meta, ou o caminho para ela, é imposta por outra pessoa: essa imposição é um dos principais motivos das falhas na obtenção de resultados.

Para auxiliar o desenvolvimento da responsabilidade num Coachee, cabe a um bom Coach respeitar seus valores e suas crenças, bem como não julgar as suas decisões.

Um Coach deve sempre permitir que o Coachee questione se um determinado pensamento ou comportamento irá ajudar ou prejudicar o caminho. Assim, o Coachee será estimulado a desenvolver a responsabilidade com a mudança de atitude necessária ao alcance de uma meta. Para que essa responsabilidade seja criada, é necessário que o indivíduo tenha um estado pleno de consciência durante a caminhada rumo a sua meta. Consciência no contexto de Coaching deriva da palavra inglesa aware, ou seja, ciente. Esse conceito expressa que há uma ampla percepção daquilo que se vê, ouve e sente.

Na verdade, estamos falando aqui de uma autoconsciência capaz de permitir que um indivíduo reconheça como e quando suas próprias emoções distorcem sua percepção daquilo que deseja e daquilo que faz para obtê-lo.

▶ 15.4 PENSAMENTO SISTÊMICO PARA PERGUNTAS EFICAZES

Uma das ideias que servem como base para o processo de Coaching é: "O todo é maior que a soma de suas partes", isto é, existe certa relação sistêmica (mesmo que oculta) que integra cada um de nossos comportamentos e suas respectivas consequências.

Esse é um ponto que merece bastante atenção. Conforme aprendemos no tópico sobre Consciência e Responsabilidade, para o sucesso do processo de Coaching é crucial que Coachee tenha a responsabilidade plena por sua meta e por seu caminho. Quando o Coaching é sobre um assunto no qual o Coach é especialista ou tenha algum domínio, tal processo transforma-se em um grande desaforo para o Coach, pois ele não deve dizer ao Coachee o que fazer, como fazer e quais as ferramentas ou técnicas utilizar para alcançar a meta. O Coach deve questioná-lo de maneira sistêmica sobre quais as opções lhe são conhecidas para realizar aquela atividade. Contudo, somente isso pode não ser suficiente para gerar uma decisão responsável no Coachee. Sendo assim, cabe ao Coach ajudá-lo a:

- ▶ entender quais os ganhos e as perdas de determinada opção;
- ▶ o quanto uma determinada opção o aproxima ou o distancia de sua meta; e
- ▶ se aquela opção possui congruência com seus valores e suas crenças.

Em um processo de Coaching, é importante também entendermos que o principal objetivo de uma pergunta não é saciar uma dúvida do Coach, mas sim proporcionar ao Coachee a elucidação necessária sobre determinado assunto, fazê-lo refletir sobre a referida questão e encontrar as próprias respostas.

▶ 15.5 METAS

Existem algumas boas dicas para a definição de melhores metas para times ou indivíduos. Uma delas é o conceito SMART (*Specific, Measurable, Achievable, Realistic* e *Timeboxed*). Esse conceito nos ajuda a criar metas mais específicas, mensuráveis, alcançáveis, realistas e com tempo definido para acontecer.

Diversas são as origens de uma meta, mas, basicamente, uma meta é a forma de propor a realização de um desejo. É importante entendermos que podemos ter níveis diferentes de metas, e esses diferentes níveis advogam a nosso favor, pois nos permitem adotar diferentes estratégias de ações para alcançá-las.

Assim como mostrado na Figura 15.1, podemos desenvolver basicamente dois níveis de metas que se complementam:

- ▶ **meta final:** são as grandes metas, que representam grandes realizações para um indivíduo ou para uma equipe. Um bom exemplo é um importante projeto que precisa ser concluído a tempo de gerar uma enorme vantagem competitiva para a organização.
- ▶ **meta de performance:** são os marcos (*milestones*) necessários para alcançar uma meta final. Como exemplo de meta de performance, podemos visualizar as entregas de incrementos de produtos ao final de uma sprint ou release (conforme explicado no capítulo 3, sobre Scrum) para aquele importante projeto (mencionado acima como meta final).

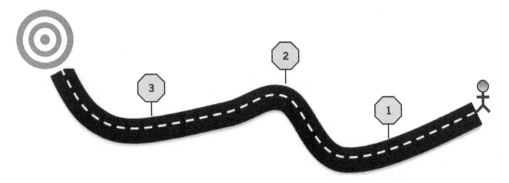

▶ **Figura 15.1** Exemplo da relação de um indivíduo com as metas de performance e a meta final.

É importante mencionar que, para ligar uma meta de performance a uma meta final, é necessário que o indivíduo ou a equipe desenvolvam um processo capaz de identificá-las e criar os passos necessários para atingi-las. Nesse caso, o processo de Coaching fornece uma espinha dorsal para esse caminho.

Nessa mesma linha, os Métodos Ágeis, de maneira geral, oferecem também opções factíveis de ferramentas apropriadas aos tipos comuns de problemas que uma equipe de desenvolvimento de software enfrenta. Isso permitirá que a equipe tenha meios de facilitar sua caminhada rumo a uma meta (abordaremos esse tema nos próximos tópicos).

15.5.1 O campo de forças das metas

Trilhar o caminho para uma meta nem sempre é fácil. Na verdade, são diversos os obstáculos que tipicamente atuam como forças contrárias ao alcance de um objetivo. Alguns deles obstáculos são reais e outros, frutos apenas de nossas crenças limitantes.

Muitas das crenças que cultivamos funcionam como pensamentos que limitam nossas ações, e isso gera uma inércia ainda maior no desafio de caminhar rumo a uma meta. Por outro lado, também existem as forças favoráveis para fazer a mesma caminhada, oriundas de algum estímulo, algum motivo de prazer, algum motivo de dor ou simplesmente habilidades que nos permitem trilhar com mais afinco o caminho em direção ao objetivo.

Vivemos numa complexa relação de forças favoráveis e forças contrárias para o alcance de uma meta. Para melhor entender isso, vamos recorrer a uma breve analogia extraída da Física: imagine que, para fazer um balão subir, é necessário equilibrar duas forças diferentes, o volume de ar quente contra o volume de ar frio do ambiente ao redor do balão. O volume de ar quente é necessário para que o ar de dentro do balão seja mais leve que o ar externo ao balão. Nessa analogia, o ar quente funciona como força favorável e o ar frio atua como força contrária. Obviamente, existem também outras variáveis mais específicas, como o peso do balão, a gravidade, etc. Porém, todas elas, de uma forma ou de outra, atuam como forças favoráveis ou contrárias para a meta, que é fazer o balão subir até determinada altura.

Quando um processo de coaching está sendo desenvolvido, existem algumas ferramentas que podem facilitar a identificação e a redução das forças contrárias e ajudar a entender e maximizar as forças favoráveis.

Uma dessas ferramentas é a FFA (*Force Field Analysis* – Análise do Campo de Forças), que proverá um meio de analisar o campo de forças (contrárias e favoráveis) rumo a uma meta. Essa é uma ferramenta relativamente simples, na qual podemos utilizar basicamente uma marcação em folha de papel, em um *flip-chart* ou em um quadro branco. Nessa área serão identificadas as forças contrárias, as forças favoráveis e as ações que servirão para minimizar as contrárias e para maximizar as favoráveis.

Uma maneira bem simples de usar essa ferramenta é representar graficamente – como feito na Figura 15.2 – a FFA com a analogia do balão que mencionamos nos parágrafos anteriores. Nessa representação, na parte interior do balão estão as forças favoráveis, na parte externa ficam as forças contrárias e, na parte inferior do balão, residem as ações possíveis para maximizar as forças favoráveis ou minimizar as forças contrárias.

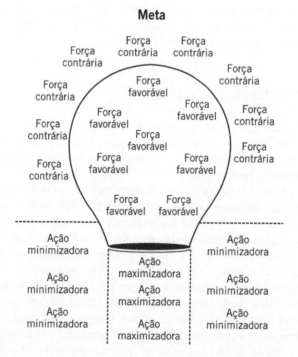

▶ **Figura 15.2** Exemplo de uma FFA remetendo ao desafio de fazer um balão subir.

É claro que somente a representação gráfica resultante da FFA não é suficiente para alcançar uma meta. Na verdade, a FFA serve apenas como um mapa, e somente quando um indivíduo assumir a consciência de suas metas e seus caminhos e a responsabilidade por eles é que poderá encontrar a efetividade necessária para caminhar rumo aos objetivos.

Em um processo de Coaching, o papel de um Coach não é criar as forças favoráveis e nem diminuir as forças contrárias. O papel de um bom Coach é ajudar o seu Coachee (cliente) a descobrir as ferramentas necessárias para que ele mesmo produza a quantidade ideal de fogo para fazer o seu próprio balão subir.

15.5.2 Grow

Para apoiar o processo de Coaching, existem alguns modelos que fornecem uma espécie de "espinha dorsal" para todo o trabalho. Um dos modelos mais praticados no universo de Coaching é o GROW. Esse modelo é um acrônimo de: *Goal* (meta), *Reality* (realidade), *Options* (opções) e *What, When, Whom* e *Will* (o que será feito, quando, por quem e a vontade de fazer).

Observemos que o modelo GROW proporciona ao Coachee:

- ▶ **Estabelecer a meta** – O modelo inicia pela definição de uma meta, em que o Coachee poderá refletir sobre "O que realmente é desejado?".
- ▶ **Entender a realidade atual** – O Coachee busca conhecer o que lhe favorece e o lhe impede de alcançar a meta.
- ▶ **Explorar as opções** – O processo de Coaching deve ajudar o Coachee a aprender sobre quais opções de caminhos e ferramentas podem ajudá-lo da melhor maneira possível a alcançar sua meta.
- ▶ **Empacotar a forma e a vontade de realização** – Como desafio final, o Coachee precisa se responsabilizar consigo mesmo sobre como irá desenvolver o caminho, quais os resultados esperados durante essa caminhada e, quando ela for iniciada, quais serão os marcos de progresso e quando ela será finalizada.

Infelizmente, somos acostumados a criar metas com base apenas em nossa realidade atual. Isso normalmente as limita e agrega pouco a um indivíduo ou equipe. Para evitar isso, o modelo GROW estimula primeiro a definição de uma meta realmente desafiadora, livre das restrições ou crenças da realidade atual.

Um exemplo típico é: se perguntarmos a uma equipe de programadores em quanto tempo um determinado produto seria desenvolvido, eles certamente fariam uma estimativa de prazo baseados em sua capacidade normal e no seu modo tradicional de trabalhar: eles tomariam como base esses elementos como restrição de ação.

Já um processo de Coaching está muito orientado a ajudar um Coachee (nesse caso, a equipe) a realizar coisas realmente desafiadoras. Sendo assim, se esta equipe estivesse num processo de Coaching baseado no GROW, ela seria estimulada a pensar em: qual seria a duração ideal para fazer desse projeto algo espetacular e único? E para completar o raciocínio, eles se perguntariam: se pudéssemos mudar a forma de trabalho, qual seria a mais apropriada para alcançar esse resultado espetacular?

Obviamente, trabalhar com esse tipo de pensamento não é imediato para um Coachee; entretanto, por meio da reflexão exemplificada acima, o processo de Coaching irá ajudá-lo a desenvolver as competências e habilidades necessárias para propor e realizar metas verdadeiramente desafiadoras.

15.5.3 O impacto das crenças e dos valores sobre o processo de Coaching

De maneira geral, nosso comportamento é orientado por aquilo em que acreditamos e pelas coisas que estão em nossa escala pessoal de valores. O processo de Coaching atua fortemente em ajudar um Coachee a refletir sobre como suas crenças e seus valores (os principais responsáveis pelos resultados) podem ajudá-lo a seguir rumo a uma meta ou impedi-lo de fazer isso. Existem diversos valores que um indivíduo pode cultivar, mas para gerar um melhor entendimento, podemos didaticamente lançar mão de alguns na área de desenvolvimento de software, como qualidade, ética, retorno financeiro, respeito a pessoas, etc.

É importante também ajudar o Coachee a visualizar a sua hierarquia de valores, ou seja, quais são mais importantes. Uma forma de fazer isso é gerar situações hipotéticas nas quais um valor seria sacrificado em detrimento de outro. Isso não significa que aquele valor esteja anulado ou que não exista, mas que está apenas numa faixa de hierarquia de menor importância para o indivíduo.

Uma crença é um pensamento de certeza, que aplica um julgamento sobre se algo é verdade ou não. De maneira geral, as crenças são necessárias para nossa vida, mas muitas delas atuam como pensamento limitante e acabam impedindo nossas ações. Por isso, é importante que o Coachee tenha a oportunidade de refletir sobre o quanto uma crença é saudável a ele. Reflita sobre a seguinte analogia: uma crença funciona como uma mesa, sobre a qual apoiamos nossos comportamentos. Normalmente, uma mesa é composta por um tampão apoiado por quatro pernas. Nesse contexto, o tampão representa a crença em si, e as pernas representam o que sustenta uma crença, que são as evidências. Então, caso se deseje derrubar essa mesa, podemos quebrar ou remover uma ou algumas de suas pernas.

Tipicamente, uma crença é anulada ou alterada quando alguma de suas bases (as evidências) é questionada e/ou derrubada. Esse questionamento não é feito de maneira isolada ou desrespeitosa. Na verdade, cabe ao Coach não questionar diretamente uma crença de um Coachee, mas despertar nele uma reflexão sobre o quanto aquela crença é verdadeira ou lógica e se ela está impedindo que o caminho seja trilhado rumo a uma meta.

Um bom exemplo de como uma crença pode ser limitante é: um gerente de uma empresa de desenvolvimento de software acredita que seu produto não é bom porque sua equipe de desenvolvimento não é grande. Então, caso os bons resultados da equipe sejam limitados por esse tipo de pensamento, será da competência do Coach ajudar o gerente a encontrar as respostas para questionamentos como: todos os excelentes softwares existentes foram criados por equipes grandes? Os grandes e revolucionários projetos somente são possíveis com equipes grandes?

É interessante observar que não acreditar em algo nos deixaria imobilizados, pois precisamos de alguma crença para orientar nossas ações. Por isso, é importante que seja construída uma nova crença, mais forte e mais positiva.

▶ 15.6 COACHING PARA TIMES ÁGEIS

De acordo com a Sociedade Brasileira de Coaching, um bom processo de Coaching é baseado em um **Foco**, que desperta **Ações**, que geram determinados **Resultados**, que são passíveis de serem **Melhorados** continuamente.

Observe que esse fluxo básico do processo de Coaching funciona como um espelho ao Coachee, para visualizar quais resultados ele está obtendo e, principalmente, aprender de forma empírica a melhorar seu comportamento para alcançar resultados ainda melhores.

Para atuar como base a esse ciclo de melhoria contínua de um *Coachee*, uma boa sessão de Coaching normalmente segue a seguinte estrutura de discussão:

- ▶ os aprendizados desde a última sessão
- ▶ os avanços que o Coachee teve desde a última sessão
- ▶ o que podemos desenvolver (ou melhorar) a partir da sessão atual
- ▶ os aprendizados da sessão atual
- ▶ quais tarefas o Coachee identificou e se responsabilizou em desenvolver até a próxima sessão

Essa característica evidencia uma forte sinergia com a filosofia ágil. Todos os Métodos Ágeis são baseados na ideia de melhorar continuamente uma forma de ação, para melhor alcançar um determinado objetivo.

Nos ambientes que adotam a filosofia ágil, é comum haver um Coach como um profissional externo para auxiliar o líder ou a própria equipe a melhorar seu comportamento visando ao cumprimento de suas metas. Também pode ser usado como uma competência de um líder num projeto para ajudá-lo a melhorar seu comportamento no desafio de liderar uma equipe ágil de desenvolvimento.

É possível identificar os seguintes pontos de ações para uma liderança baseada na competência de Coaching:

- ▶ apoiar o time desde a fase da formação, passando pelos momentos tempestuosos e de normalidade, até a fase de dissolução do time;
- ▶ promover o estímulo e a manutenção da confiança;
- ▶ disseminar o compartilhamento de ideias;
- ▶ aplicar técnicas para facilitar a comunicação, principalmente almejando a remoção dos ruídos nos diferentes canais nas organizações;
- ▶ promover o estado de aprendizado contínuo nas pessoas (inclusive no próprio Coach!);
- ▶ estimular a melhoria contínua na equipe;
- ▶ desenvolver o comprometimento com as metas em todos os indivíduos do equipe;
- ▶ ter capacidade para escalar resultados através da formação de multiplicadores do Coaching, ou seja, promovendo um trabalho de Coaching dos Coaches;
- ▶ identificar e ter meios que facilitem a remoção de impedimentos e conflitos;
- ▶ manter o constante feedback de resultados em todos os níveis de necessidade;
- ▶ criar, quando necessário, o espírito de auto-organização nas equipes;
- ▶ fomentar a constante motivação da equipe;
- ▶ reconhecer e desconstruir os mecanismos de defesas em quem recebe o Coach;
- ▶ ter meios (técnicos, cognitivos ou lúdicos) para alavancar os conhecimentos e experiências.

Para evidenciar ainda mais essa sinergia entre o processo de Coaching e a filosofia ágil, é interessante entendermos que, de maneira geral, os Métodos Ágeis trabalham de forma cíclica (iterativa e incremental). Esses ciclos acontecem com um Planejamento (que resulta em um Foco), com um Desenvolvimento (a Ação), com uma Entrega ao final desse desenvolvimento (Resultado) e com uma Retrospectiva (Melhoria) para identificar pontos que podem ser melhorados para o próximo ciclo.

15.6.1 Auto-organização e disciplina para times ágeis

Os Métodos Ágeis, de maneira geral, possuem como alicerce a existência de equipes de alta performance através da auto-organização das atividades necessárias ao desenvolvimento do incremento de software almejado. Entende-se que isso acontece quando um indivíduo ou uma equipe possui o espaço necessário para criar e desenvolver (dentro de sua capacidade e ritmo) seus próprios meios para atingir uma meta.

Um dos melhores caminhos para levar uma equipe a desenvolver este senso de auto-organização nos indivíduos é por meio da geração de responsabilidade plena sobre um determinado assunto (assim como explicado no tópico sobre Consciência e Responsabilidade).

Isso também é um exemplo claro de que o Coach deve estimular o Coachee a desenvolver a consciência suficiente sobre:

- ▶ quais motivos estão por trás do uso de determinada ferramenta (ou técnica);
- ▶ quais os resultados esperados com sua adoção; e
- ▶ como a adoção dessa ferramenta (ou técnica) irá ajudá-lo a alcançar sua meta.

A auto-organização está diretamente conectada ao processo de Coaching, pois para que ele funcione é preciso que a equipe tenha a disciplina necessária para se manter no caminho rumo a uma meta.

Disciplina, no contexto de Coaching, nada mais é do que a habilidade de um indivíduo (no caso, o Coachee) de ter o foco necessário e, principalmente, conseguir identificar, potencializar e manter os comportamentos que agregam mais valor à sua meta.

Para que um time consiga trabalhar de forma auto-organizada, é necessário que haja uma gestão por metas e que elas sejam específicas, mensuráveis, alcançáveis, realistas e com suficiente tempo para acontecer. Além disso, é necessário que os ganhos e as perdas sejam contabilizados mutuamente entre todos os membros do time.

Dessa forma, fica claro que é extremamente difícil obter o comprometimento e, consequentemente, a disciplina necessária quando essas condições não estão presentes em um grupo de pessoas, que por não possuir tais características, não pode ser chamado de time ou de equipe.

15.6.2 Coaching para ajudar a equipe a resolver os seus impedimentos

Tratar impedimentos tornou-se algo relativamente popular pela adoção da filosofia ágil nas organizações. Este tópico almeja gerar uma reflexão sobre a forma como os times estão tratando os impedimentos em seu cotidiano. Analisaremos por qual motivo é recomendável que tenhamos um verdadeiro sentimento de repulsa a respeito de impedimentos.

O que é impedimento?

De forma direta, um impedimento é algo que está servindo como obstáculo (ou barreira) para que algum trabalho aconteça. Sua principal característica é atrapalhar ou atrasar o alcance de uma meta. Tipicamente, um impedimento só acontece em algo que já foi iniciado pelo time. Dessa forma, torna-se vital que a sua remoção seja ágil e efetiva sobo ponto de vista de um líder verdadeiramente servidor. Um impedimento também sinaliza que, para sua remoção, é necessária alguma ação da parte do líder, pois alguém está pedindo ajuda.

Da natureza dos impedimentos

Para estimular ações assertivas de prevenção ou remoção dos impedimentos, é importante que cada time conheça quais as origens e os tipos dos impedimentos que acontecem em seu dia a dia.

Comumente, os tipos de impedimentos num ambiente de TI (Tecnologia da Informação) são:

- **organizacionais**: situações em que é necessária a ajuda ou intervenção de outra pessoa, outra equipe ou outra área dentro da empresa. Incluem-se as questões de cunho político que a organização cultiva (que facilitam ou dificultam o processo).
- **administrativos**: são situações provenientes de fatos administrativos, como absenteísmo (férias, atrasos, licenças, folgas, doenças), demissões, restrições de horários de trabalho, etc.
- **nível de serviço**: impedimentos relacionados à sustentação de algum serviço em operação. Os principais exemplos disso são erros em ambientes de produção, problemas com servidor de aplicações, servidor de integração e ferramentas diversas de apoio.

ALERTA! Nem todo o impedimento é real. Se o time não está motivado ou está pouco motivado para alcançar as metas, qualquer coisa servirá como desculpa infundada para a não realização de algo. Isso é realmente nocivo para o ambiente de desenvolvimento.

Repulsa – A melhor reação aos impedimentos

O fato de identificarmos os tipos de impedimentos não significa que eles devam ser aceitos como algo bom ou natural ao processo. Na verdade, os impedimentos evidenciam problemas sérios na estrutura da equipe, na qualidade dos processos e na qualidade dos produtos gerados. Sinalizam, também, que há desperdícios, pois além de gerar pausas, esperas e multitarefa das atividades em execução, consomem energia da equipe para sua remoção.

A melhor maneira de agir frente aos impedimentos é cultivando um sentimento de nojo (exatamente o mesmo sentimento de repulsa com relação às coisas sujas, infecciosas). Esse sentimento estimula o time a evitar a própria ocorrência do impedimento. Para tal, o time deve cultivar o senso de comprometimento com a meta e evitar o surgimento daquilo que afetará negativamente o caminho em direção a ela. Um recurso eficaz contra a ocorrência de impedimentos é o uso da dinâmica do ciclo e do time-box oriundos das iterações dos Métodos Ágeis – a pergunta decisiva é: isso pode esperar a próxima iteração?

▶ 15.7 RESUMINDO O COACHING EM ALGUNS PASSOS

Neste capítulo, apresentamos diferentes aspectos sobre o processo de Coaching. Para reforçar e consolidar essas ideias, segue uma espécie de passo a passo sobre o processo de Coaching aplicável a qualquer contexto (inclusive a equipes ágeis).

O processo de Coaching inicia quando um indivíduo (que se tornará um Coachee) possui um sonho (que se tornará uma meta).

▶ **Figura 15.3** Um Coachee com senso de responsabilidade sobre uma meta.

Em seguida, acontece o entendimento da realidade atual e de quão difícil ou fácil ela pode ser para o Coachee.

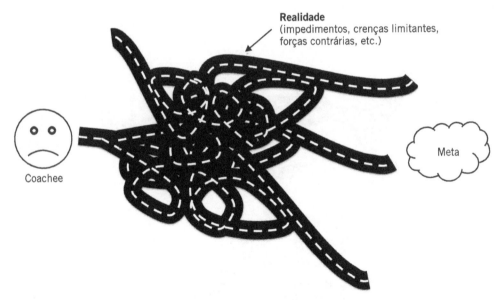

▶ **Figura 15.4** Como é a percepção da realidade por um Coachee.

O Coach ajuda o Coachee a buscar novos ângulos de visão e novos pensamentos (inclusive crenças) sobre sua realidade.

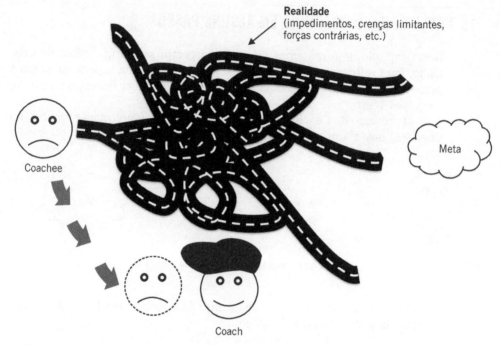

▶ **Figura 15.5** O Coach estimulando o Coachee a olhar para o problema por um novo ângulo.

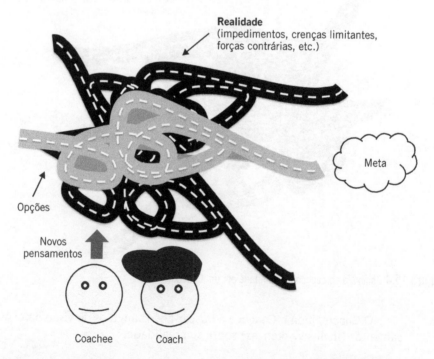

▶ **Figura 15.6** O Coachee com uma compreensão diferente a partir do seu novo ângulo de visão.

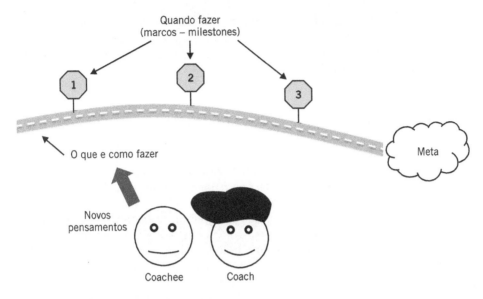

▶ **Figura 15.7** Visão do caminho traçado pelo Coachee.

Munido de novos pensamentos, o Coachee começa a visualizar como e quando trilhar o caminho rumo a uma meta.

Uma vez esboçado o caminho, o Coach ajudará o Coachee a fazer a "caminhada" em direção a seu objetivo.

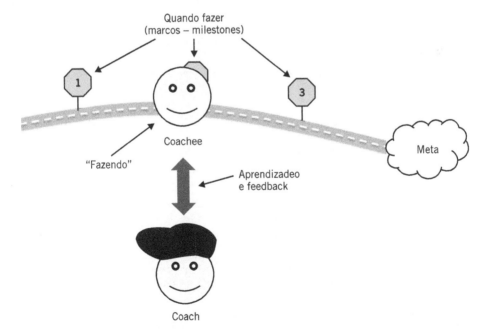

▶ **Figura 15.8** Continuação do processo de Coaching através dos ciclos de aprendizagem rumo a uma meta.

É importante observar que essa atuação do *Coach* estimulará uma aprendizagem contínua no Coachee, conseguida por meio de seus erros e acertos durante o caminho, de maneira que esse fluxo contínuo seja efetivo até o alcance da meta final.

▶ 15.8 CONCLUSÃO

A ideia a seguir é complementar às ideias expostas aqui, mas ilustra muito bem o conceito central do capítulo. Essa ideia foi inicialmente proposta por Grant e Greene (2001) no livro *CoachYourself: Make Real Changes In Your Life*, e é chamada de *House of Change* (ou Casa da Mudança). Ela parte da analogia com uma casa e das várias formas possíveis de se entrar nela: pelas portas, janelas, chaminé, etc. É com essa analogia que o processo de Coaching pode ser usado para gerar mudanças num indivíduo ou numa equipe. Para ajudar um Coachee a chegar numa meta, um Coach contribui com mudanças em campos como: Pensamentos, Sentimentos, Situações e Comportamentos, que estarão devidamente interrelacionados e alicerçados nos Valores e Propósitos.

É disso que Coaching trata: ajudar um indivíduo ou time num processo de mudança para chegar a uma meta. Esse processo de mudança gera uma necessidade de uma performance melhor e, para isso, é preciso desenvolver uma nova forma de pensar, de sentir e, principalmente, de agir.

▶ REFERÊNCIAS

GALLWEY, W. T. *The inner game of tennis*: the classic guide to the mental side of peak performance. New York : Random House, 1997.

GRANT, A.; GREENE, J. *Coach yourself*: make real changes in your life. Cambridge: Perseus, 2001.

▶ LEITURAS SUGERIDAS

COLMAN, A. M. *A dictionary of psychology*. Oxford: Oxford University, 2009.

GOLDRATT, E. M; COX, J. *A meta*: um processo de melhoria contínua. 2. ed. São Paulo: Nobel, 2008.

GRANT, A.; GREENE, J. *Solution-focused coaching*: managing people in a complex world. Edinburgh: Pearson, 2003.

MARTIN, A. *Manual prático de psicoterapia Gestalt*. Petrópolis: Vozes, 2008.

PIMENTEL, M. Os 6 chapéus do pensamento para facilitação de equipes. *Blog Visão Ágil*. [S.l.: s.n.], 2009. Disponível em: <http://visaoagil.wordpress.com/2009/12/25/os-6-chapeus-do-pensamento-para-facilitacao-de-equipes/>. Acesso em: 8 abr. 2014.

PIMENTEL, M. Empatia: a sua chance para uma boa liderança. *Blog Visão Ágil*. [S.l.: s.n.], 2009. Disponível em: <http://visaoagil.wordpress.com/2009/08/02/empatia-a-sua-chance-para-uma-boa-lideranca/>. Acesso em: 8 abr. 2014.

SENGE, P. M. *A quinta disciplina*. Rio de Janeiro: Best Seller, 2012.

SOCIEDADE BRASILEIRA DE COACHING. *Transformando potencial em resultados desde 1999*. [S.l.: s.n., 2014]. Disponível em: <http://www.sbcoaching.com.br/>. Acesso em: 7 abr. 2014.

WHITMORE, J. *Coaching for performance*. 4th ed. Boston: Nicholas Brealey, 2009.